U0578497

本丛书得到何东先生独资赞助

This series of books is financially supported exclusively by Mr. Eric Hotung.

20世纪中国文物考古发现与研究丛书

古代青铜器

杜廼松 / 著

文 物 出 版 社

《20世纪中国文物考古发现与研究丛书》编辑委员会

学术顾问　　　启　功　宿　白　朱家溍
　　　　　　　傅熹年　李学勤　李伯谦

主　　　编　　张文彬
执 行 主 编　　朱启新

编辑办公室　　刘曙光　宋新潮　王立梅　周　成

一　河南偃师二里头出
土夏代乳丁纹爵

二　河南郑州杜岭出土商
代兽面乳丁纹方鼎

三　山东益都苏埠屯出土
商代"醜亚"铭铜钺

四　陕西宝鸡出土西周何尊

五　河南淅川下寺出土春秋晚期云纹禁

六　湖北随县曾侯乙墓出土战国早期青铜编钟

七　陕西临潼秦始皇陵出土铜车马

八　甘肃武威雷台东汉墓出土青铜奔马

20世纪中国文物考古发现与研究丛书

序 / 张文彬

　　俗称"锄头考古学"的田野考古学的诞生以及中国考古学学科体系的基本完善，由此而引起的古物鉴玩观赏著录向科学的文物学的转变，是20世纪中国学术与文化界的大事。它从材料与方法两个方面彻底刷新了持续了数千年之久的中国古代史学传统，不但为中国学术界和文化界开拓出更加广阔的研究天地，也为一切关心中华民族悠久历史和灿烂文明的人们不断地提供了可贵的精神滋养和力量源泉。

　　仰古、述古、探古，进而考古，向来为我国传统文化中一个明显的学术特点。先秦时期诸子百家发其端，汉代司马迁撰写《史记》，北魏郦道元作注《水经》。他们对相关的遗迹遗物，尽可能地做到亲自考察和调查，既能辨史又可补史。这种寻根追源的治学态度，为后世学术上的探古、考古树立了榜样。此后，山河间的访古和书斋式的究古相继开展，特别是对古器物的研究，成了唐、宋时期的文化时尚。不少学者热衷于青铜铭文、碑刻、陶文、印章等古文字的考释，进而有了对器物的辨伪鉴定、时代判断、分类命名等，逐渐兴起了一门新的学问——金石学，涌现出许多著名的古器物鉴赏家和收藏家。只是囿于当时的历史条件，金石学家们无法了解所见文物的出土地点和情况，也难以涉及史前时代漫长的演进历程，因而长期以来始终脱离不了考证文字和证经补史的窠臼。即使如此，他们的艰辛努力和取得的成绩，还是为推动我国传统文化的发展起到了积极作用，并且在事实上也为中国考古学和中国文物学的起步铺设了最早的一段道路。

20世纪初，近代考古学由西方传入。中国学者继承金石学的研究成果，学习并运用西方考古学方法，开始从事田野考古，通过历史物质文化遗存，探寻和认识古代社会，揭示人类社会发展规律。早在1926年，中国学者就自行主持山西南部汾河流域的调查和夏县西阴村史前遗址的发掘。随后，我国学者同美国研究机构合作，有计划地发掘周口店遗址，发现了北京猿人。从1928年起至1937年，连续十五次发掘安阳殷墟遗址，取得了较大收获，引起了国内外学术界的重视。自20世纪50年代以后，随着国家大规模经济建设的进行，田野考古勘探、调查和科学发掘工作在全国范围内蓬勃有序地开展，许多重要的典型遗址和墓地被揭露出来，重大发现举世瞩目。它们脉络清晰，层位分明，文化相连，不仅弥补了某些地域上的空白，而且衔接了年代上的缺环，为研究中国古代史、文化史、科学史以及其他学科领域，提供了珍贵、丰富的实物资料，极大地影响着人文社会科学诸多学科专业的研究与发展。这段时间被学术界称为中国考古学的黄金时代。在马列主义理论指导下，具有中国特色的考古学理论体系和方法论逐渐形成。有关研究成果不仅极大地改变和丰富了人们对中国文明起源、中国古史发展等重大问题的认识，同时也扩展了中国文物的研究领域和研究方式。可以说，考古学的发展与进步，直接影响到文物学的形成与发展，而且影响到全社会对文化遗产重要作用的认识以及世界学术界对中国古代文明的重新认识。

从 20 世纪 80 年代开始，文物界就中国文物学的创立，逐渐取得共识，在共同探讨的基础上，初步形成了学科体系。不少学者发表了有关论文，出版了专著，就文物的历史价值、科学价值、艺术价值以及在社会主义的物质文明与精神文明建设中如何对文物进行有效保护、合理利用发表意见。这些研究成果已获得学术界的赞同。

在这世纪之交和千年更替之际，对中国考古学和中国文物事业作一次世纪性的回顾和反思，给予科学的总结，是许多学者正在思考和研究的问题。如果能通过梳理 20 世纪以来重大发现和研究成果，透视学科自身成长的历程，从而展望未来发展的方向，以激励后来者继续攀登科学高峰，无疑是一件很有意义的事。为此，经过酝酿、商讨和广泛征求意见，我们约请一批学者（其中有相当多的中青年学者）就自己的专长选择一个专题，独立成篇，由文物出版社编辑出版一套《20 世纪中国文物考古发现与研究丛书》，并以此作为向新世纪的献礼。

从某种意义上说，《20 世纪中国文物考古发现与研究丛书》是一套学科发展史和学术研究史丛书。其内容包括对 20 世纪考古与文物工作概况的综合阐述；对一些重要的考古学文化和古代区域文化研究情况的叙述；对文物考古的专题研究；对重要的文物考古发现、发掘及研究的个例纪实。

此套丛书的内容面广，而且彼此关联。考虑到各选题在某些内容上难免会有重叠或复述，因此在编撰之初，我们要求各选题之间互有侧重，彼此补充，以期为读者了解 20 世纪中国考古学和文物学的发展提供更多的视角。

　　我国的文物与考古工作，虽在 20 世纪得到了迅速发展，但仍有许多重大学术问题需要进一步探索。我们主持编辑这套丛书，除了强调材料真实，考释有据，写作态度严谨求实外，也不回避以往在工作或研究上曾经产生的纰漏差错和不足之处，以便为今后的工作和研究提供借鉴。虽然我们尽了很大努力，但限于水平，各篇仍很难整齐划一。由于组稿和作者方面的困难和变化，一些计划之中的题目也未能成书。这些不周之处，敬请专家、学者和广大读者批评指正。

　　在丛书编印过程中，我们得到了文物、考古界的广泛支持。何东先生在出版经费上给予了热情帮助。在此，一并深表感谢。

2000 年 6 月于北京

目　录

插 图 目 录

绪

论

青铜是铜、锡或铜、铅或铜、锡、铅的合金。中国古代青铜器源远流长、辉煌灿烂，久已闻名于世。它以造型优美、装饰富丽、铭文典雅、铸造精巧等诸多特点，折射出深刻的历史文化内涵，是中国古代文明的重要标志之一。

我国青铜冶炼和铸造的最盛期在夏、商、周三代，代表了当时的最高科学技术水平。多角度研究和探索中国古代青铜器，对认识我国文明起源、商周史、科技史、汉字的发展演变和青铜艺术等等方面，都有着极其重要的价值。

青铜器自古就受到人们的重视。先秦两汉有关青铜器的记载史不绝书，是与它的社会功能和经济价值紧密相关的，特别是与商周贵族社会的"礼乐制度"有密切的联系。先秦文献如《墨子》、《礼记》等书，对当时制作铜器的目的和意义有一定的阐述和反映。《墨子·非命》篇在谈到贵族有大事、重事时，即要"书之竹帛，镂之金石，琢之盘盂，传遗后世子孙。"《公羊疏》引闵因叙曰："昔孔子受端门之命，制春秋之义，使子夏等十四人求周史记，得百二十国宝书。"这里的所谓"宝书"，就是铜器上的铭文。《礼记·祭统》云："夫鼎有铭，铭者自名也，自名以称扬其先祖之美，而明著之后世者也。"由此可知，青铜器是商周时代贵族特享的器物，并且可以代代相传。有的礼器，如鼎，以拥有数量，成为权力的象征。《左传·宣公三年》、《史记·楚世家》所记王孙满答楚子问周天子的鼎，周鼎就是象征权力的一个最好例证。青铜器也用来祭祀祖先和宴享，同时受"惟送死可以当大事"[1]的思想影响，各级贵族死后也按照等级不同，以青铜器作为随葬的器物。《吕氏春秋·节丧》："国弥大，家弥富，葬弥厚，含珠鳞施。夫玩好、货宝、钟、鼎、壶、鉴、舆、马、衣、被、戈、剑，不可胜其数，诸养生之具无不从者。"其中不少随葬品属于青铜器物。

两汉时代的文献记载了一些有关商周铜器的出土情况，如《史记》、《汉书》、《后汉书》不乏古代铜器被发现的记载。还出现了研究铜器和金文的专门家，如武帝时期发现的一件铜器，一般人都不能识别，一个叫李少君的说，此器为"齐桓公十年陈于柏寝"的器物[2]。《汉书·郊祀志》记汉宣帝时美阳（今陕西省武功县）出古鼎，上有铭文，古文字学家张敞释读为："王命尸臣：'官此栒邑，赐尔旂鸾、黼黻、珚戈。'尸臣拜手稽首曰：'敢对扬天子丕显休命。'"

东汉时，青铜器的发现与研究有了新进展。许慎《说文解字》序云："郡国往往于山川得鼎彝，其铭即前代之古文。"该书是研究青铜器铭文和文字训诂的重要工具书。郑玄是古文经学集大成者，因注释三礼，著《三礼图》一书，书内也研究了青铜器名物与礼器制度。郑玄《三礼图》早已失传，今天所见的《三礼图》是宋代聂崇义集注的。

两宋时代在青铜器发现和研究史上占有重要地位。两宋时由于对铜器的重视，许多专门性著作也应运而生，据翟耆年《籀史》所记，金石书籍已达 34 种之多，但遗留至今的为数寥寥。北宋嘉祐年间（公元 1056～1063 年）刘敞作的《先秦古器记》是最早的一部有关铜器的专门著作，但已失传。现留存的宋代青铜器著作和金文著作重要的有元祐七年（公元 1092

年）吕大临作《考古图》及宣和年间（公元 1119～1125 年）
王黼等奉敕撰《宣和博古图》。《考古图》多记有铜器出土地
点，如记元丰七年（公元 1084 年）出于邺城河亶甲墓的乙鼎、
饕餮鼎、兄癸彝、足迹罍、亶甲觚五件铜器。说明早在宋时，
今安阳一带已有铜器出土，对研究殷墟青铜器发现史有一定价
值。《宣和博古图》则记有铜器出土地点和收藏者姓名，对后
人了解和追寻铜器来源很有价值。从著录上看，一些有名重器
如晋姜鼎、敔簋、楚公钟等在宋代就已发现。这两本著作也为
青铜器图册在体例和结构上奠定了基础。铭文的著录与研究，
重要的有绍兴十四年（公元 1144 年）薛尚功著《历代钟鼎彝
器款识法帖》及淳熙三年（公元 1176 年）王俅著《啸堂集古
录》。前者有释文与考证，宋时出土的铜器铭文大都已入书。
后者仅有释文。

　　元、明两代青铜器的发现和研究成绩甚微，著录不多。值
得一提的是，这时出现了一些重要的青铜器收藏家。例如，以
文才著名的鲜于枢，其聚藏的青铜器中，有周宣王时代的兮甲
盘。他在《困学斋杂录》中曾记盘的来源："行台李顺甫鬻于
市，家人折其足，用为饼炉，余见之，乃以归予。"兮甲盘铭
文 133 字，内容记两周后期与猃狁、淮夷之间的关系，是一篇
宝贵的历史文献。书法和诗文俱佳的赵孟頫自称"平生笃好
古"，也是青铜器收藏家之一。

　　清代乾隆、嘉庆以后，青铜器发现和研究进入了一个重要
时期，青铜器的出土数量和研究成果都已超过了两宋。这与清
代大力提倡"朴学"和考据之学的兴盛有着密切关系。不少有
名重器都是在这时被发现的，如毛公鼎、大小盂鼎、大小克
鼎、天亡簋、散氏盘、虢季子白盘等等。又由于发现的长篇具

铭铜器多，为当时所提倡的证经补史和研究文字源流也提供了很多难得的资料。乾隆时大型图录式的青铜器研究著作陆续刊出，重要的有《西清古鉴》、《西清续鉴》（甲、乙编）、《宁寿鉴古》。这几部书是大臣梁诗正、王杰等奉敕编撰的，所辑铜器均为内府藏品，是集大成的著作。清代较重要的关于青铜图像或款识的著作有嘉庆元年（公元1796年）钱坫著《十六长乐堂古器款识考》、道光十九年（公元1839年）曹载奎著《怀米山房吉金图》、同治十一年（公元1872年）吴云著《两罍轩彝器图释》、嘉庆九年（公元1804年）阮元著《积古斋钟鼎彝器款识》等。

中国古代青铜器的发现和研究，在20世纪又进入了一个新阶段。20世纪前半叶，随着科学考古发掘的开展，出现了许多研究青铜器与铭文的大家，做出了很大贡献。20世纪后半叶，由于国家有计划、有目的地开展科学考古工作，以及配合国家各项基本建设进行的考古发掘等等，发现了大量青铜器，把青铜器及其铭文的发现和研究推进到一个新的历史阶段。

注 释

[1]《孟子·离娄下》，脉望仙馆，光绪丁亥年石印。
[2]《汉书·郊祀志》，中华书局1962年平装标点本。

一　二十世纪前半叶青铜器
发现和研究概况

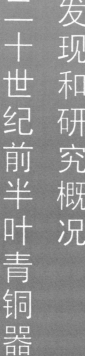

20 世纪前半叶，青铜器的研究开始改变传统的模式，不单纯囿于证经补史和阐明封建礼乐制度，而转向结合青铜器时代的历史与社会进行研究。特别要指出的是，由于西方科学考古发掘方法的传入，20 世纪初在我国开始了以科学考古发掘为基础的近代考古学，为研究青铜器开辟了新的天地。

（一）重要青铜器墓的发掘与青铜器的发现

20 世纪前半叶出土青铜器的情况，此处择其要者略加叙述。

清光绪二十七年（公元 1901 年）陕西凤翔府宝鸡县斗鸡台一座西周古墓出土了带有器座的铜禁（图一），同时出土的还有青铜酒器 13 件，计卣 2、尊 1、觯 4、斝 1、盉 1、觚 1、爵 1、角 1、勺 1[1]。该套铜器先为端方所有，后又归美国人福开森，现收藏在美国纽约大都会博物馆。

禁与青铜酒器颇有气势。禁体呈扁平立体长方形，中空，长 87.6 厘米，宽 46 厘米，高 18.7 厘米。禁的四边长边有八个，短边有四个长方孔。腹壁饰夔纹、蝉纹。古籍记载的禁，如《仪礼·士冠礼》注云："名之为禁者，因为鉴戒也。"该禁与文献相印证，使世人最早认识到铜禁的基本形制与风格。

图一　1901 年陕西宝鸡斗鸡台出土的西周早期青铜禁与青铜酒器

　　1932 年山东曲阜林前村出土春秋时代的鲁大司徒厚氏元匜三件[2]，该器自名为"匜"，形制为有莲瓣盖的豆形器，这为研究铜豆的异名提供了资料。

　　1923 年山西浑源李峪村发现春秋晚期至战国初期的青铜器，有鼎、簋、豆、瓿、壶、盘等，凡二十余器[3]，其中如鼻穿环的牛尊、嵌红铜狩猎纹盖豆，均为青铜器精品。李峪村的部分铜器，今收藏在法国巴黎赛努西博物馆。有学者提出这批铜器可能属赵国之器[4]。

　　1923 年河南新郑郑韩故城李锐住宅内，发现了一座春秋中期大墓[5]，该墓被盗掘，出土铜器有鼎、鬲、瓿、簋、簠、罍、觥、壶、盘、匜、炉等。铜炉上有铭："王子婴次之炰炉"。婴次为谁？郭沫若认为，王子婴次是郑国王子婴齐[6]；王国维认为是楚国公子婴齐，即令尹子重[7]。另有一对龙耳莲鹤方壶[8]，壶体巨大，通高122厘米，宽54厘米。双龙耳有一种"凌于云气，入于深泉"的雄伟气魄。特别是盖上的莲与鹤饰更具魅力与情趣，站立之鹤，展其双翼，引颈欲鸣，有着活泼凝重的艺术效果（图二）。这对方壶是杰出的艺术作品。

1928～1930年前后，河南洛阳金村战国古墓被盗掘，出

图二　1923年河南新郑出土的春秋中期莲鹤方壶

土各类质地的器物很多，铜器中许多都是非常精美的[9]，如金银错蟠虺纹鼎、金银错狩猎纹铜镜、莲瓣壶等等。对郘羌钟铭文内容学者纷纷考证，其时代基本有三说：周灵王十七年（公元前 555 年）器、周安王二十二年（公元前 380 年）器、周威烈王二十二年（公元前 404 年）器。一般认为以周威烈王说为是。其国别有秦说、东周说、韩说，未得共识。

1933 年安徽寿县朱家集李三孤堆楚墓出土大量的青铜礼乐器、兵器、工具等，计 600 多件[10]。寿县古称寿春，史载楚考烈王二十二年（公元前 241 年）迁都于此。出土的铜器不少都有铭文，特别重要的是楚王酓忎和楚王酓肯名的出现。据考证，酓忎即楚幽王熊悍（公元前 237～前 228 在位），酓肯即楚考烈王熊元（公元前 262 年～前 238 年在位）。这对确定墓主和出土铜器的相对和绝对年代都提供了重要基础。这批楚器大部分属战国末期，多数收藏于安徽省博物馆，少部分散在北京故宫博物院、天津历史博物馆、中国历史博物馆等，还有一些早已流落到海外。

继 1899 年在河南安阳殷墟发现甲骨文以后，该地又成为殷商青铜器发现最重要的地点之一[11]。1928～1937 年，由中央研究院历史语言研究所主持，先后在这里发掘了十五次，主要地点有小屯村、侯家庄、西北岗等地。发掘了商代数座大墓和小墓，有的还属殷商王陵。侯家庄、西北岗墓葬，其中编号为 1001、1002、1003、1004、1217、1400 号等大墓，出土大批青铜礼乐器、兵器、工具等等，数量是惊人的。通过对铜器的研究，并与文献和甲骨文参证，进一步确定了今河南安阳小屯一带是商代后期的王都，与《竹书纪年》中所说的"自盘庚徙殷，至纣之灭，二百七十三年更不徙都"的记载相一致。在殷墟出土的大量铜器中，最引人注意的是1004号大墓的牛方鼎和鹿方鼎，两器形体很大，前者高62厘米，后者高74厘米。器腹分别饰牛首和鹿首，器内铸有"牛"字和"鹿"字。1939年安阳武官村村民吴玉瑶在打井时发现的司母戊大方鼎，通高133厘米，器口长110厘米，口宽78厘米，重832.84公斤，是目前我国发现的最重的青铜器（图三）。因当时正值抗日战争时期，为了保护好大鼎，人们又将其埋入地下，直到抗战胜利后，1946年又重新挖出。该鼎古朴典重，对了解商代后期青铜铸造技术的发展水平，具有特别重要的价值。

　　1932～1933年河南浚县辛村西周卫国墓葬的发掘，出土

图三　1939年河南安阳武官村出土的商代后期司母戊鼎

了大宗铜器[12]，有礼器、兵器、工具、车马器等等。叟尊铭文较长，内容与卫武公平戎事相符，是考证墓主的重要器物。车器中的辖、钏、轵的发现，对认识车的结构特别重要。辛村墓地主人属西周卫康叔后裔。

河南汲县山彪镇与辉县琉璃阁的发掘，是 20 世纪前半叶的重要考古发现之一[13]。山彪镇战国墓的发掘是在 1935 年，出土青铜器包括礼器、乐器、兵器、车器，总计 1447 件。其中有成列的五鼎，郭宝钧先生依此首先提出了礼制中的列鼎制度这一现象，这对分析礼乐制度的内涵有着特别重要的意义。水陆攻战纹铜鉴是出土的重器，该鉴作衔环四兽耳，器外壁嵌入红铜细线，构成四十组图案，描绘格斗、射杀、划船、犒赏等场景，图中人物达三百余人，是研究当时社会政治、军事的形象资料。山彪镇墓的时代约为公元前 300～前 240 年之间。

今河南辉县在西周初期为共伯国，春秋属卫，战国归魏。1935～1937 年中央研究院和河南博物馆在琉璃阁发掘的最重要的 50 座战国墓，对研究战国"公墓"、"邦墓"制度有着很大意义。其中的 80、55、60、1、75、76 号墓和墓甲、墓乙最典型，出土大量青铜礼乐器、车马器、兵器、工具以及包金铜贝等。编钟、编镈很多，对研究用钟制度提供了重要资料。线刻乐舞狩猎纹铜奁，其图案描绘了当时的社会生活。这一战国墓群的时代，约在公元前 445～前 225 年之间。

以上概述了 20 世纪前半叶青铜器发现的主要情况，许多青铜瑰宝的重见天日，使文物宝库又增添了异彩，尤其是那些经过科学发掘出土的青铜器，更具有研究价值。

但需指出的是，在半殖民地半封建的旧中国，出土的许多精美青铜器都失散了，许多有很高科学价值的青铜器得不到应有的研究。有的被私人长期秘藏而不示人，有的不知下落。更严重的是，由于帝国主义列强对我国的侵略，包括青铜器在内的古代文物不断遭到浩劫，大量精品、孤品、绝品青铜器流落海外[14]，主要集中在美国、英国、日本、法国等国家。

（二）青铜器论著与研究成果

20世纪前半叶随着大量青铜器的发现，对青铜器与金文的研究也向前推进了一步，在研究方法和理论上都有所改变和提高。这一情况的产生，与时代的进步、发展，先进思想的萌芽、产生以及外部世界思想文化的影响有一定关系。20世纪初，"金石学"研究很盛，有些学者已由单纯研究古文字，而转向用甲骨文、金文来补证历史，结合铭文的内容把古代社会作为研究对象。

19世纪末20世纪初，研究青铜器及金文的著名学者，首推孙诒让。孙氏是经史和金石学家，浙江瑞安人。孙氏在青铜器和金文研究方面的主要著作有《名原》、《古拾遗》和《古籀余论》。在这几部著作里，有关青铜器及铭文的创见颇多，如：他应用偏旁分析法鉴别古字，根据《说文》"廪"、"啬"、"圖"等字都从㐭，认识了金文的"㐭"（用作禀受）及从㐭的"啬"（用作吝啬）和"圖"等字，从而上推卜辞的"㐭"（用作仓廪）和"啚"（用作边鄙）。他对"隹"、"轭"、"矛"、"爵"等字的分析也甚精辟。他结合古代制度和铭文的内容进行考释，例如《小臣𫵷尊铭》："丁巳，王省夒且，王锡小臣𫵷夒贝，隹王来征人方。"过去常将"�"释成"相"，而他释为"省"，"省视"即征伐。《舀鼎铭》内有"走马"一词，他考证得出古代"走"、"徙"、"趣"三字并通。《周礼·夏官》有"趣马"，故疐鼎的"走马"即是"趣马"。又如《敔敦铭》："王蔑敔厤易玄衣赤⟨字⟩"，旧将"⟨字⟩"释成"袤"，他认为应释成"裹"，"赤裹即玄衣之裹"，犹吴彝云："虎冒缊裹"，录伯⟨字⟩敦云："虎冒寀裹"。

罗振玉编著青铜器和铭文的书籍甚丰，主要有《梦郼草堂吉金图》、《殷文存》、《三代吉金文存》等。其中《三代吉金文存》是罗氏毕生搜集金文拓本的总集。全书总录 4800 余器，内容丰富，集传世铜器铭文之大成，是研究青铜器和金文的一部必备书，受到世人的重视。

王国维在青铜器和古史研究上成绩尤著，王氏有关这一方面的论著，重要者都汇集在《观堂集林》一书内[15]。王氏结合典籍与古文字，研究了青铜器的形态特征和名称，如《说斝》、《说觥》、《说盉》、《说彝》、《释觯觛卮𧜀𧜀》。他考释了大量的青铜器，如《商三句兵跋》、《毛公鼎跋》、《兮甲盘跋》、《梁伯戈跋》等等。王国维对西周青铜器铭文中常出现的记时法，即器上记有历日进行研究，得出结论说，金文最完整记历日的层次为年、月、日相和代表日的干支。古人为了更详细地记时，还常在月与日之间加上月之四分法的记时，是为"初吉"、"既生霸"、"既望"、"既死霸"。王氏在研究解释四分法时提出："古者盖分一月之日为四分，一曰初吉，谓自一日至七八日也，二曰既生霸，谓自八九日以降至十四五日也，三曰既望，谓十五六日以后至二十二三日，四曰既死霸，谓自二十三日以后至于晦也。"他的这一解释在金文研究上产生了很大影响，可作为断定周器年代用历日推定法的重要参考。他还利用甲骨、金文材料，与《诗经》、《尚书》等典籍相互印证补充。如《殷周制度论》一文，则考察了奴隶社会的礼制。王氏还写了《国朝金文著录表》一书。

以往不少学者，在青铜器研究方法上有着很大的局限性和片面性，为了证经补史，只注意铜器铭文的解释和研究，而忽略对器形和纹饰等的研究，这实际上是将铭文、器形、花纹三者割裂开了，不利于断代。郭沫若是运用历史唯物主义研究青铜器的典范，先后发表了《中国古代社会研究》、《青铜时代》等著作。在《青铜时代》一书中，作者对他多年研究青铜器所得的收获作了简单总结。作者指出"保持着同一步骤"的现象，认为可以根据花纹、形制、文体、字体对器物进行综合考察，作出青铜器的科学断代分期。更重要的是他将每个时期的青铜器变化与相应的历史背景联系起来，说明变化的原因，这样不仅充分发挥青铜器铭文对研究古代社会的实证作用，而且从器形与花纹的变化中也可以看出历史发展的一些痕迹。作者还认为，只有确定了古器物的年代，器物本身和它的铭文才能作为我们研究古史的有科学性的资料。如果时代不分，一团混沌，除作为古董玩器之外，是没有办法利用的。从把古器物作为研究历史资料的思想出发，郭沫若编著了《两周金文辞大系图录》（1934年出版）和《两周金文辞大系考释》（1935年出版），收录西周器162器、东周器161器。将西周器按时代先后排列，东周器按国别排列，再对器物铭文内容加以考释。这种按年代、按国别排列青铜器的研究方法在过去青铜器研究史上是没有过的，是有开创之功的。他在《彝器形象学试探》一文中，根据铜器的形象学的考古方法，对青铜器的造型、花纹和铭文进行了综合考察，找出了时代的共同特征，确定了青铜器分期断代的标准，将青铜器分作五大时期：滥觞期——大率相当于殷商前期；勃古期——殷商后期及周初成康昭穆之世；开放期——恭懿以后至春秋中叶；新式期——春秋中叶至战国末年；衰落期——战国末叶以后。他所划分的五期，基本上反映了青铜器发展的实际，一直为青铜器的学习和研究者所重视，成为青铜器分期断代的重要划分原则。

20 世纪前半叶有关青铜器的论著还有：

容庚 1941 年出版的《商周彝器通考》，上册是文字叙述，下册是器物图像。上册又分上下两编，上编为通论部分，包括源起、发现、类别、时代、铭文、花纹、铸法、价值、去锈、拓墨、仿造、辨伪、销毁、收藏、著录十五章；下编为分论部分，包括食器、酒器、水器及杂器、乐器四章。该书叙述、论证并用，实物资料与文献史料相结合，材料翔实，征引博洽，时代、收藏等阐述尤详，对学习、研究中国古代青铜器是一部极有价值的参考书。容氏的另一部书《金文编》，曾在 1925 年和 1939 年出版，1959 年又对该书进行了增、校。《金文编》是一部金文字典，共收金文单字 1894 个，重文 13950 字，不可识者放在附录内，计 1199 字。所辑金文是从历代出土的商周青铜器中的 3000 多器铭文拓本或影印本临摹的。编排次序，是以《说文解字》分部法编排。对《说文》所无之字有形声可识者附于各部之末。每字上面都注篆文和编排字码。

于省吾的《双剑誃吉金图录》、《双剑誃吉金文选》[16]。后书列举了大量的铜器铭文，进行考释和释读。

吴其昌的《金文历朔疏证》，选择铭文著录中年、月、日相和日干较全者百余器进行考证，制定了历谱，所制西周历谱虽大有可商之处，但仍不失为金文研究的一部参考书。

铜镜著录集大成者首推梁上椿的《岩窟藏镜》[17]。该书内容丰富，脉络清晰，分成四集："先汉式镜"、"汉式镜"、"隋唐式镜"、"宋金元明清诸镜"。每集内均有"概说"、"分论"和"图录"部分。分类与定名都较详尽，如先汉式镜分成纯地纹镜、花叶纹镜、山字镜、菱纹镜、兽形镜、连弧纹镜、细地纹镜、蟠螭纹镜、虺纹镜、素地镜，在汉式镜内还大量列举了纪年镜等。

　　总的来看，20 世纪前半叶，在我国由于科学考古工作的开始进行，发现的许多青铜器，特别是殷墟青铜器，已有了科学发掘记录，为深入分析研究这些青铜器提供了可靠依据，如对器物的时代、组合、铸造乃至墓主身份等的确定，都有着重要的意义。

注　释

[1] 端方《陶斋吉金录》，光绪十四年（公元 1888 年）本。

[2] 曾毅公《山东金文集存》鲁器第十五～十七。

[3] 商承祚《浑源彝器图》，1936 年影印本。

[4] 李学勤《东周与秦代文明》，文物出版社 1984 年版。

[5] 孙海波《新郑彝器》二册，1937 年影印本；关伯益《新郑古器图录》二卷，1929 年涵芬楼影印本。

[6] 郭沫若《殷周青铜器铭文研究》中《新郑古器之一二考核》，上海大东书局 1931 年版。

[7] 王国维《王子婴次卢跋》，载《观堂集林》，中华书局 1959 年版。

[8] 该对壶，一件今藏北京故宫博物院，另一件藏河南博物院。

[9] ［日］梅原末治《洛阳金村古墓聚英》，昭和十一年影印本。

[10] 1933 年出土的这批楚器情况，请参考李景聃《寿县楚墓调查报告》，载《田野考古报告》第一册，1936 年版；《安徽博物馆筹备处所藏楚器目录》（第一集）图片 45 张，1953 年 5 月；北京历史博物馆编《楚文物展览图录》，1954 年 10 月。

[11] 胡厚宣《殷墟发掘》，学习生活出版社 1955 年版。

[12] 郭宝钧《濬县辛村》，科学出版社 1964 年版。

[13] 郭宝钧《山彪镇与琉璃阁》，科学出版社 1959 年版。

[14] 流落海外铜器很多，参见陈梦家《海外中国铜器图录第一集》（二册），北平
　　图书馆，1946 年；中国科学院考古研究所《美帝国主义劫掠的我国殷周铜
　　器集录》，科学出版社 1962 年版。

[15] 王国维《观堂集林》，中华书局 1959 年版。

[16] 于省吾《双剑诊吉金图录》二卷，1940 年影印本；《双剑诊吉金文选》二
　　卷，1934 年。

[17] 梁上椿《岩窟藏镜》，1940 年 12 月。

二 二十世纪后半叶青铜器的重要发现与研究概况

新中国成立以后，我国文物考古事业进入了一个崭新的阶段，文物考古和科学研究工作都取得了可喜的成就。青铜器是各类文物中的重要门类之一，它与其他各类文物一样，在 20 世纪后半叶的发现和研究方面也取得了许多重要成果。

（一）新石器时代中晚期青铜制品 的发现和意义

中华民族古代文明的起源，在世界文明史上占有重要地位。关于人类社会进入文明时代的标志，现代历史学家和考古学家较一致的看法是，除早期城市的建立和文字的产生外，另外一个重要标志就是金属冶炼的发明。金属的发现和使用，以铜的冶炼和铸造为最早，这是世界金属冶铸史上的普遍现象，中华民族也不例外。铜的冶铸的发明以及铜器应用于生产、生活各个领域，不但促进了社会生产力的发展，而且也促使生产关系发生变革。

我国冶铜术的发明始于何时？传统观点认为始于殷商时期。近半个世纪以来的考古发现完全打破了这一传统观点，不但陆续发现了早于殷墟二里岗（商代前期）、二里头（夏代）的青铜器，而且还发现了新石器时代晚期的铜和青铜制品，其发现地域主要在黄河上游的甘青地区和黄河中下游的河南、河北、山西、山东等地。

下面对新石器时代中晚期有关铜与青铜制品的发现情况作一下简介。

仰韶文化铜制品：1956年在陕西西安半坡和1973年在陕西临潼姜寨仰韶文化遗址内，各发现一个薄铜片。半坡的为长条状，姜寨的为圆形。有关方面对两件铜片进行了成分测定，前者为含镍20%的白铜，后者为含锌25%的黄铜。对这两件铜片，学者们持不同看法，一种意见对出土铜片的地层和时代持有疑问，另一种意见则认为仰韶文化已进入青铜时代[1]。半坡和姜寨遗址依据碳十四测定，分别距今6000多年和5000多年。

马家窑文化、马厂文化的青铜制品：1977年在甘肃东乡林家马家窑遗址和1975年在甘肃永登连城蒋家坪马厂遗址各出土了一件铜刀（图四），前者完整，后者仅存刀体前半部。两刀均凸背凹刃。林家刀把与刀体无明显分界。经对铜刀的合金成分的测定，两者都是锡青铜。马家窑文化为公元前3000年，马厂文化为公元前2300~前2000年[2]。这两件青铜小刀是目前我国发现的最早的青铜制品。

齐家文化铜制品：齐家文化主要分布在黄河上游的甘青地区，它是铜石并用时代末期向青铜文化过渡的一种文化，其年

图四 1977年甘肃东乡林家出土的新石器时代晚期马家窑文化青铜小刀

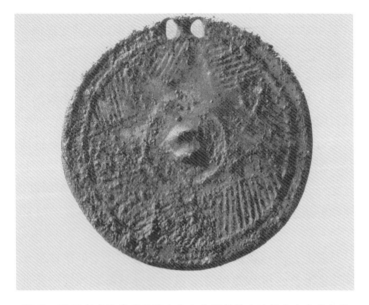

图五　1977年青海贵南尕马台出土的原始社会晚期齐家文化铜镜

代约在公元前2000年左右。遗址和墓葬出土铜或青铜制品的主要地点有甘肃武威皇娘娘台、永靖大何庄、永靖秦魏家、广河齐家坪和青海贵南尕马台等地。齐家文化发现的红铜或青铜制品主要是小型工具和装饰品。工具有细长棒形的铜锥、扁平刃的凿、凸背凹刃的长条形刀等。装饰品类则有由扁条铜片卷合而成的圆形指环和弓形小纽圆形铜镜。甘肃广河齐家坪出土的铜镜为素面，直径6厘米；青海贵南尕马台出土的一面直径9厘米铜镜，背上有两个同心圆，同心圆面饰凸起的人字形弦纹和直线纹（图五）。需要指出的是，两面铜镜都是锡青铜所制，尕马台铜镜锡的成分占10％。它们是迄今我国发现的最早的铜镜。

北京钢铁学院（今北京科技大学）冶金史组学者，利用同位素源手提X光荧光仪，对玉门火烧沟齐家文化墓葬内出土的45件铜制品进行定性分析，结果是红铜制品占13件，余为锡青铜、铅青铜、锡铅青铜制品。铜器在制作上锻与铸都有，而以锻为主。范铸法有单范铸造，而铜镜、有銎斧则用合范铸造。在火烧沟还发现了镞与镰的石质范。关于齐家文化的年代，依碳十四断代数据，树轮校正为公元前2255～前1910年。

龙山文化铜制品：1955年河北唐山大城山遗址出土了2件大小相似的梯形铜片，据科研单位对两件铜片进行化学分析，含铜量分别为99.33%和97.97%。有的学者提出这两件红铜片是"切割用的刀类"。1975年河南临汝煤山类型二期文化灰坑内，有用红烧土制成的炼铜坩埚残片[3]，其中一块壁厚1.4厘米。重要的是，坩埚残片内壁粘有六层铜液痕迹，反映了坩埚的坚固耐火性。经过对铜液进行分析，成分为红铜。近年在河南淮阳平粮台龙山文化城址灰坑H15内发现有铜炼渣一块[4]，呈铜绿色。郑州牛寨和董寨龙山文化遗址出有坩埚残片和铜片，前者为铅青铜[5]。

1983年山西襄汾陶寺遗址龙山文化3296号墓内出土一件铜铃[6]，器表有丝麻织物痕迹，表明随葬时外面包裹有丝麻织品。器体横断面呈菱形，口部较大，顶部略小。铃高2.65厘米。顶端有一圆孔，系铸成后再钻出的。该铃经中国社会科学院考古研究所化验室定量分析，铅占97.86%，铜占1.54%，锌占0.16%。碳十四测定3296号墓年代为公元前2085年左右。该铃是目前我国发现的最早的金属乐器，表明了龙山文化晚期生产力发展的程度。1980年河南登丰王城岗龙山文化第 617 号灰坑出土的铜器残片宽约 6.5 厘米，残高 5.7 厘米，壁厚 0.2 厘米[7]。化验证实其成分为含铜、锡、铅的青铜。依据残片形状，有的学者推测很可能是铜鬶腹底部残片。王城岗城址年代略早于或相当于夏代开国年代，因而可以得出这样的结论，即龙山文化末期的先民已会制作青铜容器了。

龙山文化的黄铜制品：1974 年山东胶县三里河龙山文化遗址出土了含锌 23% 的黄铜质的铜锥[8]。冶炼金属锌要比冶炼铜、铁、锡困难得多。在我国出现较多黄铜器的制作品，是在宋、明及以后。前面已谈到，陕西临潼姜寨曾发现黄铜制品，这是一个新的重要研究课题。为了探索中国古代早期铜器中黄铜制品出现的可能性，北京钢铁学院（今北京科技大学）冶金史组的学者们曾做了大量冶炼金属锌的实验，取得了很多成果。他们指出龙山文化时期烧制陶器的温度可达 950℃～1050℃，为冶炼黄铜提供了所必需的高温条件和还原气氛。他们采用的矿石有 ZnO、Cu_2O、云南会泽者海含铅菱锌矿石和山东栖霞铜矿石（铜铅锌共生矿）等。实验结果是都炼出了黄铜，又因实验原料的不同，含锌量从 4% 到 34% 不等。通过冶炼实践，说明了在古代只要有含锌的铜矿，经冶炼是可以得到金属锌的[9]。

近半个世纪以来，有关青铜制品的大量科学考古资料的发现，使人们不断认识到，自新石器时代晚期遗址、二里头、二里岗乃至殷墟，青铜文化具有明显的时代连续性。过去的所谓中国青铜文化"西来说"、"北来说"，毫无疑问是不攻自破的。

马家窑文化和马厂文化的青铜制品为公元前 3000～前 2300 年，这是我国目前发现的最早的青铜制品。在世界冶铜史上，与古代两河流域、埃及、印度、爱琴诸文明比较，古代中国在青铜器的发明上，也是先进行列之中的重要一员。

我国最早的青铜器物与红铜器物并存，这是世界冶铜史上的一种特殊现象。有的学者认为最早的青铜制品属于"天然青铜"，但也不排除人工掺杂的可能性。也有学者认为今后的考古工作完全有可能发现更早、更多的红铜制品。

青铜器铸造采用范模的最早的完整实物是山西襄汾陶寺出土的铜铃。这是迄今发现的用合范法制作的最早的金属乐器[10]。这表明，铜器的制作工艺在我国原始社会后期已经达到较高水平。

（二）夏商青铜器的重要发现与学术价值

1. 夏代青铜器的发现与研究

从文献上看，夏人活动的中心地区是在今河南西部的河洛流域。通过近年考古学界对夏文化的不断探索，了解到夏人实际活动范围要远远超过于此，大体是西起今河南西部和山西南部，沿黄河向东至今河南、河北、山东三省交界处，南接湖北，北入河北。20世纪50年代在河南登丰王村、郑州洛达庙、偃师二里头先后发现了晚于龙山文化而早于商代前期郑州二里岗的文化遗存。因二里头遗存比同类性质的文化更丰富，更具典型性，因而就将这类遗存定名为"二里头文化"[11]。二里头文化的具体年代，根据碳十四测定结果，为公元前2090～前1680年，基本上与夏朝年代相吻合，进一步研究探索夏文化、夏代青铜器内涵等就有了依据。

　　二里头类型的遗址以豫西地区发现最多。豫东、陕东以及湖北境内也有发现。晋南地区的夏县"东下冯类型文化",与二里头文化在时间上相当或略晚。从发现的青铜资料看,二里头类型的青铜器,主要集中出土在偃师二里头,其他地区很少见到,有的也仅是少量发现,如河南新郑、商丘、洛宁等地。

　　二里头文化遗址与墓葬发现了不少青铜制品,有关方面曾对二里头出土的两件铜爵、一件铜锛用电子探针作定量分析,证明一件铜爵含铜92%,含锡7%;另一件铜爵含铜91.8%,含锡2.62%,含铅2.34%;铜锛含铜91.66%,含锡7.03%,含铅1.23%。这些制品已属青铜,应是铜、锡或铜、锡、铅三种元素的合金。考古工作者1959年在偃师二里头和洛阳东干沟夏代遗址中发现了铜炼渣、熔铜坩埚残片与陶范残片,有力地说明了二里头文化已经有了冶炼和铸造青铜器的作坊,青铜制品应是本地铸造的。

　　二里头的青铜制品,主要是小件的工具和兵器、装饰品。如小刀、小钻、鱼钩、锛、凿、锥、戈、戚、镞等。这时还出现了较多的青铜酒器如爵、斝、盉,食器如鼎,乐器如铃,等等。这些空体器制作时要有内、外范,要比制作实体器难得多。从出土的铜爵的铸痕看,至少要用四块外范,说明当时从单范铸器进入多合范法了[12]。有銎的工具与兵器在铸造时也必须用内范。合范法的应用,反映了当时的青铜工艺发展的水平。二里头出土的青铜爵数量最多,有十余件。铜爵基本特征是形体单薄,束腰,平底,三尖锥状足,或三棱柱形足。1975年出土的一件铜爵,高22.5厘米,流至尾长31.5厘米[13]。流与尾细长,三足细长而外侈。流折处有二短柱。腹部有两道弦纹,弦纹间饰五个较大的乳丁纹。该爵造型优美,平稳典雅。1984 年、1987 年二里头又发现铜斝[14]、铜鼎[15]。几种器物的风格特点与稍后的商前期的同种器物有着很大的差别。铜斝作长颈、侈口、三棱锥状足或三空锥足。口沿一对三棱锥状柱。铜鼎作圆腹、平底、二直耳。最独特的是一耳对应一足，另一耳在两足之间。这是早期铜鼎的一个突出特点。在二里头、二里岗、殷墟都出土了封口盉，可视为几个不同时期发展的连续性。1962 年、1984 年在二里头各出土了一件铜铃，铃作圆形、平顶，一侧有一半圆形扉，较陶寺铃有较大变化。

二里头出土的青铜器物中，已出现了镶嵌工艺，如铜牌饰，共有三件。1975 年在二里头 K4 发现的一件圆形镶嵌牌饰，直径 17 厘米，厚 0.5 厘米。在器边沿镶嵌一周呈长方形的 61 块绿松石，以圆心为中心，向外又镶嵌了两圈绿松石，每圈以 13 个"十"字形组成圆形图案。1981 年在一座墓的墓主人胸部发现一件兽面纹镶嵌牌饰，长 14.2 厘米，宽 9.8 厘米。牌饰两侧内凹，各有两个穿孔纽。凸起一面以绿松石镶嵌组成兽面纹图案（图六）。这几件牌饰是目前所见最早的青铜镶嵌器。

图六　1984 年河南偃师二里头出土的
夏代嵌绿松石兽面纹饰件

二里头铜器的发现与时代确认，对辨识传世品中的同类铜器具有十分重要的意义。例如：上海博物馆收藏的铜斝，与二里头出土的三尖锥状足、长颈、束腰、侈口、口沿二短柱的斝相雷同，因而可确认为属二里头时期的器物。上海博物馆收藏的另一件铜角特征是，口凹下，两端尾上翘，长窄腹，腹下再接一段有若干圈孔的假腹，下有三足。颈与腹间有一半圆形扁体鋬，下腹有一管形流。腹部饰乳丁纹两排，上、下界以弦纹。该铜角与二里头晚期腹部有流的陶角造型一致，因而也可确定上博铜角的年代。

二里头青铜器多素面，有的也出现了简单的装饰，如弦纹、乳丁纹、网格纹等，有的还以镂孔为饰，如爵鋬上的长方形镂孔。

历年来对二里头文化和二里头类型文化遗存的不断发现和研究，对于了解夏代历史文化和青铜冶铸业的发展水平都有很大帮助。

2. 商代前期（二里岗期）青铜器的发现和认识

商朝是我国历史上的第二个王朝。从文献记载看，商人子姓，主要居住和活动在黄河下游地区，汤灭夏后，共传十七世，三十一王。

据《史记·殷本纪正义》引《竹书纪年》："自盘庚徙殷，至纣之灭，二百七十三年更不徙都。"历年来对安阳小屯村的考察和发掘，尤其是 1899 年以来对在这里陆续出土的甲骨文的研究，确切证明了今安阳小屯村是盘庚至商纣灭亡这一历史时期的都邑，是商代后期政治、经济、文化中心，并有着高度发达的青铜文明。那么在盘庚以前的商代文化和青铜器是怎样的呢？

1950年秋，在河南省郑州市南关外的二里岗一带发现了商代遗存[16]，遗址内涵有着不同于殷墟文化的特点，1952～1953年进行了发掘，确切的地层关系证明文化遗存早于殷墟期。有学者提出，郑州早商文化遗址，从其年代、地望和文化内容多方面看，它可能是商汤所居的亳都。二里岗遗存包含上、下两层堆积，即"二里岗下层"和"二里岗上层"，两者有着很大的一致性。但从青铜器看，下层青铜器数量有限，而上层则有着成套的青铜礼器。

二里岗类型的遗址和墓葬，分布范围很广泛，河南、陕西、山西、山东、北京、湖北、江西等省市都有发现，可以说，黄河流域、长江流域的许多地区都分布着早商文化，其中不少地方出土有典型的二里岗期青铜器，下面举其重要者。

郑州市白家庄村青铜器：白家庄村位于郑州市区东北部，墓葬先为群众发现，1955年5～6月考古工作者对编号为郑白墓二、郑白墓三的两座墓进行了发掘[17]。二号墓随葬青铜器有鼎、爵、斝、罍、盘；三号墓出鼎、爵、斝、瓿、罍。器种已相当丰富，

图七 1955年河南郑州白家庄出土的商代前期铜罍颈部的象形文字

可以认为这是当时生活习俗和礼制的反映。墓二出土的铜罍颈上有三个龟形图案，唐兰先生指出，该图案应是"黾"字，是氏族徽号（图七）。实际上这是铜器上出现的最早文字之一，

在文字学上的意义自然是不可低估的。

郑州铭功路青铜器:1965 年在铭功路发掘的二号墓出土的铜器有斝 2、爵 2、鼎 1、瓿 1、刀 1、戈 1,4 号墓出土爵 1、瓿 1[18]。

郑州市张寨南街青铜器:张寨南街位于商城西墙外约 300 米杜岭土岗上[19],1974 年 9 月在该街深约 6 米处发现两件方形大铜鼎,称为"杜岭一号铜鼎"、"杜岭二号铜鼎"。两鼎形制、纹饰基本相同,都是立耳、斗形方腹。四个圆柱形空足,腹表饰兽面纹和乳丁纹。一号鼎通高 100 厘米,器口长 62.5 厘米,宽 61 厘米,重约 86.4 公斤;二号鼎通高 87 厘米,器口长宽各 61 厘米,重约 64.25 公斤。两鼎形体高大,整体协调平稳,是商代前期青铜重器。大鼎是用多范分铸而成,对研究商前期青铜铸造业发展水平有着重要意义。

郑州商代窖藏青铜器:1982 年 7 月在向阳食品厂基建工地施工时,在离地表 5 米深处,发现 7 件青铜器,随后在青铜器出土地点进行了发掘[20],证实此处是一近方形的商代窖藏,东西长 1.7 米,南北宽 1.62 米,深 0.9 米。窖藏中除有陶器外,共出土青铜器 13 件:饕餮纹大方鼎,饕餮纹大圆鼎,云雷纹扁足圆鼎,牛首尊,羊首罍,饕餮纹卣,饕餮纹瓿,涡纹中柱盂,素面盘。出土的两件大方鼎与 1974 年郑州杜岭出土的大小、形制、装饰等均相似。重约 33 公斤的饕餮纹大圆鼎,三足从上向下收缩,形制特殊。这批青铜器铸造精致,品类也多,较二里头时期已有了明显的发展。特别是这时出现链梁的铜卣,反映了青铜铸造技术的进一步成熟。装饰上,青铜卣等器全身满饰花纹,加强了装饰艺术性。有的器物利用圆雕方法,使装饰错落有致。有关方面对其中的鼎和盘进行合金成分测定，结果为锡青铜。

河南中牟县出土青铜器：其中黄店出土夒纹封口盉2、饕餮纹爵1，大庄出土饕餮纹爵、饕餮纹觚和目纹戈。黄店封口铜盉与湖北黄陂李家嘴出土的相同。中牟出土的早商青铜器，为追寻商人活动地域和在这一地域内有可能更多地发现商早期青铜器提供了重要线索。

河南辉县琉璃阁青铜器：1950～1952年琉璃阁发掘的殷墓，出土铜器主要有容器鬲、斝、爵、觚和锋刃器刀、戈、钺、镞等。

北京市平谷县刘家河青铜器：1977年8月平谷县刘家河村农民在村外取土时发现了一批青铜器，其中有铜礼器16件（图八）和铁刃铜钺兵器1件，另有人面形饰5件，以及铜泡和当卢等[21]。刘家河的青铜制品，与郑州张寨杜岭、湖北黄

图八 1977年北京平谷县刘家河出土的商代前期铜盘

陂、河北藁城台西出土的商早期同类制品相似，均具有二里岗期上层的特征。其中的盉作长颈，圆鼓腹，圜底下有三短足，腹部一短斜流。有盖，盖纽与颈部环纽面有链梁相连。该盉形制是以后出现的壶形铜盉的先声。

特别值得重视的是刘家河铁刃铜钺的发现。所谓铁刃铜钺，即钺体用铜制，而铁质为刃。铁刃铜钺迄今为止共出土 3件，除本件外，1972 年在河北藁城台西出土 1 件；1931 年河南浚县辛村出土 1 件，惜早已流落到美国。刘家河铁刃铜钺与藁城台西铁刃铜钺形状大体相同，钺身与内面有阑。两件钺的铁刃都已残损。平谷钺残长 8.4 厘米，阑宽 5 厘米。铁刃残存部分包入青铜器身内约 1 厘米左右。通过化学分析和金相学考察，铁刃系铁镍合金的陨铁锻制而成。平谷等地铁刃铜钺的发现，把我国使用铁的年代提前了。半个世纪以来，以陨铁所制器物曾多次被发现，表明当时人们已对陨铁有所认识并加以利用。

河北藁城台西青铜器：自 1972 年以来，位于冀中平原滹沱河南岸的河北藁城台西村，不断有青铜器出土，1973～1974年，在台西村作过两次较大的发掘[22]，共发现铜器 101 件（其中一部分属殷墟早期）。器种主要有鼎、斝、爵、瓿、罍、鬲、匕、笄形器、刀、镞、钺、戈、戟、铃、凿、锯等。兵器中，在 17 号墓发现的戈与矛分体的戟，是最早的一件分体戟，为西周时代如河南浚县辛村出土的戈、矛合体的"侯"戟找到了承袭关系。

湖北黄陂李家嘴出土的青铜器：湖北黄陂盘龙城是解放后发现的一处十分重要的商代遗址。经 1963 年和 1974 年对遗址与墓葬进行发掘，发现其文化内涵极为丰富。目前，出土的青铜器已达 159 件之多，有工具、兵器、礼器，器形在 25 种以上。盘龙城宫殿遗址和相当于二里岗期铜器及其他器物的大量发现，成为研究我国长江中游商代社会的重要资料，说明商朝势力和疆域已经到达长江中游的广阔地区了。

江西清江吴城青铜器：吴城在清江县城西南 35 公里处，紧靠鄱阳湖和赣江。1973～1974 年先后对吴城商代文化遗址进行了两次考古发掘工作[23]。遗址可分三期，一期出土的器物与郑州二里岗商代遗址的同类器物较为接近，二期相当于殷墟文化早期，三期则可到殷墟晚期至周初。出土的铜器不多，但是这里发现了许多石范，石质多为红色粉砂岩，质地疏松，易于雕凿，石料是当地所产。

江西新干大洋洲青铜器：1989 年 9 月江西省新干县大洋洲乡农民在程家取沙时，偶然发现 50 余件铜器，系一座商代大墓的随葬品[24]。墓内出土的随葬品达 1900 余件，除玉器、陶器外，铜器有 480 余件，数量之大，品类之多，不但在江西，而且在已发现的全国商墓中也属少见。不过需明确的是，这里出土的商代青铜器绝大部分属殷墟期，少部分具有商代前期二里岗期特点。属于二里岗期的几件重要铜器如虎耳大方鼎，其整体造型与郑州杜岭和郑州食品厂工地出土的两对大方鼎雷同，为斗形方腹，凹槽双耳，四壁每面的左、右、下方的乳丁饰也相同。深腹、柱足、有凹槽耳的圆腹鼎，与辽宁喀左小波太沟出土的铜鼎相同。锥足深腹圆鼎也是二里岗期的典型器物。

商代前期青铜器出土地点还有陕西的清涧、绥德、岐山和山西的平陆等。早期商代青铜器的被发现和确认，解决了长期以来学者们所探索的殷墟高度发达的青铜文化的来源及其发展问题。

3. 殷商后期青铜器的重要发现和意义

商代后期青铜器以河南安阳殷墟出土的青铜器为代表。

殷墟出土的青铜器，宋代《考古图》一书就已有著录，长期以来该地不断有青铜器出土。在传世的重要铜器中，有不少都出自安阳，例如今藏北京故宫博物院的邲其三卣，今藏日本根津美术馆分别铭有"左"、"中"、"右"的三件成组青铜盉等。1928～1937 年北平研究院在殷墟曾进行了 15 次考古发掘，取得了很大成果。20 世纪 50 年代以来该地考古工作未曾间断。1959 年在安阳苗圃北地发掘的一处大型铸铜作坊，发现了大量的炼铜坩埚碎片和几千块陶范，遗址面积达到 1 万平方米以上，对我们了解商代后期铜器铸造业的规模、发展水平以及工艺流程都很有帮助。

下面简要介绍殷墟遗址出土青铜器的主要地点。

武官村大墓出土的青铜器：1950 年在安阳洹河北岸的武官村发掘了一座大墓[25]，该墓结构呈"中"字形，有南北墓道。南北长 14 米，东西宽 12 米，深 7.2 米。殉葬人 79 个，墓道中还随葬 28 匹马，并有殉狗。墓虽早期被盗，但仍出土不少各种质地的器物，铜器有鼎、簋、爵、觚、卣、戈、刀、镞以及铜铃、铜泡等。另有虎纹大石磬和白陶器等。武官村大墓时代，一般认为属殷墟前期。

殷墟五号墓（妇好墓）青铜器：1976 年，中国社会科学院考古研究所在河南安阳小屯村北略偏西约 100 米处发掘了一座编号为五号墓的商代后期古墓[26]。该墓从未经过扰动，是目前已发掘的商代高级贵族墓最完整的一座。出土大量青铜器、玉器、骨器和牙雕器。青铜礼乐器达 200 余件，而许多都

是成组成套的。出土的大方鼎和兕觥等上有"司母辛"三字铭
文。参照甲骨卜辞等有关记载，可确定墓主是商王武丁的妻子
妇好，死于商王武丁时代。也有学者认为，姅辛为商王康丁配
偶。该墓属于殷墟第二期。五号墓铜器上的铭文，除大多数铜
器有"妇好"、"好"、"司母辛"等铭文外，另外也有"亚其"、
"亚启"、"束泉"等铭文，为研究商代氏族制度及其相互关系
提供了重要资料。其器种大体说来，食器有鼎、甗、簋、盂、
三联甗；酒器有方彝、偶方彝、尊、方罍、壶、瓿、缶、兕
觥、斝、盉、爵、觚、觯、卣等；水器有盘；乐器有铙。铜器
中不少是成双成对的，如司母辛大方鼎、圆形连体甗等。大型
炊食器三联甗和大型盛酒器偶方彝（图九），是从未见过的器

图九　1976年河南安阳殷墟五号墓出土的商代后期偶方彝

种。这两件器物铸造精良、华美富丽。偶方彝呈长方形，通高 60 厘米，长近 1 米。发现时，不知器名。郭沫若依据该器形状好似两个方彝连在一起的特点，定名为"偶方彝"。此器器身转角处铸扉棱，并雕出多种纹饰，器盖两长边中部铸出半浮雕的鸱鸮面，生动神秘。此外，两件司母辛方鼎雄浑厚重，大小仅次于司母戊大方鼎。四件大型盛酒器方罍，是同类器中的佼佼者。兽面纹壶体呈椭扁形，颈两侧有贯耳，器身满饰花纹。两件扁足方形鼎在殷墟首次发现。背饰弦纹、叶脉纹、乳丁纹的四面铜镜，是研究铜镜发展史的重要资料。五件一组铙的出土，突破了三件一组的传统模式。五号墓铜器的发现对研究殷墟早期青铜器断代提供了大量标准器。

1969～1977 年在殷墟西区也陆续发现了 939 座殷墓[27]，其中 61 座墓共出土铜礼器 175 件，许多铜器都带有族徽，这不但对研究族徽制度有意义，而且对研究商代族葬制度也有价值。

安阳后岗圆形葬坑出土的青铜器：1959 年在安阳后岗发现一圆形葬坑，学者多认为应为人祭坑。坑内有陶、玉、骨、铜制品。铜器主要有鼎、爵、卣和戈、刀、镞等。其中铜鼎有铭文 20 余字[28]，属商代长铭之列。器主为戍嗣子。铭文为："丙午王赏戍嗣子贝廿朋，在阑宗，用作父癸宝鼐。佳王□阑大室。在九月。犬鱼。"(图一〇)铭文中的"阑"字，在商周金文中常见，如：宰椃角、阑卣、利簋等，但在字体结构上常有微异。学者们一般认为，"阑"字即"管"字，金文中多作地名，即今考古发现的郑州商城。戍嗣子鼎铭"在阑宗"，表明阑地有商王宗庙，商王在此对臣下进行赏赐。

20 世纪 50 年代以来，安阳许多地点及其附近地区陆续有

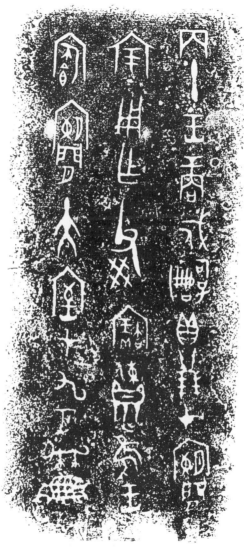

图一〇　1959年河南安阳后岗出土的商代后期戍嗣子鼎铭文

青铜器出土。1958～1961 年，对洹河南岸的小屯村西地等十几个地点的 48 座墓发掘清理，共出土青铜礼器鼎、簋、甗、爵、觚、斝、斗、瓿、尊、卣以及工具和武器共计 128 件[29]。1977 年在小屯村北发掘的一座编号为 18 号的殷墓，出土各类铜器 43 件，主要有食器、酒器、水器等，有的铜器有"子渔""盅侯"铭文。

1975 年，在安阳小屯村北商代建筑遗址内帝乙、帝辛时期的祭祀坑内出土了一件长方形器盖，盖面中心有"王作姤弄"铭文。铭文内容与《美帝国主义劫掠的我国殷周铜器集录》著录的一件卣（R188）同铭，无疑属一人之器。"弄"指弄器而言，即玩器。以青铜作弄器，多见于春秋时代。殷墟西区 1713 号墓共出土 91 件青铜礼器、兵器、乐器和工具。礼器 17 件，有鼎、甗、簋、斝、爵、觚、卣、尊、盉和盘。在鼎、簋、爵器上，有"亚鱼"或"帚鱼"铭。随葬的兵器很多，其中铜戈 30 件、铜矛 30 件，并成捆出土[30]。从该墓铭文内容和随葬器物规模看，对研究殷商后期职官和家族制度以及高级贵族埋葬习俗，都有很大意义。

另外较重要者，如薛家庄、大司空村、郭家庄、戚家庄等地点，都出土有多少不同的殷墟期的青铜器。如 1990 年郭家庄发掘的 160 号墓，随葬青铜器达 291 件。

除了殷墟，还有其他一些出土殷墟期青铜器的地点。

1952 年春，辉县褚丘出土一批青铜器，有卣、觚、簋、鼎、弓形器和铜箭镞[31]。新乡市博物馆在 1952 年前后，先后收集到 7 件辉县出土的带有"妇婡聑"铭铜器，计有鼎 1、卣 1、尊 1、簋 1、角 1、爵 2[32]。另外，中国历史博物馆亦收藏一件铜觚，其铭文与新乡博物馆收藏的 7 件铜器铭文相同。铭文中的"巺"字应为氏族徽记，郭沫若解释说："此字在口旁有须，形如鬼怪，当是古之为巫祝者的族徽。"

1961 年温县出土商代后期铜器 23 件[33]，其中方鼎、簋、斝、爵同铭，同为"征"字。其余较重要的还有三件一组的编铙，以及甗、戈、镞、削等。

1979~1980 年，在河南罗山县蟒张乡天湖山坡上，发现殷墟文化二期至四期的墓葬多座，出土的铜器上有铭文的 40 件，其中 26 件都有"息"字铭文[34]，表明该墓地为息族墓地。

1991 年河北定州市郊北庄子村发现商代方国大型墓葬群[35]，出土的铜器很多，种类主要有鼎、鬲、簋、壶、斝、爵、瓿、觯、觥、戈、矛、刀、钺、镞、弓形器、刻刀、凿以及小铃等。纹饰多以兽面纹和夔纹为主题。铜器的铸造没有殷墟精美，反映了方国文化特点。出土的器物上有"又"和"戈"的族徽。

在殷商时期，今山东地区属夷人方国范围。该地区也不断有青铜器出土，其中重要的有益都苏埠屯奴隶殉葬墓[36]。该墓为一座有四个墓道的大型木椁墓，殉葬奴隶 48 人。此墓早期被盗，所见完整器物很少，却发现两件青铜大钺，形体宏大，钺上用浮雕和镂空的技法铸出张口露齿的狰狞的人面形象。其中一件大钺长 32.7 厘米，宽 34.5 厘米；另一件长 31.8 厘米，宽 35.8 厘米。前者两面嘴齿两边都铸有"酘亚"铭族徽（图一一），右为正写，左为反书。一件戈上也有相同铭文。有学者指出，益都苏埠屯大墓应与商后期的"薄姑氏"有关。

1957 年山东长清出土铜器 20 余件，主要有鼎、爵、瓿、觯、卣、斗、戈、镞、徽以及斧、锛、凿等[37]。

图一一 1966年山东益都苏埠屯出土的商代后期"酘亚"铭铜钺

1958~1959年山东滕县井亭煤矿动工时出土铜器30余件。铜器种类主要有鼎、卣、尊、爵、瓿、斝，还有戈和铃等。

山西省出土殷墟期的青铜器地点较多，主要在晋西南的石楼、永和、灵石和晋中的忻县以及靠近西北部的保德等地。

1959年8月在石楼桃花庄发现三足盘、直线纹簋、龙纹兕觥和带铃瓠[38]，其中最引人注意的是龙纹兕觥。该觥为长体，与一般常见的兕觥形象有别。长43厘米，宽13.4厘米。兽头昂起，作张口状，头上有二角，全身以龙纹为主题，另饰以夔纹、蛇纹、圆涡纹等。其造型奇特别致，与其他地区出土的完全不同。直线纹簋造型典重，颈腹上的直线纹简洁素朴，开西周初直线纹发展的先河。商代盘多圈足，桃花庄盘是带有三扁足的圆形盘，在殷墟期难以见到。石楼二郎坡发现的铜器有鼎、甗、爵、觚、斝、鸮卣以及戈、钺、削、斧。鸮形卣很少见[39]。1957 年后兰家沟出土的铜器 24 件，主要有爵、斝、觚、勺、瓿和戈、蛇首匕、锛、凿、削等[40]。石楼义牒也发现商代后期青铜器，1969 年 5 月在义牒村一座墓内出土铜器13 件[41]，有觚、爵、戈、刀、锛、凿、镞和铜梳。铜梳别致，梳背较高，饰云雷纹，有 13 根梳齿。其中一件铜觚圈足内有"子"铭，而一件戈的内部后瑞有一"🜚"铭，为首次发现。在义牒石坪还发现兽面纹有銎钺、铜镞等。1975 年在义牒褚家峪村一商墓内，出土青铜酒器觚和兵器、工具十余件。直内铜戈和有銎铜戈的内端有鸟形或矛形等铭记。铜觚在造型和装饰上尚未出现凸起的觚腰，因而具有一定的商代前期特点。最值得注意的是，褚家峪出土的舌首匕，全长 32.5 厘米，柄长 13.5 厘米。柄端作蛇首状，蛇舌可活动，极富情趣。柄两面饰镂空菱形纹。

1976 年 1 月在石楼曹家垣一座墓内出土的青铜器，有似铎的乐器、蛇首带环勺和铃首剑等 7 件器物。铎形器的柄与器身都有链环纽，柄上 9 个，器身 24 个。通高 29 厘米，柄长11 厘米。推测它可能是摇动作响的乐器。其他地区尚未见有同样的器物。至于铃首剑，系北方游牧民族器物风格。石楼青铜器虽大多趋向于同时的中原青铜器的风格，但北方地域性特征也极鲜明。

1971 年保德林遮峪出土大小铜器 30 件，有鼎、带铃豆、瓿、卣、铃首剑（图一二）和斧等。车马器有车舍等计 19 件。另有 109 枚铜贝[42]。铜器中的一对铜豆最重要。豆作内折沿，

图一二 1971 年山西保德林遮峪出土的商代后期铜铃首剑

盘腹较深，较粗短，圈足。座内置一铃。商代铜豆较罕见，目前仅发现几件传世品，如北京故宫博物院收藏的宁豆。保德出土的豆和铃更显特殊。

1976 年和 1985 年在灵石旌介村分别发现了三座商墓[43]。1 号墓与 2 号墓是第一次在这里发掘的两座土坑竖穴墓，出土青铜器极为丰富。1 号墓出土了鼎、鬲、簋、尊、罍、卣、瓿、爵、觯和矛、戈、镞以及兽首管状器、弓形器、铃等。铜器普遍制作精致、浑厚。有饰蚕纹、蝉纹的鼎，饰蕉叶纹、兽面纹并有扉棱翘起的铜尊等。一些铜器上有族徽。如 2 号墓铜器上较多的都是"Ⅷ"徽记。该族徽在此墓地较集中，可以认为该墓地墓主人属"ⅧⅧ"家族成员，而今天的灵石旌介及其附近在古代很可能就是殷商后期"ⅧⅧ"家族的聚集地。

陕西省出土殷墟期青铜器，较重要的如 1973 年冬岐山贺家村发现的一号墓，出土铜器有鼎、簋、卣、瓶、斝和戈、镞、盾饰、工具等多件[44]。其中的凤柱斝，双柱以高冠凤鸟为饰，生动优美（图一三）。有的铜器有"庚"、"山"、"ⅧⅧ"铭。

1974 年夏陕西扶风吕宅村商代晚期墓葬出土弦纹瓿、爵、戚三件铜器，其中戚体上饰有并列的五只近似图案化的蚱蜢纹，这种纹饰极鲜见，为青铜器纹饰研究增添了新的种类。

图一三　1973年陕西岐山贺家村出土的商代后期凤柱斝

　　陕西汉中城固湑水河一带不断有殷商后期青铜器发现[45]，铜器的风格特点也引起了人们的注意。这些铜器主要出自窖藏，大多出在苏村和五郎庙遗址。所出铜戣，三角形援的前锋和援刃锋利尖锐。援上所饰二首一身的龙纹，形似双头蜈蚣，更是奇特。五郎庙铜斧所饰人面纹也少见。其他如苏村出土的长方形铺首，五郎庙的透雕龙纹钺，也都是其他地区所罕见的。城固出土的铜器表现了很强的地域色彩。据学者研究，城固在殷商时居住着羌族部落，亦为当时的方国之一。

1971年陕西礼泉泔河坝工地先后发现铜器[46]，计有鼎2、簋3。簋的主题纹饰全部是斜方格乳丁纹，Ⅰ式鼎上腹部饰三个简化兽面纹，这种兽面纹的特点是，一竖道两侧各一圆点分别代表鼻和眼目。

陕北的清涧和绥德等地，也不断出土殷商后期青铜器。1965年和1974年在绥德墕头村后任家沟出土铜器30余件。墕头出土的蛇首匕、马头刀，同山西石楼等地出土的同类铜器一样，均具有北方游牧民族风格。墕头村的鼎上有"天"字族徽。

1989年江西新干大洋洲程家村商墓，发现随葬铜器总数约480余件[47]。少部分铜器具有商代前期特点，而多数铜器则属殷墟期。最典型的殷墟期铜器有虎耳扁足鼎、提梁方卣、十字孔四羊罍、四足甗、镈钟、云纹铜铙、勾戟等。在众多的青铜器中，没有发现爵、斝、觚这些在中原常见的青铜酒器，与中原地区在器物使用类别上有着明显的区别。圭状柄瓒形器，印证和补充了古文献的记载。《诗经·大雅·旱麓》："瑟彼玉瓒"，玉瓒即圭瓒，孔颖达引《毛诗正义》："圭瓒之状，以圭为柄。"这件瓒形勺之形状也与"圭瓒"完全相合，因而可称"圭瓒"。四足圆甗的发现，在同时期的甗中显然是一个特例（图一四）。铜豆和十字孔方卣也是这时罕见的器形，尤其是十字孔方卣的制作，表现了古人的智慧和技巧。新干铜器在装饰上，除饰有饕餮纹、夔纹、蝉纹、圆涡纹、圈带纹、云雷纹等以外，在一些铜器如大甗、扁足鼎、镈钟上，还饰有近似燕尾状的燕尾纹，其时间早于河南安阳出土的同种纹饰。江西

图一四　1989年江西新干大洋洲出土的商代后期立鹿四足甗

新干大洋洲的青铜器，开阔了人们的视野，不但对认识和研究赣江—鄱阳湖流域的商代青铜文化是一个重大突破，而且对研究不同地域文化的交流与融合也具有很高的学术价值。

江西都昌发现有殷商后期青铜甗[48]。遂州出土的兽面纹铜卣，浑厚凝重，铭文有"亚宪皇"、"亚宪皇𣪘"[49]。都值得重视。

湖南出土的殷墟期青铜器，普遍特点是质地精良，造型优美，有的铜器风格特殊，具有浓厚的地域性。出土地点多集中在宁乡县西部的黄材、老粮仓等地。1959 年在宁乡老粮仓师古寨山顶一土坑中出土五件铜铙[50]，所饰纹饰有兽面纹、象纹、虎纹等。这几件铜铙在出土时分上下两排，上层一件，下层四件，每件都是口向上，重量在 50～70 公斤不等。1978 年宁乡老粮仓北峰滩出土了一件形体巨大的大铜铙，重 154 公斤，高 89 厘米。铙两面饰粗浅兽面纹，口内两侧各铸两只浮雕卧虎。这种特殊的装饰法，目前所见仅此一例。1983 年宁乡黄材月山铺出土的一件铜铙重 221.5 公斤，通高 103.5 厘米，两面饰粗宽兽面纹。这是湖南地区出土的商代铙中最大的一件。众多的铜铙的出土，为研究商代大铙的用途、性质、产地、青铜工艺等提供了重要资料。

1959 年宁乡黄材出土的人面纹方鼎，是著名的青铜器珍品。鼎腹四面各雕出一个人面，形象相同，面孔严肃，鼎腹内铸"大禾"二字。铜器上铸人面的少见，而在方鼎四面均有人面图案的，目前所见仅此一件。

1981 年在湘潭、1975 年在醴陵、1977 年在衡阳分别出土豕尊、象尊、牛尊。其中豕尊较罕见，形体硕大圆肥，形态生动，花纹细腻，长 72 厘米，高 40 厘米。

1970 年宁乡黄材出土的戈卣，腹、盖沿与圈足饰勾嘴利爪的鸟纹，颈饰夔纹，全身有四道粗大的扉棱。器内铸"戈"铭族徽。"戈"卣浑厚凝重，花纹优美富丽，是同类器的佼佼者。岳阳出土的兽面鱼纹铜圆尊、双峰出土的铜鸮卣、新邵陈家坊出土的兽面纹瓿[51]，都值得重视。

湖南是长江以南出土殷商铜器的重要地区之一，铜器数量多，质量精美，多为单件出土，且多在山顶、湖河岸边发现。这一现象，学者普遍认为应与祭祀有关。湖南地区出土的铜器中，值得注意的是，带有"戈"、"冉"等北方地区常见的族徽，可能反映了部族的迁徙情况。

湖北出土的殷商后期的青铜器，比较重要的是 1977 年在崇阳大市发现的兽面纹铜鼓（图一五）。该器为横置的两面鼓，通高 75.5 厘米，重约 42.5 公斤[52]。鼓身上部铸瓷枕形饰，中部一孔，表明鼓可悬吊；下部为矩形座。鼓身边缘饰小乳丁纹，鼓身主题纹饰似流动状的兽面纹。该鼓与今收藏在日本住友博物馆的一件铜鼓基本相同。依其特征，崇阳大市鼓的时代可定在殷墟中期。

安徽发现的殷商后期的青铜器主要有 1957 年 6 月在阜南朱寨月儿河出土的铜器尊、罍、爵、觚[53]。其中有一件被世人称为龙虎尊者，高 50.5 厘米，大侈口，圆腹，高圈足，肩部有作蜿蜒状的三条龙。腹部饰兽面纹，器肩下铸高浮雕的一首二身虎，张口露齿作噬人状。龙虎尊器表装饰凸出，壁内里侧凹入，在铸造上系采用了内范花纹凸出的做法[54]。龙虎尊对研究青铜铸造艺术和古代神话传说都具有一定的重要性。阜南整组铜器具有殷墟早期特征。肥西馆驿出土的铜爵与铜斧，形体较大，风格特点与中原所出基本一致。

在浙江，属于殷商后期的青铜器近年也有少量发现。1976年安吉三官乡周家湾村农民在修路时发现铜器 8 件，有鼎、觚、爵和案足等。案足作长筒靴状，两侧饰站立的夔龙。觚的圈

图一五　1977 年湖北崇阳出土的商代后期兽面纹双面铜鼓

足内有族徽铭文"弓日⊞"。1984 年浙江省温岭县琛山乡出土一件商晚期的圆形大盘，口径 61.5 厘米，高 26 厘米，是目前所见商周铜质圆盘中最大者。盘腹饰以鸟纹，盘内中心铸一龙首昂起高浮雕的螭龙，生动独特。

其他地区出土的殷商后期青铜器，较重要的有1987年江苏浦口永丰乡龙王荡出土的一件高68厘米、重67公斤的大铙[55]，两面饰粗线条兽面纹，以云纹为地。此种特征的大铙多出在湖南。1974年广西武鸣出土的一件铜卣，制作精良，其风格类似1971年湖南宁乡黄材出土的戈卣，与中原地区同类器也别无两样。武鸣卣的发现，对研究该地区与中原文化的关系以及这一地域青铜文化的渊源都很有参考价值。

综观五十年来各地出土的殷墟期青铜器，它们多是商代各地方国的青铜器遗存，反映了与殷墟青铜器的共性。但也应看到，不少地区出土的青铜器，在器物、纹饰上也有与殷墟铜器不同的地方，表现了很浓的地域特色。商代后期以殷墟为中心的青铜文化，不仅在黄河流域的广大地区发展，而且也越过长江，与当地土著文化相融合，共同创造了青铜文明史。

（三）西周青铜器的重要发现与历史价值

半个世纪以来，西周青铜器陆续出土，尤以陕西省最为突出，以周原的岐山、扶风为中心出土数量最多。考古资料和古代文献证实，周灭商前的古公亶父太王（周文王祖父），由于"熏育戎狄攻之"，"遂去豳，渡漆沮，逾梁山，止于岐下"，迁到岐山之下的周原。周原的范围大致是，西到今凤翔，东至今武功，包括岐山、扶风的大部，北倚岐山，南临渭水。今扶风、岐山是周人活动的中心地区。在这一中心地区，曾不断有青铜器发现。多数青铜器都出自窖藏。对这种现象，学者们普遍认为，西周末周幽王时，由于大戎之乱使周室东迁，王朝近臣一时携带不及，便将这些贵重的器物仓促埋入窖穴。

1960 年扶风召陈村铜器窖藏出土铜器 19 件[56]，其中 14
件有铭文，包括散伯车父鼎 4 件，散车父簋 5 件，散车父壶 2
件，𢼸叔山父簋 3 件。这批铜器对研究西周散国历史很重要。

1960 年 10 月扶风齐家村发现窖藏铜器 39 件，器种有壶、
钟、鼎、簋、罍、盂、鬲、盘、匜、簠、甗等[57]。器物时代
为西周中期至晚期。有铭文铜器 24 件，较重要的有几父壶 2
件，柞钟 8 件，中义钟 8 件。几父壶通高 60 厘米，体饰三层
粗犷的环带纹，宏伟生动。铭文内容"几父"之名，与以往著
录的仲几父簋的仲几父或许为一人[58]。柞钟与中义父钟一编
各 8 件，为西周晚期器，使我们了解到青铜编钟一编的数量，
从西周前期的 3 件增加到西周晚期的 8 件。

1963 年扶风齐家村出土青铜器 6 件，有方彝、尊、觥、
匜、盘、盉[59]。方彝、尊、觥，有"日己"铭，盘与盉有
"它"铭。"日己"铭器属西周前期，盘与盉属西周晚期。方形
圆口尊和方体觥较少见。它盉造型为扁体，鸠鸟盖和龙鋬、龙
流相配协调。它盘以跪状裸体人为足，也很特殊。

1974 年扶风强家出土窖藏铜器 7 件[60]，除镂孔豆、瓦纹
簋外，其他几件皆具铭文，有师𩵋鼎、即簋、师丞钟、恒簋
盖。师𩵋鼎通高 85 厘米，重 105 公斤，形体较大。内壁铸铭
文 197 字。由于铭文有"臣朕皇考穆王"句，因而可知当朝天
子是共王。此器为共王八年器。铭文内容多处提到西周社会的
多种"德"，如"懿德"、"孔德"、"馘德"等，对研究西周德
治和社会思想意识有重要价值。

近年周原出土的最重要的一批窖藏铜器，应是 1976 年 12
月发现的扶风庄白家一号青铜器窖藏[61]。窖穴呈长方形，南
北长 1.95 米，东西宽 1.10 米，深 1.12 米。窖穴的底部、四

周和器物之间的空隙都用草木灰填实。这应当说是有意填充的，对保护器物起了一定的作用。该窖穴出土青铜器 103 件，一处窖藏中出土上百件铜器，实属罕见。而更重要的是，所出土铜器时代相连，确是前所未见的。笔者 1977 年夏曾与唐兰先生去出土地考察，见到这一窖藏出土的全部铜器，保存得相当完好，花纹与铭文也都清晰可辨。铜器品类丰富，主要有鼎、簋、鬲、甗、盨、爵、斝、觚、觯、尊、卣、罍、兕觥、方彝、壶、盘、盆、匕、勺、钟、铃等。在 103 件铜器中，有铭文的占 74 件，不少铭文中都有"𤝔"徽号。结合铭文中的亲属称谓，可确知窖藏所出铜器属同一家族，分属于西周早期至晚期，从昭王到厉王。在铭文器中，最重要的是史墙盘，盘形为圆腹，腹耳，圈足。腹饰鸟纹，圈足饰上下卷曲的云纹。盘内底铸铭文 18 行，284 字（图一六）。铭文内容分前后两段，前段记载文、武、成、康、昭、穆和当朝共王的功业，后段记微史家族的发展史。在颂扬昭王时，谈到了昭王伐荆楚史事。该盘为共王铜器提供了难得的标准器。这批青铜器都异常精美，代表性的有方形折觥、㽙壶、旅父乙细腰觚等。刖刑鬲也是少见的一种特殊器形，刖刑奴隶形象对研究西周刑法和西周国家的阶级关系提供了形象资料。铜盆是当时少见之器，为铜器增添了品类。

1975 年 3 月扶风白家村发现一座西周墓[62]，出土铜器有鼎、簋、甗、饮壶、贯耳壶、爵、觯、盂、盘，共计 14 件礼器，另外还有戈、齿状兵器、星状器、斧等。时代约属西周穆王前后。鼎、簋等铜器上有铭文，其中有"𢔷"、"伯𢔷"铭文的 8 件，另外还有"𥄂父"、"伯雍父"铭文。伯𢔷即𢔷，此墓墓主或即为"伯𢔷"。鼎、簋铭文很长，例如：Ⅱ式鼎铭长

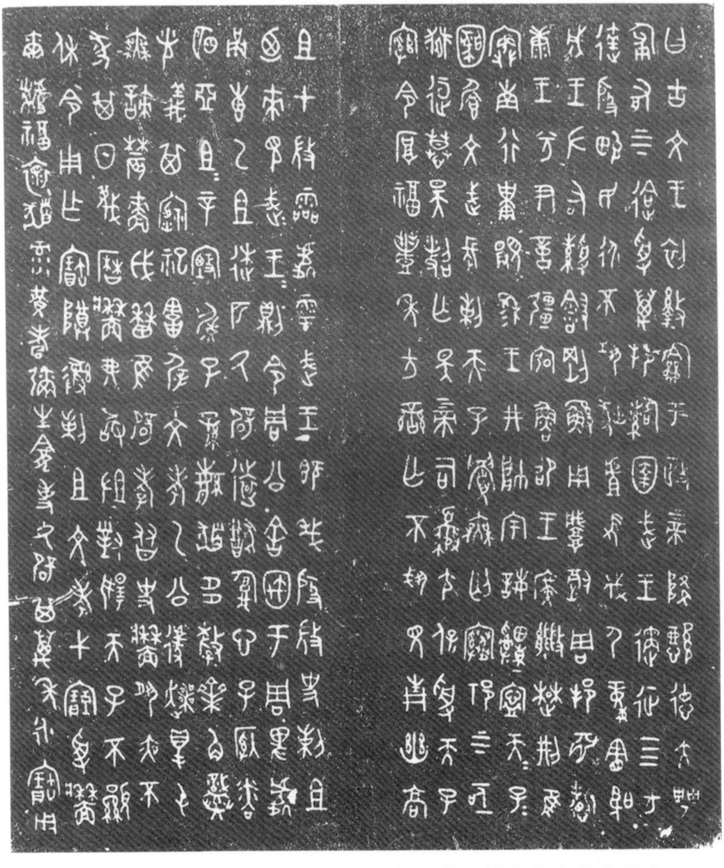

图一六　1976年陕西扶风庄白家出土的西周中期史墙盘铭文

116字，Ⅰ式簋铭长134字。铭文内容记载了𬴂征伐淮戎，受到周王后妃王姐姜的赏赐。铭中的"淮戎"，唐兰认为即"犬戎"。伯𬴂器的发现可与传世的有关𬴂器、录伯𬴂器结合起来研究。此批铜器有不少独特之处，两件伯𬴂饮壶，形制为椭圆腹，腹下部两侧有一对高出口沿的象鼻耳。铭文自名为"饮壶"。附盖方鼎也少见。𬴂簋双耳作凤鸟形，器腹亦作卷尾高冠的两对大凤鸟，表现出西周中期凤鸟装饰的风格。贯耳壶腹饰似云头纹的卷云纹。

1966 年岐山贺家村出土的一座西周墓，出土铜器 17 件，有鼎、方鼎、簋、角、卣、罍等[63]。有铭铜器以史颂簋最重要。该器与故宫博物院所藏的一件同铭器，当为一人所作。郭沫若和唐兰均指出，该器当为周康王时器，其铭中的毕公即文王之子毕公高。《史记·周本纪》："康王命作册毕公，分居里，成周郊，作《毕命》。"器主颂则为毕公下属。1967 年贺家村出土一件牛形尊，通尾长 38 厘米，通盖高 24 厘米，站立状，嘴为流，尾呈环状，虎纽，体饰夔云纹。

1975 年岐山董家村发现一处西周青铜器窖藏[64]，出土铜器 34 件，有鼎、簋、壶、鬲、盘、盉、匜、豆等。该批铜器时代从穆王延续到厉王、宣王时期。其中卫鼎（甲、乙）、卫盉时代，因卫鼎甲铭文有"余执共王恤工"，故几件铜器属共王世。倗匜时代属西周中期。带铭文的铜器有 30 件之多，以卫鼎甲（207 字）、卫鼎乙（195 字）、卫盉（132 字）、倗匜（157 字）最重要。卫器铭文内容主要记载了卫以玉器、服饰、车马器等物品换取田地和林地，卫并将换田地等事向当朝大臣进行了报告，执政大臣命令官员踏勘所租田的四界。卫器铭文对研究西周中期土地制度的变化是相当重要的史料。倗匜铭文是一篇诉讼的判决词（图一七），其中涉及鞭刑，可以了解西周的刑法和狱讼盟誓制度。青铜匜一般所见无盖，而本器则有盖，且器铭与盖铭内容是前后连接的。

这里还应予以注意的是，在周原地区和丰镐等地也不断发现被确认的先周文化的铜器。1973 年在岐山贺家村出土的一些铜器与商代铜器基本相同[65]，典型的如罕、戈等。1983 年

图一七　1975 年陕西岐山董家村出土的西周中期僟匜铭文
左：盖铭　右：器铭

在沣西发掘的两座先周墓，其中的饕餮纹鼎、百乳簋及曲内戈等都具有殷末周初特点[66]。这些情况对研究先周时代与殷商的文化关系以及西周建国后对殷商文化的吸收，都是值得考虑的。

陕西宝鸡发现的青铜器也很重要。1974 年 12 月至 1975 年 4 月清理了益门茹家庄两座西周墓[67]，出土陶、铜、玉石、原始瓷等不同质地的器物 1500 余件，其中铜器 70 余件。M1 甲椁室出土铜器有鼎、簋；M1 乙椁室有铜器鼎、簋、鬲、豆、甗、盘、碗、壶、尊、象尊、鸟尊、罍、卣、爵、觯、匕、斗、编钟、铃、剑、戈，另外有生产工具和车马器。M2 出土鼎、簋、鬲、獏尊、甗、匕、熏炉等。从铜器上铭文得知，M1 和 M2 是強伯和妻井姬之墓。从随葬的五鼎四簋看，墓主当属大夫级。该墓时代为昭、穆时期。许多铜器造型都很新颖，如带盘鼎、独柱带盘鼎（图一八）极少见。三足鸟尊可研究"日有三足鸟"的神话传说。

图一八　1975 年陕西宝鸡茹家庄出土的西周早期独柱带盘鼎

1976 年和 1980～1981 年，又在茹家庄以南的竹园沟先后两次发掘西周墓[68]。尤以第二次收获最大。M4 随葬青铜器最丰富，主要有鼎、簋、鬲、甗、尊、卣、爵、觯、壶、盘、缸、斗、戈、矛、剑，此外还出土车马器 300 余件。有 10 件铜器具有铭文，墓主为弓强季，为弓强国宗室的一支。但从 M4 随葬铜器的特点看，时代要早于弓强伯佣墓，可到康、昭时期，其中垂腹的弓强季尊、弓强季卣最能说明时代。另有一些铜器，如直耳铜鬲、圆鼎等，时代还可提早到商末周初。有的学者对宝鸡纸坊头、竹园沟和茹家庄几处弓强伯墓作综合的时代排比研究，早晚的顺序是，纸坊头弓强伯墓应在文王晚年至武、成时期，竹园沟弓强伯格墓和弓强季墓为康、昭时期，茹家庄的弓强伯佣墓为昭、穆时期，并对弓强国地望和渊源也进行了探索[69]。有的学者还提出弓强国是早期巴族的一支的观点。竹园沟铜器在器形上，有四足并带鋬的弓强季尊，有四足的铜卣，都是同类器中极少见的器形。

1955 年郿县（今眉县）李村铜器窖藏出土盠尊、盠方彝、盠驹尊以及一件驹尊盖。盠方彝乙器内有隔，将器分为两格，每格中央所对应的盖上，都有一个长方孔，是为放置挹酒的勺而设置的。方彝（甲）盖器同铭，各有铭文 108 字。方彝（乙）与方彝（甲）铭文内容基本相同，大意都讲周王命盠掌管禁卫军中的西六师和司徒、司马、司空以及殷八师的事务，并赐给盠命服与车马器。盠受宠作文祖益公的祭器。益公即共王时永盂、卫盉铭中的益公。因而弓强应在懿、孝时期。弓强驹尊器体作站立的骡驹状，驹昂首竖耳，背上一拱瓦形盖，腹中空。驹腹两侧饰有双层花纹，外层为"T"形云纹，内为圆涡纹，胸部有铭文 94 字，盖铭有 11 字，记周王在畋地举行执驹之礼，并赐盠驹一对，盠纪荣宠作驹尊一对。盠驹尊铭文内容可与《周礼》的有关内容相印证，同时也反映了周王朝对马政的严格管理和重视。眉县杨家村出土的旟鼎，通高 78.5 厘米，重 78.5 公斤。该器铭文 4 行 27 字，记王姜赏赐给旟三百亩田和田内尚未收割的禾稼。学者普遍认为，王姜是周成王后妃，铭文内容对研究西周国有土地制度极其重要。

1969 年蓝田出土的永盂[70]，铭文 12 行 123 字。内容记周王分给师永田地事。该器属共王时期。1976 年临潼出土的利簋，是一件器与座均饰兽面纹的方座簋。重要的是，该器内底有铭文 32 字，记载西周武王伐商事，征伐商纣时间与《尚书·牧誓》所记完全吻合。利簋的作器时间在伐商胜利后的第七天，是目前所见西周铜器中有准确记时的最早的一件作品。1965 年宝鸡出土的周成王五年的何尊，体圆，口方，器身饰夔形蕉叶纹和兽面纹，铸四条较高大的扉棱。内底铭文 122 字，记武王、成王营建成周洛邑的一些情况，可与《尚书·召诰》相互参证。

1980 年淳化史家塬出土一件兽面纹五耳大鼎，形体巨大厚重，重 226 公斤，是目前所见西周铜器中最大最重者。该器除口沿上二直耳外，腹壁还铸三耳，鼎器中五耳罕见。

周文王、周武王的都邑为丰、镐二京，在这一广大地域内的遗址或墓葬内屡有青铜器出土，如 1955 年发掘的长安县普渡村的西周墓，出土的一组长由铭的铜器最重要[71]。长由盉铭有“佳三月初吉丁亥，穆王在下减应”句，故该组铜器属穆王时期。另有三件一组的甬编钟，与宝鸡茹家庄出土的三件一组的钟，都为最早的编钟形式。长安县张家坡位于沣河西岸的沣镐遗址内，经有关方面初步探测，这里的西周墓数量要达到二三千座，几年来在这里发掘了几百座西周墓。1984年中国社会科学院考古研究所发掘的157号大墓[72]，墓主井叔是懿、孝时期王室大臣。161、163号两座墓，是157号墓墓主井叔的妻室。从墓地整体分析，该地应是井叔家族墓地。163号墓出土青铜器有爵、尊、卣盖、异（邓）中牺尊、井叔钟等。井叔钟有铭文7行39字，是井叔为文祖穆公所作钟。沣河东岸的斗门镇下泉村出土的多友鼎，腹内壁有铭文275字，记西周厉王时期多友对獗狁的反击战斗。多友在战争中获胜，并缴获了敌人的兵车与物品。

甘肃主要在泾、渭流域上游发现了不少西周墓葬，其中最引人注目的是，1972年在灵台县白草坡发掘的西周墓[73]，出土鼎、瓿、尊、觯、爵、角、斝、盉、卣、斗和兵器。卣、尊铭有"潶伯"、"𢀩伯"字样，可据以研究西周时代陇东的方国情况。潶伯卣作筒状（图一九）。在大量的兵器中，耳形钺、人头銎勾戟、啄锤是西周前期新出现的器形。青铜短剑是我国古代铜剑起源的早期形式。

今河南洛阳是周公东征时营建的东都洛邑，平王东迁后则为国都。《尚书·洛诰》："我乃卜涧水东，瀍水西，惟洛食。"有的学者研究认为成周位置应在今洛阳老城一带。1963年以来，在洛阳老城北窑庞家沟先后发现了300余座西周墓，出土的青铜器，时代大致从西周早期至中期[74]。在出土的器物上有"丰伯"、"太保"、"王妊"等铭文[75]，说明这里是西周贵族的墓葬群。北窑西周墓出土的一件西周早期的铜觯，颈部饰一周罕见的兔纹，八只兔作半蹲踞状，耳斜竖起。另有作跪状的俑人车辖，造型极独特。墓地出土的铜器有的与其附近铸造遗址出土的残件完全一致，表明不少青铜器是在当地铸造的。

图一九　1977 年甘肃灵台白草坡出土的西周早期筒形卣

西周时代一些诸侯国也有自己的青铜冶铸业，如豫中、豫南、豫西南一些地区陆续发现西周青铜器，多为诸侯国制器。

（1）应国青铜器

20 世纪 70 年代末至 80 年代中叶，在河南平顶山市薛庄乡北滍村陆续出土应国铜器[76]，有鼎、簋、爵、觯以及兵器、车马器等。鼎铭为"应侯作旅鼎"，簋铭为"应侯作旅簋"，表明这些铜礼器系应侯自作。特别是先后发现的 4 件簋，铭文都有"邓公作应嫚毗媵簋"的内容，反映了应国与邓国的联姻关系。西周时的应国是武王之子的封国，国都应城在今平顶山市西 20 公里的薛庄乡滍阳镇一带。在江西余干和陕西蓝田也分别发现应监甗和应侯钟。传世的还有应公觯、应公尊、应公鼎等。这些应国铜器为研究应国历史增添了重要资料，特别是蓝田应侯钟的发现，其铭文可与今存日本的一件应侯钟上、下连接起来，表明它们原本是一组编钟的两件[77]。应侯钟属共王世。

（2）都国青铜器

1986 年河南信阳浉河港出土西周初期的簋、角、瓿、觯、尊、卣等 13 件青铜器[78]，其中一件铜卣和一对大铜角整体皮色莹如玉翠，俗称"绿漆古"。卣的腹部饰四瓣花纹，前、后腹各有一浮雕兽头，器的颈部饰铜器上罕见的四牛纹，牛前足作半跪状，圈足饰一对双身龙纹。器上的牛纹和双身龙纹与北京故宫博物院庋藏的一件传世商代牛纹铜卣风格相似，初步推测，故宫博物院所藏牛纹卣很有可能是旧时信阳地区出土的。浉河港出土的一对黑漆古的有盖大铜角是难得的珍品，色泽之光润，形体之大，世所罕见。器身扉棱上端呈挑檐式，侈出器口外。因铭文中有"若"字，学者们认为，此即为西周"都国"器。

(3) 燕国青铜器

1973 年发掘的北京西南郊房山琉璃河的西周时代墓群，铜器中发现有"匽侯"字样[79]，这一重要发现与传说一百年前在卢沟桥附近出土的铜亚盉上的"匽侯"铭可相互印证。琉璃河燕国墓葬区主要分布在今黄土坡村西北部，先后多次发掘，较重要的是 1981～1983 年的发掘[80]，共清理墓葬 300 余座以及若干车马坑。出土的青铜礼器，绝大多数都有铭文，如 251 号墓的伯矩鬲，铭文记"匽侯赐伯矩贝"事。鬲体作分档袋足，口沿二直耳。腹饰双眉翘起的兽面纹，有盖，盖饰高浮雕兽面。整体造型华丽奇古，是同类器中的佼佼者。又如 253 号墓的堇鼎，形体较大，浑厚凝重，花纹庄严。鼎高 62 厘米，重 41.5 公斤。内壁铭文 4 行 26 字："匽侯令堇馈大保于宗周，庚申，大保赏堇贝，用作大子癸宝隣鬶。"铭文中的（大）太保即召公奭。52 号墓的复尊铭文："匽侯赏复冕衣、臣妾、贝，用作父乙宝隣彝。"臣妾即男女奴婢，可以赠送。1986 年发掘了一座有四条墓道的 1193 号墓[81]。出土的克罍、克盉，每器均为对铭，单铭均为 43 字（图二〇）。铭文内容有"命克侯于匽"句，反映了周天子对燕侯的分封[82]。铭文对研究周初的分封制、燕国史、民族关系史以及西周铜器断代等都有重要的价值。

西周燕国遗址、墓葬和众多的文化遗物，尤其是青铜器上具有"侯"、"匽侯"的内容更重要，证明《史记·燕世家》记载的"周武王之灭纣，封召公于北燕"的史实是完全可信的。今琉璃河一带即为西周燕国都城所在地。

1975年在北京昌平白浮村发现了西周初期的三座木椁墓，

图二〇　1986 年北京房山琉璃河发现的西周早期克罍铭文

随葬文物十分丰富[83]，有青铜礼器、兵器，也出土了带字甲骨。2号、3号墓出有较多的青铜兵器，品种亦多，有戈、矛、刀、剑、钺等，除有同时代中原地区常见的品类和形制外，也有与河南浚县辛村卫墓出土的侯戟形制相同的勾戟。还有一些具有北方草原风格的兵器，如剑体似柳叶形，剑茎中线有竖镂孔，剑格两端呈刺状，剑首为马首或鹰首的青铜剑。这里出土的铜胄，虽呈圆帽状，但左右两侧外侈，顶端无插缨饰的管，而是作一呈月牙状而高凸起的脊。这些对研究草原青铜文化的独特风格都是很重要的，也是西周燕国境内的一种重要青铜文化类型。

北京地区出土的西周青铜器，重要的还有1982年顺义县牛栏山乡金牛村出土的尊、觯、卣。器上有"亚貝"族名。

1955年辽宁凌源海岛营子村发现了一批西周早期青铜器，有鼎、甗、簋、盂、卣、壶、罍、盘和鸭形尊等10余件器物[84]。一件乳丁纹簋铭文为"鱼父癸"，另一件簋铭为"蔡"。两件卣铭为"史伐乍父壬障彝"，"戈乍父庚尊彝"。匽侯盂铸造精美，两腹耳上部均有一横梁与颈部相接，腹部两面各饰一对反向的兽首鸟身图案，这是西周时期新出现的图案品类，是重要的断代依据。鸭形尊作站立状，前二足，后一足，圆目，嘴微张，背一侈口短圆筒，身饰方格纹和羽翼状纹。此尊形神兼备，是鸟兽尊中的精品。

辽宁喀左北洞村、山湾子村，曾先后发现了三座青铜器窖藏。1973年3月和5月北洞村发现编号为1号和2号的铜器窖藏。1号窖藏出土有铜罍、铜瓿，均被认为是商晚期器[85]，其中2号罍口颈内的铭文是"父丁暓𠨰"。学者依此铭文指出，喀左一带在商代属孤竹国地域，而铭文中的"暓𠨰"字可释为"孤竹"二字[86]。北洞 2 号窖藏在 1 号窖藏东北约 3.5 米[87]。出铜器方鼎、圆鼎、罍、簋和钵形器。方鼎内壁铸铭文 28 字，铭文中的族徽反映了器主娶的族为"亚昊"，而器主身份为侯。卷体夔纹罍通高 44.5 厘米，通体花纹，肩部的卷体夔纹是周初新出现的花纹品种，器盖上以平雕与圆雕相结合的卷体龙姿态生动。该罍整体风格与四川彭县竹瓦街出土的一件罍如出一模。喀左山湾子村的另一批窖藏铜器是 1974 年发现的，共有青铜器 22 件，除簋属殷末期外，绝大部分属西周初期，包括鼎、鬲、甗、簋、盂、尊、卣、罍、盘状器。该批铜器有铭文的为 15 件[88]。铜甗铭为"伯矩作宝障彝"，器主为伯矩，与北京房山琉璃河 253 号墓出土的伯矩铭的鬲应是同一人之器。喀左小波太沟出土的圉器，作器者圉所作之器在北京琉璃河也有出土。伯矩与圉都是燕侯的臣属，反映了喀左出土的青铜器与燕国的关系。

（4）晋国青铜器

山西省发现的西周青铜器与晋文化联系紧密。西周初年叔虞封唐，子燮父时改国号晋。1979 年以来，陆续在曲沃县曲村—翼城天马对晋国遗址进行了发掘，发现了不少西周墓，出土了许多青铜器。器物组合，早期为鼎、簋、鬲、尊、卣、爵、觯，晚期为鼎、簋、盘、匜、壶[89]。1982 年曲村遗址 81 号西周墓出土了一件兽面纹方鼎，内壁铸铭文 26 字，内容是器主帚孝得到王的赏赐，因受宠而作父辛、祖甲的祭器。从铭文内容分析，"隹王廿祀"是商王武乙二十年，因而该器是武乙时代的[90]。商王室之器出在西周晋墓内，这显然与武王灭商后，"封诸侯班赐宗彝，作分殷之器物"有关。

对晋侯墓地较大规模的发掘自 1992 年开始，共进行了五次。1992 年 4~6 月进行第一次发掘，在天马—曲村遗址清理了两座大型西周墓和一座小型汉墓。两座西周墓已被盗，只残存少量青铜器等随葬品。M1 出土銮铃、辖、镳和戈、矛等[91]。墓主属晋国诸侯一级人物。1992~1993 年，在天马—曲村遗址北赵对晋侯墓地进行了第二次发掘，本次虽探明了西周"甲"字形大墓 7 座，但仅发掘了 5 座墓[92]。M6、M7 为某代晋侯夫妻并穴合葬墓，均已被盗。M9、M13 为某代晋侯夫妻并穴合葬墓。M9 随葬铜器主要有鼎、簋、罍和编钟。M13 随葬铜器主要有鼎（5）、簋（4）、甗、盉、盘和多种车马器等。M8 随葬品虽已部分被盗，但仍留存大量青铜和其他制品。青铜器主要有鼎、簋、甗、方壶、盉、盘、兔尊、钟等。据铜鼎铭文，器主为晋侯苏。铜簋、铜壶铭文器主为晋侯断。苏为晋献侯名，断可能为晋穆侯之名。总体来看，该墓属周宣王之世。这几座大墓的时代顺序，发掘简报依据墓葬所出陶器，尤其是陶鬲的排列谱系，确定它们的次序是：M9、M13→M6、M7→M1、M2→M8。M9、M13 约属穆王前后，M6、M7 约属恭、懿时期，M8 属宣王时期。有学者提出，晋侯苏编钟铭文有"佳王三十又三年"，则晋侯苏为晋穆侯，M8 为晋穆侯墓。而同墓出土的断器之断，则为晋文侯[93]。也有人提出 M8 出土的铜器铭文断，为晋文侯仇名。这里应指出的是，M8 出土的铜器铭文在书体上有的已呈玉柱体，有的字体呈方体，这都带有西周后期乃至西周末、春秋初期的字体特点，是确定器物时代的重要因素之一，值得重视。需要注意的是 M8 出土的 3 件兔形尊，这在鸟兽尊中是第一次出现。

1993 年上半年在北赵晋侯墓地进行了第三次发掘[94]，重点是 M31。M31 是 M8 的妻墓。该墓未被盗，出土各类文物

100余件。铜器主要有鼎、簋、盘、盉等。所出圆形扁状铜盉最奇异（图二一），上有凤鸟盖，盉足做成两个裸体无发、半跪式的圆雕人，背负盉体。花纹多为顾首夔纹。

1993～1994年在北赵晋侯墓地进行第四次抢救性发掘[95]。64号墓所出青铜器主要有鼎、簋、方壶、编钟、钲以及戈、剑、镞等。鼎与簋上有"晋侯邦父"铭。编钟铭文记楚公逆祭祀先祖考而作钟。62号墓随葬铜器主要有鼎、簋、壶、匜、爵、尊、方彝、盘、盉、鼎形方盒、筒形器等。引起人们兴趣的是M63出土的圆壶，在壶颈内壁和壶盖外口有对铭

图二一　1993年山西北赵晋侯墓31号墓出土的西周晚期凤鸟盖龙首铜盉

图二二 1994 年山西北赵晋侯墓 63 号
墓出土的西周晚期杨姞壶铭文
上：盖铭 下：器铭

"杨姞作羞醴壶永宝用"。楚公逆（即楚熊咢）钟的发现，对研究晋、楚两国外交史，很有价值。M63 杨姞壶的发现（图二二），为史书失载的杨国历史提供了新的重要线索[96]。

1994 年对北赵晋侯墓地进行了第五次发掘，五座墓编号依次为 M33、M91、M92、M93、M102[97]。M33 与以往发掘的 M32，M91 与 M92，M93 与 M102，均为异穴夫妇并葬墓。各墓一般都有较丰富的青铜礼器和青铜制品出土。出青铜器较多的墓，如 M91 出礼乐器 35 件，主要有鼎、簋、鬲、甗、豆、爵、壶、尊、卣、盘、匜、盂等。M93 和 M102 随葬的青铜礼器，除实用器外，也随葬有明器。具铭铜器重要的有，M33、M91 晋侯僰马方壶，M92 晋侯僰马圆壶，M91 晋侯喜父铜器残片，M92 晋侯喜父盘和晋侯对鼎，M93 晋叔家父铜方壶。发掘简报云，晋侯僰马即晋厉侯，年代在孝、夷之世；晋侯喜父即晋靖侯，年代当在厉王世。

晋侯墓地第五次发掘后，由于墓地被盗掘，有关方面在 2000 年 10 月至 2001 年 1 月中旬对墓地的 M113、M114 又进行了抢救性发掘[98]。M114 虽遭到严重盗掘，但仍有劫后残余。铜器主要有方鼎、簋、鸟形尊以及车马器等。方鼎内壁有铭文 8 行 48 字，学者推测铭文中的作器者叔夨，即晋国第一代封君唐叔虞[99]。M113 未曾被盗，出土铜器有鼎、簋、甗、卣、猪尊、三足瓮、琮形器等。猪尊器与盖上有"晋侯作旅饮"铭文。M114 与 M113 是晋侯夫妇墓，其时间为西周早期。

有关晋侯墓地出土的具铭文铜器，尤其是具有晋侯某铭文的铜器，究竟属于哪代晋侯，学者们并未完全达成共识。晋侯墓和晋侯铜器的发现，对研究西周至春秋初年晋国历史和晋国青铜器特点都具有重要意义。

山西省其他地区出土的西周青铜器，较重要的尚有 1954年洪洞县永凝堡和坊堆出土的铜器[100]。

（4）邢国青铜器

1979 年河北元氏西张村发现西周墓，墓内出土铜器一组，计有鼎、甗、簋、尊、盘、盂、卣、爵。有铭文铜器主要有臣谏簋、叔趯父卣和尊[101]。元氏铜器使我们对西周邢国的历史、地理位置，史无记载的轵诸侯国，以及邢、轵与北戎的关系，都有了新的认识。

（四）东周列国青铜器的重要
发现和研究价值

从古代青铜器发展史看，随着社会变革和经济发展，东周青铜器发生了极大的变化。各大小诸侯国，包括一些不见经传的小国，都有各自的青铜铸造业。研究各诸侯国青铜铸造业情况，可以揭示当时的政治、经济和文化面貌。多年来不断出土的东周（包括春秋战国）青铜器，有的属于某一国的青铜器群。由于许多都有考古记录，因而能够确定其相对或绝对年代，在断定年代和国别上无疑有着很高的价值。

1. 虢国青铜器

河南三门峡市上村岭发现的春秋虢国墓地，进行过两次大规模发掘，1956～1957 年发掘了二百多座墓葬，属西周晚期至春秋早期。《汉书·地理志》云："北虢在大阳，东虢在荥阳，西虢在雍州。"上村岭属北虢。史载，北虢地理位置在今河南三门峡市和山西平陆一带，在公元前 655 年被晋国所灭。在出土的铜器中，以 1052 号墓出土的虢太子元徒戈和 1631 号墓出土的虢季氏子段鬲等最富价值。

1990～1999 年对虢国墓地进行了第二次发掘，共清理了12 座墓[102]。其中 2001 号大墓出土文物 2487 件，许多铜器上有"虢季"铭文，进一步表明这里就是北虢虢季氏的家族墓地。

2001 号大墓出土青铜器有鼎、鬲、簋、豆、盨、壶等，这些铜器在造型、花纹以及铸造方面有着鲜明的西周后期至春秋早期的特征。随葬九鼎八簋，说明墓主的等级身份是相当高的。在出土的 8 件一套的编钟上，有"用义（宜）其家，用兴其邦"内容的铭文。后一句话气势宏大，非一般贵族的语言，而有国君一类人物说话的语气。该墓的墓主人虢季，应是北虢虢季氏的某代国君。

2009 号大墓出土 200 余件青铜礼器，有的器上有"虢仲"铭文，如甬钟和纽钟各 8 件，均有"虢仲"铭文。另有铁刃铜戈一件。该墓墓主人虢仲应为虢国某代国君[103]。

2011 号墓计出土各类青铜器 1626 件，其中包括礼器 34 件，余为兵器和车马器等。该墓出土青铜礼器鼎 7、簋 8、鬲 8，随葬规格很高。学者认为，由于"太子车斧"的出土，可以推测墓主人生前应为太子。该墓时代应为西周末至春秋初年。随葬的青铜龙纹盆、青铜素钲等，对研究同种器物的起源和早期特征都有一定意义。

2012 号墓为梁姬墓，应为某代虢国诸侯之夫人墓。出土青铜礼器有鼎 5、簋 4、鬲 8。在出土的铜器中有不少都属明器，这为研究西周至春秋初叶贵族的随葬制度提供了重要资料。出土的四足爵虽属明器，但这一形制的铜爵，在商周时代是难得见到的。

三门峡虢国青铜器的发现，尤其是 2001 号大墓和 2009 号大墓虢季、虢仲铭文的出现，引起了学术界研究北虢地望、历史和青铜铸造的极大兴趣。

2. 齐鲁青铜器

位于今山东省东部和东北部的齐国，是西周王朝建立后所封异姓诸侯国中最显赫的一个东方大国。《史记·齐太公世家》记齐献公元年（公元前 859 年）"徙薄姑都"而"治临淄"，至公元前 221 年秦灭齐前，临淄一直是齐国国都。在临淄及其附近地区的考古工作中，发现了不少东周时代青铜器，对了解齐国青铜器的特点与风格以及深入研究齐国历史与文化都有着重要意义。

东周齐国青铜器在以往著录和传世品中曾屡见。重要的有田氏三量（子禾子釜、陈纯釜、左关铆），据传为河北易县出土的齐侯媵女的鼎、敦、盘、匜四器，田齐桓公午敦（陈侯午敦）、叔夷钟、洹子孟姜壶、齐紫姬盘等。新中国成立后出土的齐国青铜器较重要的有：20世纪50年代在临淄尧王村国氏墓出土的鼎8、豆6、壶2，其中鼎有"国子"铭文；1972年在临淄故城白兔丘村发现的"高子"铭戈（文献记载，国、高二氏皆"天子所命为齐守臣，皆上卿也"）；1963年在临朐杨善发现的一批春秋晚期青铜器，其中以公孙竈壶最为重要，公孙竈即子雅，公元前545~前539年在齐国当政。战国时齐国青铜器，较重要的有1964年在故城商王庄出土的嵌松石错金银大铜镜、1982年在商王庄出土的错银嵌松石牺尊、1983年在齐故城出土的鹰嘴匜和盒形敦等。在山东以外也陆续发现东周齐国青铜器，重要的有1957年河南孟津出土的春秋齐侯盂、1965年江苏涟水发现的战国错金银嵌松石牺尊和错银立鸟盖壶等。

齐国铜器风格较为明显者，有以下一些。

平盖铜鼎：扁圆腹，平盖，有较高的蹄足，竖折状的二腹耳高于盖面，极为突出。还有的鼎耳作长方状，形似南方越式鼎耳。

铜簋：临淄河崖头出土的春秋中、晚期簋，有风格独特的双耳作成蛟龙欲出的龙耳，盖顶作莲瓣装饰。这种莲瓣簋与发现较多的齐国陶质簋形制相同。

铜敦：其中一种呈球体，上下可倒置，过去习称为"西瓜敦"。东周时代主要盛行在齐、楚、燕几国。不过，各国器物在形制上又稍有不同，齐国球形敦呈扁圆体，楚国呈正圆球体，而燕国则呈长圆球体。齐国敦形器中，临淄聂仙村出土的盒形敦是一种较为特殊的器形，器与盖均铸有三环足，在其他地域罕见同样器形。

东周齐国青铜器值得重视的还有，器身似长方形或方形、四角发圆、平底的铺，两侧各有二环耳，在稍鼓的盖上铸有四环纽。1983 年临淄出土的流口作鹰嘴式的铜匜也很有特点，凸显了装饰艺术。

东周齐国青铜器在装饰上趋于简朴，而临淄商王庄出土的战国错金银嵌松石牺尊和错金银嵌松石铜镜，则可称为金属细工中的上品。

在以往的著录中，录有田齐国君的几件青铜器铭文，如齐桓公午的敦、簠，齐威王因齐的敦、陈璋方壶等，对研究齐国世系、齐国历史等很有价值。许多齐国铜器铭文，开始都有"立事岁"一辞，如"公孙窠立事岁"，可知"立事岁"是齐国习见的纪年方法。东周齐国青铜器风格多与中原铜器一致，但在一些器物造型、装饰和纪年方法上，也具有一定的国别、地域特点。

西周建国后，将周公长子伯禽封到商奄之地（今山东曲阜）建立鲁国，以达到"封建亲戚，以蕃屏周"的目的。东周鲁国青铜器以往虽也有发现，但多零散。20 世纪下半叶在曲阜鲁国故城进行考古发掘，从鲁墓中出土了不少青铜器，为认识鲁国青铜器的内涵和分期提供了重要基础[104]。

东周鲁国青铜器的数量虽少于几个大国，但一些重要类别已大体具备。随葬铜器主要有鼎与簋、鼎与盨的组合，有的还有豆或壶。鲁国故城墓还普遍随葬盘、匜或盆、铺。

鲁国青铜器本身风格特点不明显，有鲜明特征者简介如下。

青铜鼎：其中一种鼎体作浅圆下收腹，双耳在口沿上极力外侈。有的鼎盖上有四环纽，较为少见。

青铜豆：曲阜北关所出浅盘式豆，盖上有三禽纽，这一装饰较少见。今收藏在故宫博物院的1932年曲阜林前村出土的鲁大司匜，作浅盘式，有盖，盖顶以莲瓣为饰。此豆形器自名"匜"，它应是豆的别名。这种以华盖为饰的豆称"匜"，应为东周鲁国铜器所独有。

青铜缶：一般的缶作圆腹平底，而鲁故城58号墓出土的战国中期缶，则在平底下附有三短蹄足，较为罕见。

青铜铺：鲁故城出土的铜铺数量较多，其形制春秋初期为无耳，继而出现单耳，春秋中晚期则有双耳。春秋早中期的铜铺有纹饰，器体近圆形。

值得一提的还有鲁故城出土的战国早期链梁壶，属同类器中较早的作品。鲁故城52号墓出土的深圆腹、折沿、腹上有四个衔环铺首耳的战国早期盘，与同时期铜盘相比也较独特。

鲁国青铜器装饰一般粗疏简略。其花纹种类基本沿袭商、西周，有兽面纹、夔纹、鸟纹、蝉纹、云雷纹、蕉叶纹、垂鳞纹、窃曲纹、瓦纹、重环纹等，但在花纹图案装饰上也有一定的变化，有的铜铺上的三角卷云纹表现出新的特点。鲁国青铜器除个别有简单的凸弦纹外，大多数素面无饰。

鲁故城出土的战国早期错金银铜杖首、嵌金银铜带钩和战国中期镏金镶玉铜带钩，皆装饰繁缛，花纹绚丽。其中，错金银铜杖首通体装饰相叠交错的鸟兽，构思巧妙，全身又嵌以金银片，更显富丽辉煌。这些反映了鲁国铜器制造业中金属细工工艺的发展。

鲁国青铜器铭文在春秋时铸刻较多，但内容程式化，大多为媵器。一般诸侯国的媵器多为盘、匜，而鲁国则多为鼎、簋、鬲等。如历城北草沟的鲁伯大父簋，是鲁伯大父媵季姬嬉的陪嫁器；鲁伯愈父鬲的铭文内容反映了嫁女于邾的史实。铭文内容也有反映祭祀的，例如今藏旅顺博物馆的鲁士商敊簋，是祭祀"皇考叔"的。

鲁国青铜器多沿袭西周以来的一些传统，可以认为，这与史书记载"周礼尽在鲁矣"有一定关系。

3. 燕国青铜器

燕国是西周成王时"封召公于北燕"的姬姓诸侯国。在北京房山琉璃河发现西周时代燕国遗址、墓葬，学者普遍认为，琉璃河一带是燕国的都城所在。特别是 1986 年 1193 号大墓出土的西周初克罍、克盉的铭文，为燕都地望提供了有力证据。

战国中期燕昭王在今河北易县修建武阳城作为燕国下都。近几十年来在易县燕下都不断有东周燕国青铜器发现。如1973 年在 23 号遗址发现了 108 件铜戈[105]，许多戈上都有燕国君名号。其他还有高陌村出土的铜俑人、老姆台出土的青铜铺首、武阳台出土的铜象灯、东贯城出土的人物鸟兽阙形饰件等。在今北京、河北、辽宁的燕国版图范围内外，也不断发现东周燕国青铜器。

春秋时代燕国青铜器物的组合，典型的有河北新乐中同村出土的鼎、豆、壶、盘、铀。以铀代替了注水器匜。战国时代的基本组合，则以唐山贾各庄出土的鼎、豆、敦为代表；或以簠代敦。勺与匕成为组合的主要内容，乃是燕人的重食组合的习俗。下面简介一下器形特征。

青铜鼎：唐山贾各庄出土的铜鼎，圆腹下有直立式三高足，有一对高于盖沿外侈的腹耳。盖纽除三牺纽外，亦多作兽纽或鸟首纽。

青铜簠：深腹，腹极力下收，几成半圆形，有三鸟状纽微隆起的盖，圆形双腹耳，与常见的簠耳有别。唐山贾各庄、顺义龙湾村、阳原九沟村出土的簠，均具有这一风格。

青铜豆：最独特的应是长校豆，器与盖扣合后呈扁圆或圆形。腹上有两个环耳，盖上有圆形捉手。北京通州中赵甫出土的豆，高50.2厘米，盖上铸有三个倒置的高蹄足形纽。

球形敦：燕式有别于齐、楚式，呈长圆形，如贾各庄、中赵甫、河北赤城龙关出土的皆为典型的燕式敦。

铜匜：虽发现不多，但国别特点鲜明。如：河北唐县北城子和西石邱村出土的铜匜，作椭圆体，三蹄形高足，凤首流，凤双目凸出。北城子出土的铜匜，在腹两侧还各铸一衔环小铺首，颇为特殊。

以上诸器，如三直立高足外侈耳的铜鼎、深下收腹有盖铜簠、扁圆高柄铜豆、凤首流高足铜匜、长圆形敦，都极具特征，是东周燕国青铜器的代表性器物。

东周燕国青铜器装饰既保留了商、西周常见的一些花纹，如夔纹、蝉纹等，也有东周常见的花纹，如蟠虺、蟠螭、勾连雷纹等。这时还特别流行绳纹，饰在器物的腹、足、柄、套环、纽等部位。还有以红铜镶嵌的狩猎纹和兽纹。江苏盱眙南窑庄出土的铜丝网套错金银镶嵌铜壶，铜丝网套由96条卷曲的龙和576枚梅花钉交错套扣而成，玲珑剔透，精巧华美，系采用失蜡法铸造而成。

　　东周燕国铜器铭文，最值得重视的是兵器剑、戈、矛上的铭文，其中许多都有燕王名号，为考证和印证史籍中燕王世系提供了重要线索和依据。就目前所见东周燕国铜兵器资料，燕王名有：载、职、喜、股、雷、戎人。前三者有史料可考，"载"是燕成侯载，"职"是燕昭王职，"喜"是燕最后一个国君。至于其他几位，尚未得出确切的结论。燕国铜戈，自名为镂、锯、镂等，不名为戈。这应与国别、地域方言和器物形制有关。戈胡部有双孑刺的则自名"镂"或"镂"等，有单孑刺的则自名"锯"。

4. 中山国青铜器

　　中山国系北方少数民族白狄建立的诸侯国，春秋时称"鲜虞"，战国时以中山为名。关于中山国历史，文献记载极简略；该国青铜器铸造情况，过去也完全是一片空白。1974～1978年，在河北平山县三汲发掘了中山国都城古灵寿城城址。在1号和6号两座大墓中，出土了众多质量极高的青铜器，对研究中山国历史和青铜冶铸业都具有重要的价值[106]。

　　中山国的铜器许多都与中原铜器别无二致。如中山王𰀥铁足铜鼎及其共出的列鼎，均为扁圆腹，腹耳，有三只粗短的马蹄足，与辉县赵固战国中期的鼎相似。其他如圆壶、方壶、素面鬲、牺尊、编钟等，与当时的中原铜器也有共同点。有的铜器如素面鼎，流口作实体封闭式，流前端似莲蓬，有十个圆形小孔，其总体造型与一般所见带流鼎区别不大，唯流口处构思巧妙独特。又如青铜簠，四面作直上直下式，与同时期其他簠形相同。较特别的是，簠器腹两侧有圆环耳，盖纽与器足形状亦不一致，足作曲尺状，盖纽作环状，腹下还饰有下垂的似莲瓣的舌形饰。这类器物具有中山国铜器本身的特点。有的铜器，民族风格非常突出，如簋形灯、鹰柱盆、四龙四凤案、虎噬鹿器座、十五连盏灯等。其中 11 件大型"山"字形器，应为仪仗用器，可能为中山国王权之象征。中山国铜器制作工艺，包括错金银、嵌红铜、嵌松石、镏金等，极为精巧细腻，达到了很高水平。1 号和 6 号大墓出土带有铭文的铜器达 90 多件，其中包括有 469 字的中山王𦖠鼎，有 450 字的夔龙饰方壶，有 204 字的𡥘蚉圆壶和 450 余字的兆域图铜板。这些长篇铜器铭文打破了战国器物上很少有长篇铭文的传统看法。这些铭文不但可补中山国史，更是研究古代书法艺术和文化史的重要资料。总之，中山国铜器在中国铜器史上独树一帜。

5. 晋与韩赵魏青铜器

西周初期封叔虞于唐，至其子燮父将国名改成晋。在山西侯马、太原等地曾发现不少春秋晋墓，较典型的有 1961 年发现的侯马市上马村 13 号墓和 1987 年发现的太原市金胜村 251 号大墓。上马 13 号墓出土铜器有鼎 7、鉴 2、方壶 2、簠 4、簋 2、甗 1、鬲 2、盘 5、匜 1、编钟 9，以及戈、矛、镞、工具等[107]。两件铜鼎的铭文相同，器主为郐（徐）国庚儿。铭文对研究晋、徐关系有着重要价值。

太原金胜村 251 号大墓，随葬品有 3000 余件，仅青铜器就出土 1402 件[108]。青铜器数量多，品类多，包括礼乐器、兵器、车马器、工具和生活用器。礼乐器有鼎、鬲、甗、豆、簠、壶、鸟兽尊、鉴、罍、匜、铺、盘、炭盘、勺、编镈等；兵器有戈、戟、钺、矛、剑、镞等；车马器有軎、衔、当卢、铃等；工具有斧、锛、刀、锥、削、锯、凿、针等；生活用器有灶、钵、罐、釜、镜、带钩、耳杯、量具等。

　　251 号墓时代属春秋晚期，墓主是赵国高级贵族卿或上大夫。在这些铜器中，有一个大鼎通高 100 厘米，口径 104 厘米，重 250 多公斤，是春秋时代罕见的大重鼎。另外有口径 70 厘米以上 4 件夔凤纹大鉴，2 件小的弦纹鉴、素面鉴，6 件同出一墓，极罕见。铜匏壶有鸟盖和兽状鋬，盖、鋬以链相连（图二三）。鸟尊全身饰鳞羽纹，与传出土太原、今藏美国华盛顿弗利尔美术馆的“子作弄鸟”尊如出一模。虎扼鹰纹铜戈形象生动，整体风格似今藏故宫博物院的邗王是埜（吴王寿梦）戈。从中也可窥见晋吴文化之相互影响。这批青铜器多采用春秋时期已发展起来的新技术，即拍印、嵌错、焊接等，体现了晋国青铜器铸造业的水平。

　　三家分晋后的韩、赵、魏铜器墓也曾发现很多，列举如下。

　　（1）韩国青铜器

　　1954 年初，山西长治分水岭战国墓发掘出土大批青铜器[109]，其中 9 座战国墓出土有鼎、簋、鬲、豆、簠、敦、壶、盘、匜、鉴以及兵器、车马器、服饰器等。M14 出土鼎 9 和纽钟 8、甬钟 2。铜人对研究当时的服饰很有意义。M12 出土的镏金残匜上有线刻人物、树木、房屋、鸟兽图案，精致细腻。另有一对铜钲（原报告称簋）器身有错金花纹，亦属少见。1959～1961 年在分水岭发掘出土有制作精细的青铜礼器 67 件[110]，器种主要有鼎、豆、壶、鬲、鉴、簠、敦、簋、盂和编钟，以及兵器、车马器、带钩、铜镜等。1965 年在分水岭发掘的 126 号战国墓，随葬各类器物达 700 余件。其中铜器主要有鼎、盖豆、鬲、鉴、铜牺立人擎盘、敦、匕、编钟、戈、矛、剑、车马器等。器物制作普遍精细，说明韩国青铜金

图二三　1988 年山西太原金胜村出土的春秋晚期铜瓠形壶

属细工工艺已很发达。错金盖豆、错金铜，错金云纹细腻流畅，而且富于变化。铜牺立人擎盘，在牺背上站立女俑，双手抱一柱，柱上置一镂孔盘，柱还可活动旋转，设计巧妙，造型生动可人。

今长治地区，战国时称"上党"，从三家分晋至秦昭襄王四十五年（公元前 246 年）属韩国管辖。分水岭战国墓地出土的铜器属韩国青铜器。

1971 年河南新郑郑韩故城外郭城内的白庙范村发现了战国兵器坑，仅有铭铜器即达到 170 余件[111]，这是研究韩国青铜兵器铸造水平、机构组织的实物依据。

（2）赵国青铜器

1957 年、1959 年在河北邯郸西北的百家村、齐村一带发现了战国时代赵国墓，相对年代均属战国中期或稍晚[112]。53号墓和 3 号墓出土铜器较多，主要有鼎、豆、壶、瓶、铜、盘、匜，以及兵器戈、矛、剑、戟等。河北有关方面收缴了被盗的三件圆雕马，据说是在一座赵王陵出土的，制作精巧，形象生动，可以认为是我国目前见到的古代铜马的最早物件。赵敬侯元年（公元前 386 年）始建邯郸赵王城。在邻近的邢台南大汪等地的战国前期墓葬内，也曾发现赵国铜器，主要有鼎、豆、壶以及兵器和车马器等。

（3）魏国青铜器

在河南辉县、郑州、陕县等地都有魏国青铜器发现。1950年在辉县的固围村、琉璃阁、赵固、褚丘等处发掘的魏国墓葬中，以固围村 1、2、3 号战国中期的高级贵族墓较为重要，可惜均已被盗，留下的随葬品很少。1 号墓随葬的几件铜器如车辕饰、衡末饰等，都错以细腻的金银丝图案，绚丽优美。陕县后川墓地 2040 号墓，出土有鼎 17、豆 10、壶 5、盘 2、匜 1、铺 2、簋 2、鬲 3、鉴 4、簠 1、瓴 1、编钟 29、剑 2、戈 14、戟 5 等[113]。其中双龙纽莲瓣壶造型优美，与新郑同类器相似。一件错金戈铭为"子孔择厥吉金铸其元用"。有学者认为此墓时代为战国中期。

晋与韩、赵、魏青铜器普遍美观精致，这与采用错金银等新技术不无关系。大鼎、大鉴等出现较多，体现了铸造上的辉煌。

6. 秦国青铜器

东周秦国铜器，主要出土于今陕西地区，甘肃地区也有发现。陕西凤翔是从秦德公元年（公元前 677 年）到秦献公二年（公元前 383 年）的国都。1976 年在凤翔八旗屯发掘的 40 座秦墓出土铜器 227 件[114]，铜礼器普遍制作粗糙草率，许多都属明器一类，有鼎、簋、壶、盘、甗、豆、敦、盂、铃、戈、剑、矛、镞、带钩以及工具等。器物时代从春秋早期至战国晚期。随葬青铜礼器多为三鼎，也有仅一件铜鼎，再配两件陶鼎，组成列鼎。春秋秦国鼎的特点鲜明，作浅圆腹，折沿，三粗短蹄足，口沿有微外侈的双耳，颈部、足部常饰虺纹。凤翔高庄战国晚期秦墓出土的铜鍪、蒜头壶、勺和夔纹铜镜，地域特色明显[115]。特别值得注意的是，在这批铜器中，高庄出土的一件铜鼎，从铭刻看系战国中山国器。1977 年在凤翔纸坊高王寺发现一处战国秦国铜器窖藏[116]，出土有春秋晚期铜鼎 3 件、战国早期的球形敦 2 件和镶嵌射宴壶 2 件，盖豆、甗、盘、匜、盂各 1 件。另有镶嵌宴乐狩猎铜壶一对，图像中所反映出的斗拱形象很重要。据简报称，凤翔高王寺镶嵌射宴纹铜壶上的回廊前檐柱头上，有方形平盘式的栌斗，这可能是迄今见到的最早的栌斗形象。该斗之斗身与斗欹尚未有明显界限，拱与升亦无区别，仍属实叠拱，这表明了斗拱的原始形态。这批铜器中也有吴器"吴王孙吴土之脤鼎"和楚器球形敦。

1978 年宝鸡杨家沟西高泉村出土春秋秦国铜器，有甬钟、壶、豆、剑、斧等。1960 年宝鸡福临堡 1 号墓出土的铜礼器主要组合为鼎 3、簋 2、甗 1、方壶 2、敦 1、盘 1、匜 1[117]。1963 年宝鸡阳平镇秦家沟春秋墓出土的铜器及其组合多与福临堡相同[118]。

1974 年户县宋村发现的 3 号春秋早期墓和附葬坑，是目前所见的秦墓随葬规格最高的一座，有青铜礼器 14 件，包括鼎 5、簋 4、壶 2、甗 1、盘 1、匜 1，以及青铜车马器軎、辖、衡、镳、衡末饰。附葬坑随葬矛和较多的车马器。铜器中的壶，腹部饰有一首二身的龙纹，双身好似两朵花瓣，卷曲向下，结构与西周初期在方鼎上流行的一首二身的龙纹相比已经有所变化。车軎有矛状刺兵，这一形制开启了軎上外端刺矛的先例。

咸阳曾是秦孝公迁徙后的国都，这里不断发现战国秦国铜器，多出土于咸阳的毛王村至摆旗寨的秦国小墓[119]，时代为战国中晚期，器物有带钩、铜镜。1984 年在任家嘴发现一座战国中期秦墓，出铜鼎 3、敦 1、壶 3、甗 2、高柄壶 2。

7. 楚国青铜器

《史记·楚世家》记载，楚乃祝融之后，西周时被周人称为"荆蛮"，主要活动在汉水、长江一带。东周时楚国先后吞并众多诸侯国，疆域不断扩大。在今湖北、湖南、安徽、河南、江苏、浙江等广大地域内，出土了大量的有楚文化特征的青铜器物，工艺精湛，融汇了中原文化，但仍保留着较为突出的楚国自身特点。

迄今所发现的楚国最早的铜器，主要是楚公钟、楚公象戈和楚公逆镈，时代为西周晚期。这时楚国青铜器铸造业不如中原地区发达。东周时期楚国青铜器铸造业有了长足的进步，1973年开始发掘的湖北铜绿山古矿冶遗址为我们了解楚国的采铜和冶炼工艺提供了重要资料。楚国开采了大型铜矿，促进了青铜铸造业的发展。这个时期出土青铜器较重要的墓葬主要有：湖北枝江百里州墓，湖北当阳赵家湖墓，河南淅川一号、二号墓，湖北襄阳蔡坡墓，湖南长沙浏城桥一号墓，河南信阳长台关一号、二号墓，湖北江陵藤店一号墓、天星观一号墓等。

楚国青铜器在组合上有着明显的特色。中原地区在青铜礼器的组合上，从春秋到战国发展的最基本次序是：鼎、簋、壶──►鼎、豆、壶──►鼎、敦、壶；而楚国铜礼器组合的最基本演变次序则是：鼎、簋、壶──►鼎、敦、壶──►鼎、盒、壶。

楚国青铜器种类与中原地区基本上没有大的区别，但也有较特殊的器种，如铜盏。传世品中有王子申盏，铭文为："王子申作嘉尔盏盍，……"该器有自名，器形特点是圆形、直口、圈足。近年也发现了一些铜盏，但器形与王子申盏有一定区别，一般作圆腹，直口，圜底，下有三短足，二腹耳。常有盖，盖上有环纽。再如镂孔筒形器，河南信阳长台关一号墓出土2件，器呈筒形，口微侈，平底，下有三短兽面蹄足，筒身与底均镂孔，器身有六组镂孔兽面图案，上饰三角纹、涡纹，筒的口部与下部镶嵌有红铜的云纹带，整体华丽美观。除长台关一号楚墓出土镂孔筒形器外，江陵楚墓也出土这种器物。该器种是楚国铜器中的一种独创。

楚国铜器在器形上富有典型楚民族特色的应属束腰平底

鼎。淅川下寺 2 号楚墓出土 7 件，特征是侈口平唇，束腰平底，浅腹，三短蹄足，口沿二耳外侈，平盖。器身上有六个浮雕夔龙。盖铭"佣止□鼒"，说明这种束腰平底大侈耳的鼎称"鼒"。寿县蔡侯墓也出土七件一组的这种鼎，自铭"蔡侯□之饮鼒"。有学者认为鼒鼎就是升鼎，并提出"列鼎制度"应改称"升鼎制度"。据考察，侈耳平底鼎流行时间也较长，约从春秋中晚期至战国晚期。鼎类中的小口罐形鼎，淅川下寺楚墓自名"浴兴"，而浙江绍兴 306 号墓出土的自名"汤鼎"，说明小口鼎的用途不同于一般形式的鼎，而是一种煮水器。这种宽肩有口的小口鼎，有的在器颈两侧还有提链。小口鼎是楚系铜鼎的一种形式。楚国自春秋晚期有方座的铜簠开始发展起来，战国时中原地区簠器已衰落，而战国晚期的楚幽王墓仍出土方座簠。方座的每面有方形的缺口，如擂鼓墩二号墓出土的方座簠，座的每面有长方形缺口，盖纽呈花蒂形状。河南固始侯古堆出土方形盖豆一对，并自名为盍，应是方形豆的本名。楚铜器造型还有很多特点，如战国时的楚鼎足和盉足均较细长，而足的上部则紧靠鼎腹或盉腹的下部。长台关出土的鼎，双腹耳呈圆环状。

楚国铜器花纹装饰大多与中原地区一致，但也有一些不同。

一、素面器增多，如长台关的鼎、盉、壶、高足壶、提梁壶均素面。铜鼎仅在腹上有凸弦纹一周。擂鼓墩二号墓的方豆（盍）与盘豆亦为素面。

二、以失蜡法铸造的铜器装饰细腻精美，开中国失蜡铸造的先河。河南淅川下寺楚墓出土的铜禁，禁面四边和侧面用多层铜梗铸成呈网状而互相纠结的蟠虺纹；曾侯乙墓铜尊与盘犹如丝瓜瓤子般透空。楚铜器的立体浮雕装饰比中原地区高出一筹，足、耳、甚至纽常铸浮雕动物，楚王酓璋镈的纽两侧作成对称的回首龙，下寺楚墓出土铜禁以十只虎作足，器侧攀附十二只虎形怪兽，都是楚器浮雕中的显例。

三、楚国铜器有一些风格独特的花纹。如鼓凸呈粟状的变形蟠螭纹，有如浪花飞溅。再如凤鸟纹，图纹已极度简化，凤鸟之身仅用线条勾勒出来。楚国铜镜上施以彩绘也是楚镜特色。河南信阳长台关一号楚墓出土饰有红、黑、银灰等色的彩绘云纹镜；二号楚墓出土的铜镜镜背上漆绘有黑、黄、银灰色的彩绘虬纹，还有一面铜镜镜背绘以朱色的云纹，都是极为少见的。

楚国铜器铭文与中原地区相比较有很大的特殊性，不但有异形字，在结构与笔画上也有显著不同，如字体出现修长和方扁。

8. 曾国青铜器

江汉地区发现的大量东周姬姓曾国青铜器，是 20 世纪青铜器考古的重大收获之一。出土曾国铜器的地点主要有湖北随县、京山、枣阳和河南新野等地。1966 年在湖北京山苏家垅发现一批西周晚期至春秋早期的铜器[120]，计有鼎 9、鬲 9、簋 7、豆 2、方壶 2，甗、盉、盘、匜各 1，以及大量车马器等，共计 97 件。在 9 件列鼎的首鼎和次鼎的腹内壁有"曾侯仲子游父自作宝彝"铭文。铜方壶、铜豆器铭亦作"曾仲游父"，与"曾侯仲子游父"乃一人，墓主应是曾侯仲子游父。另外，在两件鬲上有铭文"隹黄□□周吉金作鬲"。曾国墓入葬黄国器，反映了曾、黄两国之间的关系。铜豆 2 件，作圆浅盘式，镂孔宽校，无盖，造型与传世的春秋鲁大司徒匜相似，本器也自名"甫"。

1972 年发现的湖北枣阳曾国墓葬，随葬有青铜礼器、兵器和大量车马器等。鼎内壁铭文："唯曾子仲诶，用其吉金自作鬻彝，子子孙孙其永用之。"[121]

1975 年 8 月河南新野城关镇小西村发现一座春秋早期墓，出土铜器有鼎 1、敦 1、甗 1、簠 2、盒 1、盘 1、匜 1、戈 4、镞 12，另外还有舌、辖、铃等[122]。铜甗的甗内壁有铭文："惟曾子仲□用其□□自作旅甗，子子孙孙其永用之。"墓主为曾子仲□。铜器中的环耳铜敦，作长圆腹，三短蹄足，造型较奇异。

1970 年和 1972 年在湖北随县熊家老湾先后出土两批曾国铜器，主要有鼎、簠、甗、罍、方彝、壶、盘、匜。几种器物上都有"曾"的字样，铜罍、铜簠铭文有"曾伯文"，有的簠铭有"曾仲大父盏"名。

曾国铜器震惊海内外的一次大发现，是 1978 年在湖北随县擂鼓墩发现的曾侯乙大墓[123]。出土各类遗物总数达 7000 余件，青铜制品内有编钟共 65 件，包括纽钟 19 件、甬钟 45 件、镈钟 1 件。出土时编钟分三层，依大小顺序排列，完好地悬挂在铜木结构的钟架上，全套编钟重达 2500 多公斤，钟架承受了两千多年而没有倒塌。许多钟上都有错金铭文，内容记载音律和音阶的名称，以及曾国与楚、周、齐、晋的律名和阶名的相互对应关系等。青铜礼器、容器、杂器共出土约 140 件，种类主要有鼎、簋、簠、敦、壶、缶、鉴缶、尊、豆、鬲、甗、盘、匜、盒、勺、匕、炒炉、冰（温）酒器等。兵器种类有戈、矛、戟等，式样很多，如长柲双戈和三戈以及长柲三戈一矛的戟等。特别要提出的是，曾侯乙墓出土的殳，除平刃的外，有的殳头呈三棱矛状，后部和殳杆上段各有一个球状的铜箍。在一件大镈上，由于在正面钲部有"隹王五十又六

祀，返自西阳，楚王酓章乍曾侯乙宗彝……"等铭文，判断此
墓年代当在楚惠王五十六年（公元前433年）或稍晚。这就为
同墓出土的青铜器和其他材质的器物确定了年代，也为研究战
国早期的青铜器提供了标准材料。这批青铜器，对研究铅锡合
金的焊接技术和失蜡法的熔模铸造工艺也是非常可贵的。

姬姓曾国铜器的发现，对研究曾国历史、地理和曾国铜器
铸造业都具有重要意义。

9. 蔡国青铜器

1955年在安徽寿县西门内发现的春秋晚期蔡侯墓，出土
遗物极为丰富，而以青铜器为主，主要有鼎、鬲、簋、簠、
敦、豆、壶、罍、尊、鉴、盘、匜、编镈、编钟、錞于、钲、
戈、矛、剑等。其中有铭文铜器60余件。在鼎、簋、簠、钟、
戈等上都有"蔡侯"之名，目前一般认为应为蔡昭侯申，但也
有人认为是悼侯东国，或蔡成侯朔，或蔡声侯产。除蔡器外，
吴王光鉴也属青铜重器之列。今寿县春秋时称州来，是蔡国于
公元前453年从河南上蔡迁来以后的新国都，公元前447年被
楚所灭。从出土的蔡器铭文看，蔡国处在楚、吴两大国间，既
要"佐右楚王"，又要嫁姐以"敬配吴王"。蔡侯尊铭文："蔡
侯申作大孟姬媵尊。"出土铜器对了解春秋时代蔡国与楚、吴
之间的关系以及青铜铸造技术和礼器制度都具有一定意义。这
批蔡国铜器，许多器物都具有楚国铜器的风格，例如兽面三高
足的鼎和有方座的簋（图二四）等。镶嵌红铜的器物较多，不
但代表了时代风格，而且从中也可看出铜器铸造的工艺水平。
瘦长整齐而有着装饰意味的铭文，也堪称铭文中的珍品。另
外，方形鉴的这一器种，除河南三门峡有出土外，其他地区也
很少见到。

图二四　1955 年安徽寿县出土的春秋晚期蔡侯铜簋

　　1959 年 12 月在安徽淮南蔡家岗赵家孤堆发掘了被认为是战国早期的蔡声侯墓。该墓虽被盗于早年，但仍遗留有兵器、工具、车马器等青铜制品 70 余件。值得重视的是，青铜兵器中除有蔡声侯三柄剑外，还有吴、越名王的兵器，如吴王夫差剑与戈以及越王者旨于赐剑等。这些资料为研究吴被越灭亡前蔡与吴的联姻与政治关系，以及越灭吴后蔡、越间的关系都是十分重要的。

　　河南潢川曾发现有"蔡公子义（？）自作饮簠"铭文的铜器，其时代早于寿县蔡侯墓。

10. 吴越青铜器

　　位于长江下游的吴国，是春秋后期强大的诸侯国之一。《史记·吴太伯世家》云："吴太伯，太伯弟仲雍，皆周太王之子。……太伯之奔荆蛮，自号句吴。"吴国于公元前472年为越国所灭。吴国都姑苏（今苏州），其统治范围主要在今江苏省。

吴地的青铜器，最初只发现一些小件器物。在南京锁金村和北阴阳营两处遗址里曾出土鱼钩、镞、刀等小件青铜制品。20世纪50年代以后，在湖熟文化遗址陆续发现炼铜残渣和冶铜工具，说明西周时期当地已经有了自己的青铜冶铸业。

1954年在丹徒烟墩山发现的宜侯夨簋，是目前所见吴国具铭的最早的一件青铜器，对研究吴国早期历史具有重要历史价值。

春秋时代吴国青铜器种类，兵器有剑、戈、矛，乐器有钟、句鑃，容器有鼎、簋、簠、尊、卣、匜、盘、鉴等。史载吴国与越国的青铜兵器制作精良，传世或出土的有铭文的吴国青铜兵器较多。1976年湖北襄阳蔡坡和河南辉县发现的吴王夫差剑（图二五），前者出土时还插在漆制的剑鞘内，后者在剑格上镶嵌绿松石兽面纹。1983年在湖北江陵马山出土有"吴王夫差自作用铼"的错金铭文矛。这些兵器铸造精良，至今刃部还极为锋利。

吴国青铜容器具有明显地域特征的器物是无锡北周巷出土的铜簋，扁体，圆浅腹，腹部有套环形双耳。武进奄城出土的三轮盘和錾呈燕尾形的匜、牺匜，也是其他地区未见到的造型。吴地铜器花纹主要是几何形编织纹和锥刺纹。江苏六合程桥出土的春秋时代的画像残铜片，是目前发现的最早线刻画像，或许吴地就是线刻画像的发源地。

春秋战国时代吴国的青铜器，除有较鲜明的吴国文化的特征外，有些青铜器还表现了中原地区和楚、越的风格与特色，

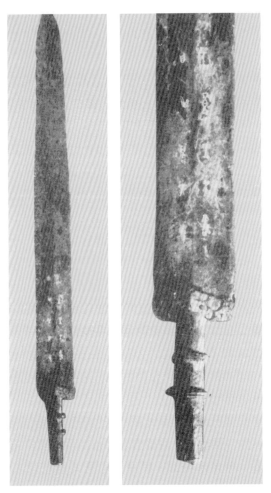

图二五 1976年河南辉县发现的春秋晚期吴王夫差剑

例如：江苏六合程桥一号墓出土的越式鼎，浅腹圜底，三足外翘[124]；江苏吴县和山出土的螭梁盉、缶，在造型与花纹上都有着楚器风格[125]；而六合程桥二号东周墓出土的铜钟、铜镈，吴县何山出土的铜簠，又与中原地区同时期的同类器物没有什么区别。这些除反映了诸侯国的文化交流外，还表明了吴国所在地区历史的复杂性。

越国是越族的一支，其足迹主要在今浙江地区，国都会稽（今浙江绍兴）。春秋时代越国国势强盛，公元前355年越被楚所灭。

在浙江或在其他一些地区，曾经发现了不少越国青铜器。1982年浙江绍兴坡塘306号战国初期墓出土的铜质房屋模型，是越族专门用作祭祀的庙堂建筑模型。铸造水平高超，屋顶四坡、图腾柱及柱顶鸠鸟、四面台阶均错金，屋内有铜质圆雕跪人六个，有的正在作演奏鼓、笙、琴的姿势。湖北江陵望山一号楚墓内出土的越王勾践剑精美华丽，剑身满饰菱形纹，剑格两面以蓝色琉璃镶嵌花纹（图二六）。江陵滕店发现了越王州句剑。香港中文大学文物馆收藏的一件越王矛，矛的骹部每侧有一耳，铭文记载，该矛是越王者旨于赐的。北京故宫博物院收藏的20世纪50年代浙江出土的白驹盉，全器饰锥刺纹，这是吴越地区的典型装饰花纹。此外，在绍兴西施山还发现了器身作锯齿状的青铜镰刀。

越国青铜兵器上常施以鸟篆铭文，这种字体典雅超凡，从中可见越国文化发展的程度。

11. 徐国和群舒青铜器

从文献记载和考古资料考察，春秋时在今江西、湖北、安徽等省分布着众多诸侯国，其中嬴姓的徐国和偃姓的群舒包括舒鸠、舒庸、舒蓼等国最为重要。这些侯国的铜器都有明显的地方风格。

（1）徐国青铜器

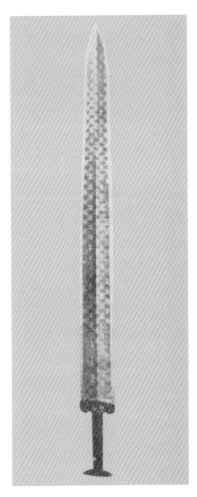

图二六　1965 年湖北江陵出土的春秋晚期越王勾践剑

　　1979 年 4 月在江西靖安县水口兴山发现的一处古代窖藏，出土春秋晚期徐国的铜盥盘、铜炉盘和铜箕各一件[126]。盥盘内底铭文："郑王义楚择其吉金，自作盥盘。"郑即徐。徐国故城在今安徽泗洪县一带。义楚即《左传·昭公元年》中的仪楚。该盘铭文之义楚，与清光绪十四年（公元1888年）在江西高安县清泉市旁山中出土的两件徐王义楚觯之"义楚"为一人。铜炉盘内底铭文："疾（雁）君之孙邾郐（令）尹者旨罂，择其吉金自作炉盘。"

零散出土的徐器还有山西侯马上马村13号墓出土的春秋中期徐国庚儿鼎一对。两件鼎铭相同，铭文有"郐王之子庚儿"[127]。另有湖北枝江问安出土的徐大子鼎，1973年湖北襄阳蔡坡出土的徐王义楚元子剑，1982年浙江绍兴坡塘306号墓出土的徐膎替汤鼎、徐王元子炉，等等。

（2）群舒青铜器

东周时代群舒铜器在安徽省有多处发现。今舒城一带应为群舒中心。下面选择几件重要的青铜器加以介绍。

兽首鼎：又称牺鼎。此种形制的铜鼎。曾在舒城、怀宁、庐江等地出土，特征是圆腹鼎体的一侧作兽首状。1982年怀宁杨家牌出土的兽首上有高起的双角，与庐江出土的相同。三只较高的蹄足，腹耳直折向上，兽的面部有凸起的圆形双目。杨家牌鼎的兽嘴两侧有似马镳的凸起，腹部一侧铸卷曲状兽尾。舒城砖瓦厂出土的牺鼎，尾作蛇首状，庐江出土的则呈扁棱式。1974年舒城出土的和安徽省博物馆收藏的兽首鼎都有密合的盖。寿县博物馆收藏的在舒城出土的一件兽首鼎，兽首的双目镶嵌松石，表现了极为考究的铸造工艺。

兽首鼎的造型雄奇优美，风格独特。它虽然属鼎类，但应是模拟盛酒器的牺尊而来。目前所见这种兽首鼎主要出土在长江以北、淮河以南的舒城、庐江、怀宁的三角形地带，而这一广大地区，春秋时代主要是群舒之地。

双龙耳尊：体作圆形，侈口，宽肩，腹下收，较高的圈足，圈足与器身下部接合处呈内凹状。腹上有回首双龙耳，龙作平嘴，瞪目，短耳，卷尾，十分生动。身饰云纹，整体古朴简洁。器物通高与口径基本相等，例如：南陵古必冲出土的通高 30 厘米，口径 30 厘米；青阳出土的通高 27.8 厘米，口径 28 厘米。已见的几件双龙耳尊，器身花纹基本相同，腹部通体饰瓦纹，肩饰三角纹或变形夔纹，足饰云纹。上海博物馆收藏的一件双龙耳尊，宽圆腹，大侈口，耳也独特。

值得注意的是，在安徽舒城、肥西、铜陵、怀宁、庐江、六安等地，都出土有造型独特，有别于中原地区的青铜盉。一般特点是，器身作折足鬲式，上部为外侈的盘口，器腹正面有一流口，器腹一侧铸龙柄，或卷曲柄，或凤首柄，或短柄。这种特殊形制的青铜盉，在邻近的湖北汉川县、河南光山县也有出土。

12. 其他诸侯国青铜器

东周，尤其是春秋时代，许多小的诸侯国也都制作青铜器，在河南省和山东省发现尤多。这里仅略举较重要者。

（1）江国青铜器

1953 年河南郏县太仆乡出土的铜器群[128]，属春秋早期，主要有鼎、甗、簋、簠、罍、盘、壶、车马器和镞等。有学者提出此批器物属郑器或郏器。器物与装饰均古朴，如日夨甗。铭文为象形族徽，"江小中母生"鬲，器物为鼎，而自称"鬲"，为江国（今河南正阳一带）器物。

（2）黄国青铜器

1975 年在河南潢川老李店出土了几件黄国青铜器，主要有盆、罍、盉。盆与罍均有"黄孙"字样的铭文，说明器物属黄国。铜盆形体作束颈，腹下收，平底，有双兽套环耳。盆盖作凸起状，上伏三兽纽。器与盖饰似虺的锥刺纹。铜盆自名为盂，如"隹子其舌铸皿其行盂"，与20世纪50年代初浙江出土，今收藏在北京故宫博物院的春秋越器白驹盂的造型与花纹雷同，而白驹盂也自名盂。"镏"，器形为折肩，下收腹，肩有二环耳，自名为"镏"，与盛行于西周晚期至春秋前期的器身较长、有盖、肩上双兽耳的镏在造型上有一定区别。盉圆腹，龙首流，兽首鋬，四扁形足，有盖，器肩有二兽耳，造型生动别致，有别于商周的盉，与常见的战国时的圆腹螭梁盉亦有很大的不同。1983年河南光山宝相寺黄君孟夫妇墓随葬青铜器计30余件[129]，主要有鼎、鬲、豆、壶、镏、盉、盘、匜、罐和戈、镞、刀等。不少铜器铭文都铸在器表上或口部与颈部。如甗形盉铭在甑的腹部或颈部。铭文除有一般程式化的内容外，还常将"器"作器物共名，如铜壶铭"黄子作黄甫（夫）人行器"，铜镏铭"黄子作黄甫（夫）人孟姬行器"。而"永宝永"、"霝终霝后"、"霝终霝复"都是习见的用语。在器类上可看出黄国注重镏器。豆的校部有镂孔，呈长三角形。匜作扁形足。盉有鬲形和甗形两种，鬲形盉上均有一鋬和一筒状短流，甗形盉上部的甑呈碗形，与鬲合铸为一体。这两种形态的盉与长江下游安徽繁昌出土的龙首盉，舒城出土的卷尾鋬盉，铜陵出土的甗形龙柄盉、甗形尾柄盉等器都很相似。1988年光山县城关镇出土的黄季佗父铜戈，胡上四穿，制作精美，至今锋利。黄国在公元前648年为楚国所灭。

（3）番国青铜器

信阳、潢川等地出土的番器数量也较多。番国位置在今河南固始，邻近潢川、信阳。较重要的如信阳平西出土的有贯耳的番叔壶、潢川彭店出土的番君白炗盘。彭店盘内底中心饰龙纹，内底边缘饰夔龙纹带，在两组纹饰间铸铭文。铸铭于这一位置是罕见的。信阳平西 5 号墓所出箕形器，底有四个长方形小孔，亦罕见。

信阳洋河出土的具有"番昶伯"铭文的鼎、盘、匜，字体奇诡，器物可属春秋前期。从铭文分析，"昶伯"应属番的分支。1964 年桐柏县出土，今藏河南省博物馆的昶伯塘盘，器虽是盘，但自名"鉴"。桐柏县文管会收藏的"昶中无龙匜"，"昶伯罍"等昶器对综合考察番国与昶的历史文化有很大价值。

（4）樊国青铜器

信阳平桥 1978 年出土的春秋早期樊国铜器也是应予重视的。所见鬲、壶、盘、匜器上均有"樊夫人龙嬴"的内容，铜盆上有"樊君夔"铭。信阳接近湖北襄阳，此樊国应为史载襄阳之樊。

（5）申国青铜器

1981 年在河南南阳市郊古宛城发现西周晚期至春秋初期的䣆（申）国铜器[130]，一件簋铭为："南䣆（申）伯大宰中再父毕司作其皇祖考……隣簋"；一件盨铭有："䣆公彭宇自作□臣"。这些铭文对研究申国史是难得的资料。申国地望在南洋郡宛县，即今南阳。申铜器的发现，正与史载申国地理位置相吻合。

东周时，在齐国和鲁国的周围，还有一些小诸侯国，如曹、莒、费、邾、郳、邳、滕、薛、鄟等。几十年来，山东地区出土了不少这些诸侯国的青铜器，其中较重要的有：1963 年莒县天井汪出土莒国器 21 件，1978 年沂水刘家店子出土莒国器 200 余件，1988 年在莒县中楼乡也出土莒国器，1978 年滕州市薛国故城出土薛国器数百件，1995年长清县仙人台出土郘国器百余件。

山东地区东周诸小国铜器的器种、造型、花纹和装饰与齐鲁没有明显的差异，但在一定程度上也表现出国别特点。小国器在形体上有轻薄感，一些造型风格独特，如莒器中的盒形敦和盖上有直流的瓠形壶，以及内部呈圆角长方形，并有圆穿与细长穿的曹国戈等。在装饰上除较多饰兽体卷曲纹外，也喜饰变形龙（夔）纹和锥刺状的乳丁纹等。郘国的蟠龙纹方壶腹上主体纹饰还承袭了西周颂壶的蟠龙形态特征。所见小国铜器多祭祀器和媵器，而且不少器物本身标明了国别，如费敏父鼎、莒大叔瓠形壶、曹公子沱戈等，说明小国对铸器的重视。

（五）秦汉青铜器的重要发现和意义

秦统一后，为了巩固新兴的封建政权和促进经济文化的发展，不断采取加强统一的措施。秦朝统治时间短暂，留存遗物不多。前人对秦朝青铜制品的认识，主要限于货币和度量衡器。20世纪50年代以后秦代考古的开展，使我们对秦代青铜冶铸情况和制品不断有了新的认识。

1974年考古工作者发掘了咸阳第1号宫殿遗址，在宫殿附近发现了制陶、铸铁和冶铜的手工业作坊遗址。在宫殿中心区的一处断崖上，在南北长150米、东西宽60米的冶铜遗址内，发现了陶范和总重量在千斤以上大部分被熔毁的铜器，可辨认出的器物主要有建筑构件、度量衡器、货币、车马器、诏版以及日用器皿等[131]。

陕西临潼始皇陵的勘察与发掘，获得各类文物多达万件。

尤其是三个兵马俑坑的发掘，出土了大量青铜兵器，有刀、剑、戈、矛、镞、铍、弩机。其中铍的发现，使我们对这种青铜兵器获得了新认识。1979 年、1980 年和 1981 年，先后在陕西临潼始皇陵秦俑坑出土似短剑的一种青铜兵器，其特征是，身呈六面体，有格，有长茎，无首，茎端一圆孔。据学者考证，此种兵器并非短剑，应称为铍。使用时在柄部加上长木秘，为一种作战的长兵器。铜铍实物的发现使云梦秦简的有关记载以及文献记录得到了印证。

司马迁在记载秦始皇陵的情况时，曾写道："下铜而致椁，宫观百官奇器珍怪，徙藏满之。"记述秦始皇死后随葬品丰厚奢侈。1980 年冬在秦陵封土西侧 20 米处，发现了一个特大的车马坑，坑深达 7 米多。发掘出了两乘大型的彩绘铜车马，车马的附件如当卢、节约、咢、辖等均为金银制作。过去发现的商周的车，大多为木质的，因而不易保存至今。秦陵 1 号与 2 号铜车马，均是一车四马，车门窗可以启闭，车轮可以转动。一为安车，一为辒辌车。

秦代青铜容器以往是难得见到的。1950 年河南洛阳西宫发现一座秦墓，在人头骨上部出土了 4 件铜器[132]，簋 1、鼎 1、壶 2。四器中仅簋的盖与器上有对铭一"轨"字。簋高 18.8 厘米，宽 23.4 厘米。盖上有三个卧兽形纽，盖中央有一环纽，中有一系环。簋腹较深，腹上有两个对称的铺首，上有两系，腹底分裆，矮足，腹足合铸。盖上的三周纹饰，与一般的蟠螭纹不同，似变形的蟠螭纹，也很像树木的枝干，这种纹样是少见的。铭文的"轨"即簋字，因而为这器的定名找到了可靠的依据。鼎，无铭，有盖，圆腹，二腹耳，耳从口上移至腹侧，足越来越粗短，盖与耳上有变形蟠螭纹。从器物形制来看，它与汉代作风朴素的鼎是迥然有别的。壶两件，大小相同，高 37.5 厘米。一壶盖顶微凸起，上有三环纽，纽上端卷起，小口，直唇，颈较长，肩腹无明显的分界，腹较圆，圈足较高，肩上有一对衔环铺首，颈部与腹部共有五组凹弦纹，每组三条或两条。在每组弦纹之间用细线条勾出简单轮廓的鸟纹（图二七），形状与商代和西周铜器上常见的鸟纹不同，姿态各异：有翘尾欲飞的，有卷羽回首的，有欲卧半起的。在器盖上也刻有同样的鸟纹。

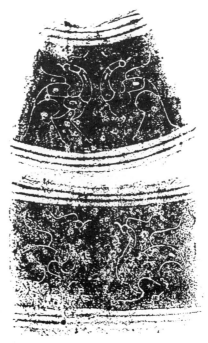

图二七　1950 年河南洛阳西宫发现的秦代铜壶腹部鸟纹图案

20 世纪 70 年代在湖北云梦睡虎地和大坟头两地发现秦汉墓葬 23 座，其中第 11 号墓墓主是秦狱吏喜，死于始皇三十年（公元前 217 年）。随葬铜器 10 件，有鼎、钫、匜、鋈、勺、镜、剑和削刀。铜鼎、铜钫等器物表层均镀一层银白色，可能是锡、银之类，使器物得以完好保存。鼎作圆扁腹，三短蹄足，有高于盖面的二腹耳，盖上铸三环纽；钫的盖作盝顶状，腹上二铺首；匜作深腹，平底；鋈作扁圆腹，圜底，腹上有对称的大、小环耳各一个。这些铜器大多为素面，或在鼎的器腹上仅饰一道弦纹。战国时代错金银、嵌红铜、嵌松石的金属细工的精美器物，这时很难见到了。

近半个世纪以来，发现的两汉墓葬可以说是遍布各地，多数汉墓都能确定其相对和绝对年代，因此能较清楚地区分西汉和东汉时期出土的青铜器。

1968 年在河北满城发现的西汉中山靖王刘胜及妻窦绾墓，出土铜器甚为丰富[133]，一些铜器上有"中山内府"铭文。出土的重要铜器有错金银鸟篆纹壶、错金博山炉、镏金长信宫灯、链子壶、镏金镶嵌乳丁纹壶、朱雀灯、羊灯、铜人灯以及大量的弩机等。刘胜是汉景帝之子，武帝庶兄，死于武帝元鼎四年（公元前 113 年），其妻窦绾死年略晚于刘胜。满城汉墓出土的精致绚丽的青铜器，表现了汉代高超的工艺技术水平。其中尤显贵重的是通体镏金的长信宫灯。灯形作一宫女执灯，通高 46 厘米，有铭文"长信"二字。灯盘、灯座以及执灯宫女的右臂等部件都可拆卸。灯盘、灯罩可以转动开合，以便调节灯光范围和角度。宫女右臂中空，可以导入灯烟，使室内空气洁净。长信宫灯的精巧制作，体现了我国古代劳动人民的创造才能。出土的铜钫和铜锅上的铭文表明，中山内府的这些器皿分别是从洛阳和河东定购来的，铜铜铭还记有售价。

1991年河北获鹿高庄两座大型西汉墓，出土西汉常山国铜器，其中以凤鸟形盖纽鼎和一对蘑菇形盖纽铜锺最为重要。鼎呈圆腹，圜底，二腹耳，三粗短足。盖纽为三只造型相同的凤鸟。鼎盖边沿刻铭："食官鼎盖一，重九斤十两"。整器实重16.8公斤。一对锺形制、大小相同，圆鼓腹，短颈，圈足，腹部饰宽带纹一周。有盖，盖上布满菱形的镂空孔眼，中心铸一蘑菇状高纽。铜鼎、铜锺造型匀称，铸造工整，蘑菇状盖纽和菱形孔镂空盖更属罕见，为西汉常山国青铜器中的精品。

广西贵县罗泊湾西汉前期的一号墓[134]，出土铜器计192件，包括容器、乐器、兵器、车马器等，其中不乏珍品。较重要的有石寨山类型的两件铜鼓，带有人面图案的羊角纽钟、直筒形钟、杯形壶、漆绘铜盆和提梁漆绘铜筒等。其中漆绘铜盆的器壁表里与口沿均有人物、龙、鱼和几何纹饰的黑漆彩绘。图案优美自然，风采独特。提梁漆绘铜筒，体外表亦漆绘有人物鸟兽纹。铜器上的漆绘画很少见。值得重视的是，有的铜盘内底出现机械冲压的辐射线。有关方面对一号墓的几件青铜乐器进行了音高测定，表明音高标准、生律法和律制源自西瓯的越式钟，而不是来自万家坝的羊角纽钟。西汉武帝以后，广西归属苍梧、郁林、合浦三郡。今贵县在秦汉时称布山，是郁林郡郡治。罗泊湾出土的一些铜器上有"布"字，漆耳杯上有"布山"二字，可印证历史记载的地名。从随葬的大量贵重器物看，罗泊湾一号墓墓主应属南越国高级官吏。

广西合浦汉墓大量独特风格的青铜器的发现，引起广泛重视。其中西汉后期的合浦望牛岭一座汉墓最具代表性，所出铜器数量多，品种也多。重要的有凤形灯（图二八）、长颈壶、

图二八 1971年广西合浦望牛岭出土的西汉后期凤形铜灯

链壶、博山炉、盘、魁等。器上饰细线刻镂的羽毛纹、菱形纹、锯齿纹、回纹、三角形纹[135]。图案纤巧细腻，优美均匀，是西汉青铜器装饰图案的一种新发展。推测其他地区出现的这种细线刻纹装饰风格的铜器，它的传入地很可能就是合浦或附近地区。望牛岭墓出土的陶质提筒上有"九真府"或"九真府□器"字样，该墓墓主很可能是九真郡郡守。

1979年山东淄博大武窝托村发现了西汉齐王墓随葬器物坑[136]，出土各类铜制品6751件，绝大部分为车马器和兵器。弩机有72件。容器有鼎14件，有的在盖面或上腹刻有铭文"齐食大官畜□"。另有铜钫3、铜罍10、铜盆7、镏金熏炉2、錞于1等。最引人注目的是一件长1.15米的长方形大铜镜，堪称国宝。

1969年甘肃武威雷台发现了一座东汉晚期大型砖室墓[137]，出土100余件铸造精致的青铜车马和仪仗俑，组成了一个出行行列。青铜器中有一件称作"马踏飞燕"的圆雕作品。马的造型雄健，昂首扬尾，三足腾起，一足踏在一只回首的飞燕上，风驰电掣般地飞跃。制作者采用重心平衡的力学原理，使马的着力点集中在一足上，既活泼又平稳。在一些铜俑上，还有"张氏奴"或"张氏婢"的铭刻。车辆种类也较多，有斧车、轺车、辇车等。依据仪仗组合，基本上可以排列出仪仗的出行次序。持戈、矛的骑马俑是整个仪仗前导，主乘轺车与主骑位置基本在仪仗队的中部，而作为辎重的牛车等，则在最后。雷台东汉墓墓主为"守左骑千人张掖长"。出土的大量铜质圆雕仪仗俑，对研究东汉社会贵族生活礼仪制度和青铜铸造艺术都是难得的珍贵资料。

江苏省发现的两汉墓葬，所出土的青铜器中不乏精品。1972年铜山小龟山西汉早期墓[138]，出土有鼎、壶、盆、熏炉、杵与臼。其中全身镏金、盖铸透雕三虎纹的扁圆体熏炉，在工艺上最为精巧。有的器上还刻有"御食官"，"楚私官"铭文。

1980年江苏邗江甘泉二号东汉早期墓，出土的铜器主要有牛灯、雁足灯、盒形灯、博山炉、熨斗、带钩和"长乐无极"印[139]。雁足灯的底盘口沿铸阴刻篆文："山阳邸铜雁足长镫建武廿八年造比十二"。以此铭文结合同墓出土的"广陵王玺"金印，可确定该墓墓主是广陵王刘荆。铜牛灯的牛背上置灯盏，盏上有瓦状可开合的灯罩，上接弧形管道与牛首相通。当灯点燃后，油烟可由管道通向中腹，与长信宫灯防止空气污染的原理相同。器身错银云纹，十分别致。盒形灯不但造型新颖少见，且全身镏银也显珍贵。

各地大量两汉青铜器的发现，使人们改变了先前对两汉铜器的一些传统认识。这时青铜礼器显然已衰落了，但大量日常生活用器的制作和金属细工工艺的发展，比起前期却有了不同程度的提高。

注　释

[1] 安志敏《中国早期铜器的几个问题》，《考古学报》1981 年第 3 期；唐兰《中国青铜器的起源与发展》，《故宫博物院院刊》1979 年第 1 期。

[2] 北京钢铁学院冶金史组《中国早期铜器的初步研究》，《考古学报》1981 年第 3 期。

[3] 中国社会科学院考古研究所河南二队《河南临汝煤山遗址发掘报告》，《考古学报》1982 年第 4 期。

[4] 河南省文物研究所等《河南淮阳平粮台龙山文化城址试掘简报》，《文物》1983 年第 3 期。

[5] 杨育彬《夏和商早、中期青铜器概论》，《中国青铜器全集》第一卷，文物出版社 1996 年版。

[6] 中国社会科学院考古研究所山西工作队等《山西襄汾陶寺遗址首次发现铜器》，《考古》1984 年第 12 期。

[7] 河南省文物研究所等《登丰王城岗遗址的发掘》，《文物》1983 年第 3 期。

[8] 同 [2]。

[9] 昌潍地区艺术馆等《山东胶县三里河遗址发掘简报》，《考古》1977 年第 4 期。

[10] 中国社会科学院考古研究所山西工作队、临汾地区文化局《1978～1980 年山西襄汾陶寺墓地发掘简报》，《考古》1983 年第 1 期。

[11] 中国社会科学院考古研究所洛阳发掘队《河南偃师二里头遗址发掘简报》，《考古》1965 年第 5 期。

[12] 中国社会科学院考古研究所二里头工作队《偃师二里头遗址新发现的铜器和玉器》，《考古》1976 年第 4 期。

[13] 偃师县文化馆《二里头遗址出土的铜器和玉器》，《考古》1978 年第 4 期。

[14] 中国社会科学院考古研究所二里头工作队《1984 年秋河南偃师二里头遗址发现的几座墓葬》，《考古》1986 年第 4 期；郑光《河南偃师二里头遗址发现新的铜器》，《考古》1991 年第 12 期。

[15] 郑光《河南偃师二里头遗址发现新的铜器》，《考古》1991 年第 12 期。

[16] 安志敏《1952 年秋季郑州二里冈发掘记》，《考古学报》1954 年第 8 册。

[17] 河南省文物工作队第一队《郑州市白家庄商代墓葬发掘简报》，《文物参考资料》1955 年第 10 期。

[18] 郑州市博物馆《郑州市铭功路西侧的两座商代墓》，《考古》1965 年第 10 期。

[19] 河南省博物馆《郑州新出的商代前期大铜鼎》，《文物》1975 年第 6 期。

[20] 河南省文物研究所、郑州市博物馆《郑州新发现商代窖藏青铜器》，《文物》1983 年第 3 期。

[21] 北京市文物管理处《北京市平谷县发现商代墓葬》，《文物》1977 年第 11 期。

[22] 河北省文物管理处台西考古队《河北藁城县台西村商代遗址 1973 年的重要发现》，《文物》1978 年第 8 期；河北省文物管理处台西考古队《河北藁城台西村商代遗址发掘简报》，《文物》1979 年第 6 期。

[23] 江西省博物馆等《江西清江吴城商遗址发掘简报》，《文物》1975 年第 7 期。

[24] 江西省文物考古研究所、江西省新干县博物馆《江西新干大洋洲商墓发掘简报》，《文物》1991 年第 10 期。

[25] 郭宝钧《一九五〇年春殷墟发掘报告》，《考古学报》第 5 册。

[26] 中国社会科学院考古研究所安阳工作队《安阳殷墟五号墓的发掘》，《考古学报》1977 年第 2 期。

[27] 中国社会科学院考古研究所安阳发掘队《1969 年～1977 年殷墟西区墓葬发掘报告》，《考古学报》1979 年第 1 期。

[28] 郭沫若《安阳圆坑墓中鼎铭考释》，《考古学报》1960 年第 1 期。

[29] 中国社会科学院考古研究所编著《殷墟发掘报告（1958～1961）》，文物出版社 1987 年版。

[30] 中国社会科学院考古研究所安阳工作队《安阳殷墟西区一七一三号墓的发掘》，《考古》1986 年第 8 期。

[31] 齐泰定《河南辉县褚丘出土的商代铜器》，《考古》1965 年第 5 期。

[32] 新乡市博物馆《介绍七件商代晚期青铜器》，《文物》1978 年第 5 期。

[33] 杨宝顺《温县出土的商代铜器》，《文物》1975 年第 2 期。

［34］河南省信阳地区文管会等《罗山天湖商周墓地》，《考古学报》1986 年第 2 期。

［35］《定州市发现大型商代方国墓群》，《光明日报》1991 年 11 月 28 日一版。

［36］山东省博物馆《山东益都苏埠屯第一号奴隶殉葬墓》，《文物》1972 年第 8 期。

［37］山东省博物馆《山东长清出土的青铜器》，《文物》1964 年第 4 期。

［38］谢青山、杨绍舜《山西昌梁县石楼镇又发现铜器》，《文物》1960 年第 7 期。

［39］山西省文管会保管组《山西石楼县二郎坡出土商周铜器》，《文物参考资料》1958 年第 1 期。

［40］郭勇《石楼后兰家沟发现商代青铜器简报》，《文物》1962 年第 4、5 期合刊。

［41］石楼县人民文化馆《山西石楼义牒发现商代铜器》，《考古》1972 年第 4 期。

［42］吴振录《保德县新发现的殷代青铜器》，《文物》1972 年第 4 期。

［43］山西省考古研究所、灵石县文化局《山西灵石旌介村商墓》，《文物》1986 年第 11 期。

［44］陕西省博物馆、陕西省文物管理委员会《陕西岐山贺家村西周墓葬》，《考古》1976 年第 1 期。

［45］《陕西省城固、宝鸡、蓝田出土和收集的青铜器》，《文物》1966 年第 1 期；唐金裕、王寿芝、郭长江《陕西省城固县出土殷商铜器整理简报》，《考古》1980 年第 3 期。

［46］秋维道、孙东位《陕西礼泉县发现两批商代铜器》，《文物资料丛刊》第 3 辑，文物出版社 1980 年版。

［47］江西省文物考古研究所、江西省新干县博物馆《江西新干大洋洲商墓发掘简报》，《文物》1991 年第 10 期；江西省考古研究所、江西省博物馆、新干县博物馆《新干商代大墓》，文物出版社 1997 年 9 月。

［48］唐昌朴《江西都昌出土商代铜器》，《考古》1976 年第 4 期。

［49］梁德光《江西遂川出土一件商代铜卣》，《文物》1986 年第 5 期。

［50］湖南省博物馆《湖南省博物馆新发现的几件铜器》，《文物》1966 年第 4 期。

［51］岳阳市文物管理所《岳阳市新出土的商周青铜器》，《湖南考古辑刊》第 2 集，1984 年；黄纲正等《浏阳、双峰出土商周青铜器》，《湖南文物》第 1 辑，1986 年；湖南省博物馆等《新邵、浏阳、株洲、资兴出土商周青铜器》，《湖南考古辑刊》第 3 集，1986 年。

［52］鄂博、崇文《湖北崇阳出土一件铜鼓》，《文物》1978 年第 4 期。

［53］葛介屏《安徽阜南发现殷商时代的青铜器》,《文物》1959 年第 1 期。

［54］石志廉《谈龙虎尊的几个问题》,《文物》1972 年第 2 期。

［55］笔者参加全国文物鉴定小组时,为南京市博物馆鉴定了该器。

［56］史言《扶风庄白大队出土的一批西周铜器》,《文物》1972 年第 6 期。

［57］陕西省博物馆、陕西省文管会《陕西扶风齐家村青铜器群》,文物出版社 1963 年版。

［58］吴式芬《捃古录全文》卷二。

［59］雒忠如《扶风县又出土了周代铜器》,《文物》1963 年第 9 期。

［60］吴振烽、雒忠如《陕西省扶风县强家村出土的西周铜器》,《文物》1975 年第 8 期。

［61］陕西周原考古队《陕西扶风庄白一号青铜器窖藏发掘简报》,《文物》1978 年第 3 期。

［62］罗西章、吴振烽、雒忠如《陕西扶风出土西周伯𠭰诸器》,《文物》1976 年第 6 期。

［63］长水《岐山贺家村出土的西周铜器》,《文物》1972 年第 6 期。

［64］庞怀清等《陕西省岐山县董家村西周铜器窖穴发掘简报》,《文物》1976 年第 5 期。

［65］戴应新《岐山贺家村西周墓葬》,《考古》1976 年第 1 期。

［66］中国社会科学院考古研究所沣西发掘队《长安沣西早周墓葬发掘纪略》,《考古》1984 年第 9 期。

［67］宝鸡茹家庄西周墓发掘队《陕西省宝鸡市茹家庄西周墓发掘简报》,《文物》1976 年第 4 期。

［68］宝鸡市博物馆、渭滨区文化馆《宝鸡竹园沟等地西周墓》,《考古》1978 年第 5 期;宝鸡市博物馆《宝鸡竹园沟西周墓地发掘简报》,《文物》1983 年第 3 期。

［69］卢连城、胡智生《宝鸡茹家庄、竹园沟墓地有关问题的探讨》,《文物》1983 年第 2 期。

［70］唐兰《永盂铭文解释》,《文物》1972 年第 1 期。

［71］石兴邦《长安普渡村西周墓葬发掘记》,《考古学报》第 8 册。

［72］中国社会科学院考古研究所沣西发掘队《长安张家坡西周井叔墓发掘简报》,《考古》1986 年第 1 期。

［73］甘肃省博物馆文物队《甘肃灵台白草坡西周墓》,《考古学报》1977 年第 2 期。

[74] 洛阳文物工作队《洛阳出土文物集粹》，朝华出版社 1990 年版。

[75] 同 [74]。

[76] 张肇武、耿殿元《河南平顶山发现西周铜簋》，《考古》1981 年第 4 期；张肇武《河南平顶山市出土西周应国青铜器》，《文物》1984 年第 12 期；张肇武《平顶山市出土周代青铜器》，《考古》1985 年第 3 期；《河南平顶山市又出土一件邓公簋》，《考古与文物》1983 年第 1 期。

[77] 韧松《记陕西兰田县新出的应侯钟》一文补正，《文物》1977 年第 8 期。

[78] 信阳地区文管会《河南信阳县浉河港出土西周早期青铜器》，《考古》1989 年第 1 期。

[79] 琉璃河考古工作队《北京附近发现的西周奴隶殉葬墓》，《考古》1974 年第 5 期。

[80] 中国社会科学院考古研究所、北京市文物工作队《1981～1983 年琉璃河西周燕国墓地发掘简报》，《考古》1984 年第 5 期。

[81] 中国社会科学院考古研究所、北京市文物研究所、琉璃河考古队《北京琉璃河 1193 号大墓发掘简报》，《考古》1990 年第 1 期。

[82] 杜廼松《克罍、克盉铭文新释》，《故宫博物院院刊》1998 年第 1 期。

[83] 北京市文物管理处《北京地区的又一重要考古收获——昌平白浮西周木椁墓的新启示》，《考古》1976 年第 4 期。

[84] 热河省博物馆筹备组《热河凌源县海岛营子村发现的古代青铜器》，《文物参考资料》1955 年第 8 期。

[85] 辽宁省博物馆、朝阳地区博物馆《辽宁喀左县北洞村发现殷代青铜器》，《考古》1973 年第 4 期。

[86] 唐兰《从河南郑州出土的商代前期青铜器谈起》，《文物》1973 年第 7 期；晏琬《北京、辽宁出土铜器与周初的燕》，《考古》1975 年第 5 期。

[87] 喀左县文化馆、朝阳地区博物馆、辽宁省博物馆、北洞文物发掘小组《辽宁喀左县北洞村出土的殷周青铜器》，《考古》1974 年第 6 期。

[88] 喀左县文化馆、朝阳地区博物馆、辽宁省博物馆《辽宁省喀左县山湾子出土殷周青铜器》，《文物》1977 年第 12 期。

[89] 山西省考古研究所《1979～1989 年山西省的考古发现》，载《文物考古工作十年》，文物出版社 1990 年版。

[90] 杜廼松《青铜器》，载《全国出土文物珍品选》（1976～1984），文物出版社 1987 年版。

[91] 北京大学考古系、山西省考古研究所《1992 年春天马—曲村遗址墓葬发掘

报告》，《文物》1993 年第 3 期。

[92] 北京大学考古学系、山西省考古研究所《天马—曲村遗址北赵晋侯墓地第二次发掘》，《文物》1994 年第 1 期。

[93] 邹衡《论早期晋都》，《文物》1994 年第 1 期。

[94] 山西省考古研究所、北京大学考古学系《天马—曲村遗址北赵晋侯墓地第三次发掘》，《文物》1994 年第 8 期。

[95] 山西省考古研究所、北京大学考古学系《天马—曲村遗址北赵晋侯墓地第四次发掘》，《文物》1994 年第 8 期。

[96] 王人聪《杨姞壶铭释读与北赵 63 号墓主问题》，《文物》1996 年第 5 期。

[97] 北京大学考古学系、山西省考古研究所《天马—曲村遗址北赵晋侯墓地第五次发掘》，《文物》1995 年第 7 期。

[98] 北京大学考古文博院、山西省考古研究所《天马—曲村遗址北赵晋侯墓地第六次发掘》，《文物》2001 年第 8 期。

[99] 李伯谦《叔夨方鼎铭文考释》，《文物》2001 年第 8 期。

[100] 解希恭《山西洪赵县永凝东堡出土的铜器》，《文物参考资料》1957 年第 8 期。

[101] 李学勤、唐云明《元氏铜器与西周的邢国》，《考古》1979 年第 1 期。

[102] 河南省考古研究所等《三门峡虢国墓》，文物出版社 1999 年版。

[103] 《虢国墓地发掘又获重大发现》，《中国文物报》1992 年 2 月 2 日一版。

[104] 山东省文物考古研究所等《曲阜鲁国故城》，齐鲁书社 1982 年版。

[105] 河北省文物管理处《燕下都第二十三号遗址出土一批铜戈》，《文物》1982 年第 8 期。

[106] 河北省文物管理处《河北省平山县战国时期中山国墓葬发掘简报》，《文物》1979 年第 1 期。

[107] 山西省文物管理委员会《山西侯马上马村东周墓葬》，《文物》1963 年第 5 期。

[108] 山西省考古研究所、太原市文物管理委员会《太原晋国赵卿墓》，文物出版社 1996 年版。

[109] 山西省文物管理委员会《山西长治市分水岭古墓的清理》，《考古学报》1957 年第 1 期。

[110] 山西省文物管理委员会、山西省文物考古研究所《山西长治分水岭战国墓第二次发掘》，《考古》1964 年第 3 期。

[111] 郝本性《新郑"郑韩故城"发现的一批战国兵器》，《文物》1972 年第

10 期。

[112] 河北省文化局文物工作队《河北邯郸百家村战国墓》，《考古》1962 年第 12 期。

[113] 黄河水库考古工作队《1957 年河南陕县发掘简报》，《考古》1958 年第 11 期。

[114] 吴镇烽、尚志儒《陕西凤翔八旗屯秦国墓葬发掘简报》，《文物资料丛刊》第 3 集，文物出版社 1980 年版。

[115] 雍城考古工作队《凤翔县高庄战国秦墓发掘简报》，《文物》1980 年第 9 期。

[116] 韩伟、曹明檀《陕西凤翔高王寺战国铜器窖藏》，《文物》1981 年第 1 期。

[117] 中国社会科学院考古研究所《陕西宝鸡福临堡东周墓葬发掘记》，《考古》1963 年第 10 期。

[118] 陕西省文物管理委员会《陕西宝鸡阳平镇秦家沟村秦墓发掘记》，《考古》1965 年第 7 期。

[119] 陕西省考古研究所《十年来陕西省文物考古的新发现》，载《文物考古工作十年》，文物出版社 1990 年版。

[120] 湖北省博物馆《湖北京山发现曾国铜器》，《文物》1972 年第 2 期。

[121] 湖北省博物馆《湖北枣阳县发现曾国墓葬》，《考古》1975 年第 4 期。

[122] 郑杰祥《河南新野发现的曾国铜器》，《文物》1973 年第 5 期。

[123] 随县擂鼓墩一号墓考古发掘队《湖北随县曾侯乙墓发掘简报》，《文物》1979 年第 1 期。

[124] 江苏省文物管理委员会、南京博物院《江苏六合程桥东周墓》，《考古》1965 年第 3 期。

[125] 吴县文物管理委员会《江苏吴县和山东周墓》，《文物》1984 年第 5 期。

[126] 江西省历史博物馆、靖安县文化馆《江西靖安出土春秋徐国铜器》，《文物》1980 年第 8 期。

[127] 山西省文管会侯马工作站《山西侯马上马村东周墓葬》，《考古》1963 年第 5 期。

[128] 《河南郏县发现的古代铜器》，《文物参考资料》1954 年第 3 期。

[129] 河南信阳地区文管会、光山县文管会《春秋早期黄君孟夫妇墓发掘报告》，《考古》1984 年第 4 期。

[130] 河南省文物研究所《近十年河南文物考古工作的新进展》，载《文物考古工作十年》，文物出版社 1990 年版。

[131] 陕西省文物管理委员会《建国以来陕西省文物考古的收获》，载《文物考古工作三十年》，文物出版社 1979 年版。

[132] 杜廼松《记洛阳西宫出土的几件铜器》，《文物》1965 年第 11 期。

[133] 《满城西汉中山靖王刘胜夫妇墓》，《文物》1972 年第 5 期。

[134] 广西壮族自治区博物馆编著《广西贵县罗泊湾汉墓》，文物出版社 1988 年版。

[135] 广西壮族自治区文物考古写作小组《广西合浦西汉木椁墓》，《考古》1972 年第 5 期。

[136] 山东省淄博市博物馆《西汉齐王墓随葬器物坑》，《考古学报》1985 年第 2 期。

[137] 甘肃省博物馆《武威雷台汉墓》，《考古学报》1974 年第 2 期。

[138] 南京博物院《铜山小龟山西汉崖洞墓》，《文物》1973 年第 4 期。

[139] 南京博物院《江苏邗江甘泉二号汉墓》，《文物》1981 年第 11 期。

三 二十世纪后半叶边远地区

青铜器的发现和研究概况

20 世纪前半叶，青铜器的发现多在中原地区，相关研究也以中原地区的青铜器为中心。这是由当时的历史原因造成的。近几十年间在广大边远地区已陆续发现很多青铜器。这些发现对于从整体上认识中华民族古代青铜文化的形成与发展，无疑是极为重要的。已故陈梦家先生早在《海外中国铜器图录》一书中，曾将东周青铜器分成五大系：东土系、西土系、南土系、北土系、中土系。现在看来，几十年前他所提出的这种分法是颇有见解的，至少拓宽了人们的视野，加深了青铜器研究的内涵。

（一）巴蜀青铜器

四川省在先秦时代土著民族很多，而以巴与蜀两族最为重要。童恩正在《古代的巴蜀》一书中说："在社会发展的分期上，它相当于奴隶社会，在考古学的分期上，它相当于铜器时代。"这两个民族的历史，文献记载有限，目前所能见到的，主要有《华阳国志》中的《巴志》与《蜀志》，以及原书已佚，而被一些文献所引用，传为汉代扬雄撰的《蜀王本纪》。

巴人起源，据《太平寰宇记》记载，最早的"国君"为廪君，"廪君种不知何代"。商甲骨文有"巴方"，表明巴是商王朝所属方国。又据《华阳国志·巴志》："周武王伐纣，实得巴

蜀之师。"证明巴人和蜀人曾参加过周武王伐商的战争。该书
又说："武王既克殷，以其宗姬封于巴，爵之以子。"依此，可
得出如下认识：自周初始，巴国已成为姬姓封国，主要活动范
围在今四川东部。

蜀国史事，《华阳国志·蜀志》记载："黄帝为其子昌意娶
蜀山氏之女，生子高阳，是为帝喾，封其支庶于蜀，世为侯
伯，历夏、商、周。"蜀国主要活动范围在今成都平原一带。

1980 年以来对四川省广汉市三星堆遗址进行连续发掘，
特别是 1986 年发现的 1 号、2 号两座商代祭祀坑，出土上千
件玉石器和青铜礼器。有学者指出祭祀坑"具有宗教和礼仪的
性质"[1]。祭祀坑的发现引起了世界的震惊。出土的青铜器数
量多，品位高，许多器种都是第一次发现。高大的铜神树、铜
立人像、大铜面具和人头像，最富特征，引人注意。这对研究
古蜀国历史和青铜文化均具有重要意义。

神树高 3.96 米，圆形底盘，盘上有山形树座，座上立树
的主干，主干分三层九个枝干，主干与枝干上有龙、鸟等饰
物。气魄宏伟，装饰丰满高雅。关于神树的性质和作用，一般
认为它是沟通人神、天地的一座天梯。

青铜立人像（图二九），通高 260 厘米，其中基座高 78.8
厘米。人体修长，大眼，隆鼻，宽嘴，方颐大耳，头上有两层
高冠，双手平举，作持物状态。衣饰有细密的花纹，两侧下垂
呈燕尾式。铜像赤脚站在一正方形的三层台座上，庄重威严，
形象生动，是目前我国所见先秦时代铜质造像之最大者，学者
认为可能是"群巫之长"或某一代蜀王，或说是蜀人崇拜的始
祖蚕丛的形象。《华阳国志》有"蜀王蚕丛，其目纵，始称王"
之语。至于纵目大铜面具等体现的蜀文化意蕴，目前尚无定论。

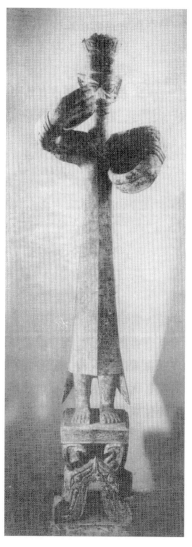

图二九　1980年四川广汉三星堆出土的商代
　　后期青铜立人像

就目前发现的青铜资料而言，四川地区最早的青铜制品是在成都西北的新繁县水观音墓葬中出土的铜戈，可上推到商代二里岗期。

四川地区出土的商周至春秋战国的巴蜀青铜器，数量很多，种类也不少。但在种类中，兵器占有相当大的比例，主要是剑、戈、矛、钺等。相对而言，青铜容器所占比例就要小得多。

商周时代的巴蜀青铜容器主要有罍、尊、觯等，而尤以盛酒的罍形器最多。1959 年在彭县竹瓦街发现的窖藏容器，其中酒器 8 件，罍就占 5 件。1980 年同一地点发现的窖藏铜器，有兵器 15 件，容器 4 件，而容器均是罍。罍在中原地区也常有发现，有方形和圆形两种，大多为圆形。彭县竹瓦街的罍一般形体很大，作圆形，如"羊头饰大铜罍"，高 79 厘米，两件"兽面饰象头铜罍"，分别高 69.4 厘米和 70.2 厘米，这样大型的罍，在同类器中还是较罕见的。

竹瓦街出土青铜容器的风格，与中原地区没什么差异。例如筒形尊，侈口、圈足的瓶形觯，都是中原地区所常见。另外，兽面纹蟠龙盖罍，无论是大小形制，还是器盖上的高浮雕的蟠龙，肩上的卷体夔纹等，都与辽宁喀左发现的一件铜罍风格相同。有些铜罍还表现了巴蜀地区的一些特色，如器体浑厚雄伟，器身与器盖各出扉棱，有似豆形高捉手的盖，多有象头耳或兽头耳。1980 年竹瓦街出土的 3 号罍肩上和 1 号罍盖捉手顶上饰有卷身龙纹，这种形式的龙，一般多饰在商代龙纹盘上。2 号罍、3 号罍圈足上的牛纹亦属少见。最为明显突出的装饰是：1 号罍的双耳以浮雕牛首为饰，而牛身在耳两侧以平雕的形式半跪在器肩上，形成一首二身，形象生动，给人一种奇特奥妙的美感。再如器身上装饰的兽面纹、夔纹、涡纹、弦纹、云雷纹，也是商周时期铜器上普遍流行的装饰图案。四川地区商周铜容器上，有铭文的却少见，竹瓦街的两件觯有"羊父癸"与"牧正父己"铭，字体系殷商后期金文作风。"牧正"职官名的出现，为铭文中职官名增添了新资料。铭文中的"牧正"与被祭祀的对象"父己"连在一起，或许"牧正"这一职官名也成为家族的族氏名了。

春秋战国时代，巴国和蜀国的文化受到秦、楚两大强国的强烈影响，青铜器制造特点除凸显巴蜀地区风格的兵器外，其他器物与秦、楚和中原地区的铜器差别不大。乐器中的镈于与钲虽然最早出现在中原地区的春秋时代，但在战国时，在巴族地区已很盛行，而且在器身上常有"巴蜀图语"。在铜器组合上，1980 年新都战国木椁墓出土的鼎、敦、壶、豆等铜器组合方式与长沙等地战国早期至中期前段楚墓随葬铜器组合相同。新都墓铜器造型和纹饰也与同时期的楚铜器相似。器物上和印章上的"巴蜀图语"确切地说明了这是一座蜀人墓，但该墓又与楚文化有着密切的关系。铜印章有"双铎"符号，不能说明新都墓主的身份就是蜀王。《周礼·夏官司马》记"两司马执铎"；容庚《殷周青铜器通论》引朱骏声《说文通训定声》豫部九说："按金口金舌为金铎，所以奋武事。周礼大司马摇铎，鼓人以金铎通鼓是也"，按司马为武官，执掌金铎正合。新都墓出土的 188 件青铜器物，其中兵器占 60 件，足证此墓墓主生前与武事有关，因而墓主人似应为司马一类的武职身份。

春秋战国时期巴国与蜀国的青铜器，工艺水平很高，形制优美，花纹细密、精致，有些器物上的错金银装饰反映了这时铜器金属细工的特点。例如涪陵出土的编钟和铜壶，都有着美丽的错金银装饰，前者有别于其他地区的同类器物；后者的变形云纹图案的样式，也有浓厚的地方色彩。

先秦时代四川地区出土的青铜兵器数量很多，《华阳国志·巴志》记载"巴师勇锐"，蜀在战国时代也经常和秦、楚、巴发生战争。兵器种类与中原地区没什么差异，有剑、戈、矛、钺等，但在一些武器的形式上，则充分表现了地方风格。青铜剑大多为巴蜀式的，形状似柳叶的扁茎无格剑。这种剑形，早在西周时代的中原地区已出现，童恩正指出，这种剑"可能原来发源于中原地区，传入巴蜀以后在战国时代发展成了一种带独特地方风格的武器"。1973年成都中医院和1974年峨眉符溪出土了带有铜制双剑鞘的双剑。有人认为双剑的使用与古代这一地区的掷剑习俗有密切关系。巴蜀地区的剑，除"柳叶形"外，也有少数具有剑格、剑首的"中原式"剑。

先秦巴蜀地区铜戈的样式也很多，除无胡的直内戈、有胡有穿的戈、三角援戈（又称戟）外，还有一种戈，样式极特殊，不但有下胡，而且有上胡。其中有的是上下胡相对称；有的为上胡短，下胡长；有的在援的基部还有一凸起圆穿孔。这种形式新颖的戈，就目前所知，它仅在四川地区流行。新都大墓与百花潭十号墓都出土过有上下胡的戈（图三〇），这为我们确定这种戈产生的时间提供了依据。

先秦时期，中原地区无论哪一种形式的戈，在内上穿的形式多为圆孔和长方孔，而巴蜀地区的戈内上，穿的形式则不同，许多都呈"桃式"穿；也有的戈穿呈"菱形"。至于称为"戟"的三角援戈，主要流行于战国，而在中原地区盛行于商代。

图三〇 1980年四川新都马家乡出土的战国铜戈

　　关于铜矛，新繁水观音发掘的一、二号墓各出土一件，特点是窄叶，细长骹，在骹后有对称环纽，时代相当于中原地区的商代前期。在中原地区，尚未发现商代前期的铜矛实物，仅见矛范，而四川新繁出此实物难能可贵。巴蜀铜矛在广元宝轮院、巴县冬笋坝以及新都墓出土的，矛骹侧的双耳大都做成耳形的耳，与常见的环形耳不同，其时代也较晚，为东周时期。

　　巴蜀铜钺有几种形式。有的为弧形刃，长方形銎，弧两侧上收与銎相连（新繁水观音），也有两侧上部上收成肩，整体似舌（彭县竹瓦街）。另外还有：圆尖刃，扁长銎，銎中部有狭三角形空隙（彭县竹瓦街）；长圆刃，中部内凹，椭圆式銎（新都）。还有一种铜钺，刃似靴，椭圆銎（冬笋坝），也是西南和南方地区钺的一种主要形式。

（二）滇与昆明青铜器

西南古代滇人青铜器的精致工艺和特殊风格，越来越受到国内外研究者的重视。《史记·西南夷列传》曾记载生活在今云南省的滇和昆明两个部族的基本情况："西南夷君长以什数，夜郎最大。其西，靡莫之属，以什数，滇最大。……此皆魋结，耕田，有邑聚。其外，西自同师以东，北至楪榆，名为嶲、昆明，皆编发，随畜迁徙，毋常处，毋君长，地方可数千里。"

大体说，今滇池区域是滇人活动范围，滇西是昆明人活动范围。大量实物表明，滇与昆明部族所制造的青铜器丰富多彩，内涵博大。

云南省发现的遗址和墓葬中出土青铜制品可达万件，种类近百，可分为滇池和滇西两大类型，前者以晋宁石寨山、江川李家山、呈贡石碑村、呈贡天子庙为代表；后者以楚雄万家坝和祥云大波那为代表。滇和昆明族青铜器盛行的时代，主要在春秋战国至汉代。

就出土的青铜器种类看，有工具、兵器、生活用器、服饰和装饰品、乐器等。

生产工具主要有锄、斧、刀、纺织工具。锄较多，也别具特色，形制有尖叶状的犁形锄和上狭宽刃的长方形锄。铜斧主要有圆銎宽刃式和圆筒形銎小弧刃式，也有的如江川李家山出土的曲柄斧。

兵器主要有戈、矛、剑、钺、狼牙棒、箭镞等。戈多直援无内，圆筒形銎，銎上常饰圆雕的虎、豹、鹿、熊等动物。

1992年江川李家山出土的手形銎匕首状戈（西汉），呈贡天子庙的双钺形戈（战国），造型奇异罕见。矛有细长体和宽叶体的。晋宁石寨山出土的铜矛，在刃末两侧各悬吊一俘虏人像；宽叶矛常在骹部外侧饰一圆雕动物。另有骹部呈蟾蜍状的矛，风格独特，都属西汉时期。窄格剑、窄格宽刃剑、山字格剑和茎部呈螺旋纹状剑则是本地区战国至汉代最富特点的剑。青铜钺多靴形弧刃状，圆銎外侧常铸动物。

生活用器主要有贮贝器、桶、线盒、案、俎、枕、尊等。不少器物上下饰有牛、鹿、虎、人骑马等立体圆雕。贮贝器上的人物活动群像等，反映了生产、生活、战争、祭祀等不同场面。

乐器主要有鼓、钟、葫芦笙等。万家坝型、石寨山型铜鼓作为铜鼓起源的早期形式，在铜鼓发展演变中占有重要地位。扁圆体、半圆纽、平口的钟（汉代），在其他地域少见。这种形式的钟，对以后中原等地区钟的发展演变也有着一定影响。

服饰用品中的铜扣饰最精彩，这也是滇人艺术的杰作。扣饰形制和装饰异彩纷呈，不规则状的有动物相斗、人猎动物扣饰。规则状的有长方形和圆形扣饰，边缘常有动物如牛、猴、狐狸等作装饰。

云南早期青铜文化，海门口发现的红铜的小件工具和装饰品可以上溯到商代晚期，丽江出土的器体单薄的有栏直内戈则属商代前期。

滇、昆明青铜文化受巴蜀、夜郎等文化的影响较大，而铜扣饰等又具有强烈的北方游牧民族青铜文化特征，其间究竟有什么关系，有待进一步深入探索。

（三）古夜郎青铜器

贵州位于云贵高原东北部，战国秦汉时代这里为古夜郎国，古史对这一地区和古夜郎历史的记载极简略。《史记·西南夷列传》："西南夷君长以什数，夜郎最大。……此皆魋结，耕田，有邑聚。"《后汉书·南蛮西南夷列传》："武帝元鼎六年，平南夷，为牂牁郡，夜郎侯迎降，天子赐其王印绶。"学术界多年来对夜郎历史的探讨，主要依靠考古学资料。

在黔西的赫章可乐、威宁中水、普安铜鼓山、兴义和兴仁等地发现了战国至西汉的墓葬和多处遗址，出土的文物对研究古夜郎国文化提供了珍贵的实物资料。

黔西的青铜器极富特色。但是战国以前的青铜制品较少。仅知黔西南州博物馆收藏的兴义出土的战国圆銎曲刃矛，末端1/3处的两侧内凹收缩，两侧饰双耳，其风格近似滇族的宽刃剑。威宁中水有上下胡的铜戈，此类铜戈在四川新都墓和成都百花坛战国墓都有出土。可知中水戈造型是蜀式的，而装饰则吸收了滇的特点。

1975年兴义万屯8号墓出土的东汉青铜车马，车长123厘米，马高88厘米，双辕，覆瓦状车篷，轮辐12根，采用了分铸、铆接、焊接等工艺技术。1987年兴仁交乐东汉墓出土的铜车马，车高76厘米，马高116厘米。马各部位分铸，配有栓销。兴义与兴仁的铜车马结构完备，不逊于甘肃武威雷台东汉墓出土的同类制品。

1978年赫章可乐出土的西汉长条形锄，长11.4厘米，刃宽85厘米。銎孔作半圆状，中脊凸起，刃部两端微上翘。该锄属滇西青铜文化产品。赫章可乐出土的西汉窄格铜柄铁剑，安龙出土的窄格剑，首作喇叭状，茎和身装饰三角形纹、卷云纹等几何图案。赫章可乐剑的剑首还做成镂空。这类窄格剑应是受滇文化的影响。

1978年威宁中水出土的西汉牛首形、飞鸟形、虎形的动物形状带钩，制作精巧。如鲵鱼带钩，鱼身粗肥，大头，尾细长，写实逼真。这些带钩应是古夜郎国地域文化的体现。

赫章可乐出土的铜盘是值得重视的一件文物。盘高7厘米，口径29.6厘米。口沿上阴刻篆书："同劳澡槃，比五尺周一。元始四年十月造。""同劳"即今云南曲靖以南至陆良一带。该盘记器名、用途、尺寸和制作时间，是贵州省所发现的汉代铜器中重要的一件。

清镇出土的汉代细线刻纹直颈壶，兴仁出土的细线刻纹酒樽，其细线刻纹风格特点均与梧州、合浦出土的一致，是西南桂、黔地区当时典型的青铜器物装饰。

（四）闽越、南越、雒越青铜器

今福建省、广东省、广西壮族自治区，在古代都是越人居住的地区，属"百越"范畴，分别称"闽越"、"南越"和"雒越"。下面分别阐述越人各分支青铜器的特点及其意义。

1. 闽越青铜器

今福建地区古代越人居住地的一部分，一般称为"闽越"。

福建地区的青铜文化，是在当地新石器时代文化基础上发展起来的。青铜器的出现比中原地区晚很多，且青铜器数量不多。在南安大盈发现的青铜戈、矛、匕首、锛、铃等和建瓯发现的铜钟的时代相当于西周。有些器物如戈、钟表现出地方特点。福建地区出土的青铜工具斧、锛或匕首、矛等，常与几何印纹硬陶共存，在时代上大体可划在东周时代。

2. 南越青铜器

今广东地区古代属南越。这一地区发现的最早的青铜器是在广东信宜松香厂出土的西周的袋足铜盉。该盉龙首流，夔龙鋬，盖上有凸起的龙首。装饰铸工精细，典雅富丽。据研究，该盉应是由北方传入的。信宜铜盉盖上的高浮雕蟠体龙曾见于四川彭县竹瓦街的罍盖上，也见于同时期的辽宁喀左出土的罍盖上，三者特征的相似如出一模。在长江下游安徽、江苏地区出土的个别容器盖上，也装饰有这种半凸起的蟠体龙。1974年在饶平顶大埔山出土的一件西周铜戈，曾被认为是本地铸造的最早的铜制品。

广东地区春秋战国时代的墓葬，在清远、德庆、肇庆、四会等地都有发现，出土大量的青铜器，足以说明这时青铜文化的发展程度。清远的两座春秋晚期至战国早期墓共出土铜器60多件。德庆战国墓出土铜器15件。四会战国早期墓出土铜器59件。如肇庆战国晚期墓，出土铜器的类别还是相当丰富的，主要有容器鼎、锅、盉、罍、提梁壶、盘；乐器钟、铎、铃；兵器戈、矛、镞、剑、钺、镈、镦；工具斧、锛、凿、削刀；杂器人首柱形器、附耳箭等。

铜器风格，有的具有岭南特点，如四会鸟旦山的三足外翘、盘口的鼎，具有南越式特征，西汉前期南越王墓出土的鼎，有的仍沿袭这种样式。清远的春秋钺，形体略似扇形，宽刃，銎端作长方形，也极富地域特征。而四会鸟旦山出土的三足外侈、折平沿上有二方耳的鼎和铜盉，以及肇庆北岭松山出土的提梁壶、错银铜罍等，却吸收了楚文化和中原文化的一些特点。广东地区铜器花纹多采用云雷纹、绳纹和羽状纹，且以绳索状装饰鼎耳和钟纽，风格殊异。

3. 雒越青铜器

今广西地区在古代聚居着"百越"的居民，广西南部的越人又称"雒越"。此地区发现的青铜器，其时代可早到商周。出土商周铜器的主要地点有武鸣、兴安、荔浦、陆川、宾阳、灌阳、忻城、横县等。器种主要有卣、罍、钟、戈。武鸣出土的铜卣，造型、花纹与湖南宁乡出土的戈卣相似。兴安出土的西周铜钟，虽然在形制上与同时期的中原铜钟无异，但篆间、钲边均以两排小乳丁为界。荔浦等地出土的铜罍，两个兽耳凸出。这些特点是罕见的。

恭城加会出土的青铜器最为典型，铜器种类有鼎、罍、钟、剑、戈、钺、镞和斧、凿以及柱形器等，计 30 余件。这些器种造型特征，颇具中原地区的风格，如腹耳、深腹的圜底鼎，侈口、腹下垂、圈足较高的尊，以及双兽耳圆腹罍等。有的器物很可能是中原的传入品。而另外一些器物的造型或花纹又极具本地区和南方地区的独有特征，如：浅腹、三足外侈或有提梁的鼎；尊腹或颈上的双蛇或蛇戏蛙图纹；体细长，钟口大弧度、长枚的钟，以及靴形钺和援、胡较宽的戈。至于柱形器则与广东地区出土的人首柱形器可能有相同的功能，均具有地方特色。应该提到的是，在一件提梁鼎的腹内铸一"告"字，字体粗犷，这或许表明了当地的铸字水平远逊于中原地区。

广西地区战国时代的青铜器，出土地点相当多，可以平乐银山岭和田东锅盖岭为代表。这时的青铜器铸造呈现出繁盛多变的情势，不但种类多，而且在许多器物上除有中原和楚文化特点外，也表现出地区风采，如：绳索状的鼎耳，除有靴形钺外，还出现了双肩钺，甬钟常是背部无饰，钟体修长，枚也高。最值得一提的是，还出现了顶部出双歧似羊角的"羊角纽钟"和特殊的叉形器，十分罕见。

（五）北方民族青铜器

中国北方地区地域广大，据古文献记载，居住在北方的少数民族主要有肃慎、燕亳、东胡、匈奴、鲜卑等。在今河北、内蒙古、辽宁、吉林等地都发现了先秦至两汉时期这些少数民族的文物，其中也有不少青铜制品，对研究古代少数民族的政治、经济和文化以及各民族之间的关系都是可贵的资料。

在北京昌平、辽宁喀左、河北大厂大坨头等地都发现了夏家店下层文化，其时代约为商代后期至西周早期。有学者指出，夏家店下层文化可能属肃慎、燕亳的文化。在内蒙古赤峰夏家店和宁城南山根发现的属于夏家店上层的文化，其时代约为西周至春秋时期。

北方地区先秦时期青铜器，很大部分是仿照中原等地区铸造的，如河北大厂出土的铜刀与铜镞均与商代后期的同类器相同。宁城南山根 101 号墓出土的蹄足直耳鼎、有盖三足铜簋、口外侈矩形足的铜簋，与中原地区西周时期的同类器完全相同。辽宁喀左北洞出土的青铜器，因罍的上面铸有"孤竹"字样，可认为是商代孤竹国的器物，所出器物的形制与花纹，同商代后期至西周早期的同类器也完全相同。由此可以看到，北方青铜器文化与同时期的中原青铜文化之间的联系很密切。

先秦至西汉时期北方青铜制品中具有北方少数民族独有特征与风格的器种主要有短剑、各种动物牌饰、指环、鹤嘴锄、镐、椭圆形双翼镞等。青铜短剑和各种动物饰牌则更具独有特点，出土数量也多。这类器物已成为青铜器研究的一个重要分支。

青铜短剑出土地分布广泛，在辽宁、内蒙古、河北、吉林、山西、北京等地曾多次出土，以辽宁和内蒙古出土的数量较多，又以老哈河、大凌河流域最为集中，成为青铜短剑出土的重要地点，如朝阳十二台营子、宁城南山根、沈阳郑家洼子等。短剑主要流行在商周至战国时代，一般认为多属我国北方东胡族文化。剑身短，一般长30厘米左右。由剑身、剑柄和枕头状剑首组成。有的剑在出土时附有菱形镂空的剑鞘，剑身两侧有的呈曲刃式，类型有匕首式、曲刃"T"字形剑首式、曲刃柱脊式、双鸟头触角式等。

北方式动物饰牌，以往又称"鄂尔多斯式"动物饰牌，现在习称透雕动物纹饰牌。该种铜牌饰原为北方草原地区匈奴和东胡等民族所用的带扣饰，以内蒙古自治区、宁夏回族自治区等地出土最多。带扣上多饰有镂空的各种动物，如马、牛、羊、犬以及鹿、虎、豹等野兽的奔逐、咬斗等图案，许多动物图像都极生动。内蒙乌兰察布盟发现的虎噬羊牌饰，刻划出虎的凶猛和羊的软弱，具有极佳的艺术效果。陕西沣西客省庄出土的长方形铜牌饰，可以清楚地看到匈奴男子的服饰和发髻、风格。有的饰牌还雕镂出细腻精美的几何纹。这些饰牌反映了草原民族的艺术特色，同时也反映了战国至两汉时代北方草原地区少数民族的生产、生活的一个侧面[2]。

注　释

[1] 赵殿增《三星堆祭祀坑文物研究》，载《三星堆与巴蜀文化》，巴蜀书社 1994 年版。

[2] 乌恩《中国北方青铜透雕带饰》，《考古学报》1983 年第 1 期。

四 二十世纪后半叶青铜器专题研究的进展与成果（上）

（一）青铜器分类与定名研究

1. 青铜器的分类研究与标准

青铜器种类很多，名目也繁杂，将这些器物按照科学方法归纳成若干大类，是研究青铜器的一项重要工作。

前人对青铜器分类给予了充分重视，但分类过于笼统，概称"青铜礼乐器"或"青铜彝器"。宋朝《考古图》、《博古图》中的分类，基本以器物为类聚，以用途为标准，把器物分成若干大类，然后在大类内再分细目。如《考古图》共有十卷，卷一是鼎属，卷三是簋属。《博古图》则将青铜器分为二十大类，如：（一）鼎鬲、（二）罍尊。每类有总说，已开始注意器物在形态上的区分。20 世纪以来对青铜器的分类，在继承前人成果的基础上有所创见，例如容庚在《商周彝器通考》中将青铜器分写四章"食器"、"酒器"、"水器及杂器"和"乐器"共五大类，每类中再分细目。唐兰在《参加伦敦中国艺术国际展览会出品图说》的铜器说明中将铜器分为五类：烹饪器及食器、容器、寻常用器、乐器和兵器。

日本梅原末治则按器形特点将铜器分类，在 1940 年出版的《古铜器形态上之考古学的研究》一书中，他将中国古代青铜器按照形态学划分，分十三大类：皿钵类，宽口壶形类，窄口颈壶形类，提梁附壶形类，体积膨大的壶形类，矩形容器类，鬲鼎类，有脚器类，注口器类，筒形及球形容器类，复合形器类，异形容器类和乐器类。作者想从形态学上考察青铜器分类，使人们对某种器物形态的主要特征有一个基本认识。但是不可回避的是，这种分法的最大缺点就是把器物的形式与用途分割开来。形式是服从于用途的，不能单从形式划分类别。

20世纪后半叶，容庚、张维持所著《殷周青铜器通论》，参阅了日本水野清一的《殷周青铜器编年之诸问题》，对青铜器进行了新的分类：一、食器部，分为烹煮器门、盛食器门、挹取器门、切肉器门。二、酒器部，分为煮酒器门、盛酒器门、饮酒器门、挹注器门、盛尊器门。三、水器部，分为盛水器门、挹水器门。四、乐器部。这种分类法，为青铜器学习与研究提供了一个新的途径。

现在一般学者认为，青铜器分类以根据用途分最为恰当，同时应适当参照器物的形制。古话说："物以类聚"，就是把同样用途的器物列为一类。用这一方法对铜器进行分类时，要注意一些较为特殊的情况，需要另作处理，比如：铜镜过去一般都归在杂类内，但是铜镜无论是传世品还是出土物，数量都很多，而且它又有较为明确的断代分期的标准，因而通常在分类时打破了过去传统，而单列成一类。

概括近年的研究，对青铜器通常分为以下十二项：

（1）食器：有炊煮器、盛食器和取食器。主要包括鼎、鬲、甗、簋、簠、盨、敦、豆、匕等。

（2）酒器：饮酒器、盛酒器、提取酒和放置酒器的器皿，统称酒器。包括爵、角、斝、觚、觯、尊、兕觥、卣、盉、方彝、罍、壶、瓒（勺）、樽、耳杯、禁等。

（3）水器：有盛水和注水器，包括盘、匜、盂、鉴、缶、罍、瓿、洗等。

（4）乐器：包括铙、钟、钲、铎、句鑃、铃、錞于、鼓等。

（5）兵器：包括戈、矛、戟、钺、矢镞、刀、剑、匕首、殳、弩机、胄等。

（6）车马器：包括軎、辖、衔、镳、毂、当卢、轭、銮饰、马冠饰等。

（7）农具与工具：农具包括犁铧、铲、镢、锄、镰、锛；工具包括斧、凿、刻镂刀、削、锯、锉、锥、钻、钓钩等。

（8）货币：包括布币、刀币、圆钱、铜贝。

（9）玺印、符节。

（10）度量衡器：包括尺、量、权。

（11）铜镜。

（12）杂器：包括带钩、俎、博山炉、灯、熨斗、镳斗等。

2. 青铜器定名研究的新收获

青铜器的定名是青铜器研究中的一项重要内容，除器物本身有名称和结合典籍可确定名称者外，有些器物难以确定其名，一向为学者所关注，也一直探讨至今。

宋代金石学兴起，对铜器定名给予了足够的重视，正如王国维所云："凡传世古礼器之名，皆宋人所定也，曰钟、曰鼎、曰甗……皆古器自载其名，两宋人因此名之者也。曰爵、曰觚、曰觯、曰角、曰斝，古器铭辞中均无铭文，宋人但以大小之差定之。"宋人对铜器定名开其先例。元、明、清至民国，在铜器定名上不断有所创获，为今天研究奠定了基础。

需要指出的是，以往学者由于受到时代和资料的限制，在研究上存在一定的局限性，所定器名不免出现错误，如《考古图》一书鼎、鬲不分；《西清古鉴》、《西清续鉴》和《宁寿鉴古》定名上也有不少失误，如将簋称"彝"，将壶称"尊"或"罍"等。

20世纪后期由于考古工作的进展，大量青铜器不断出土，许多新资料被发现，对修正、补充和完善青铜器定名有着重要价值。

（1）关于铜器定名的原则

根据什么原则来确定青铜器的名称，这是历史学者探索的问题。约定俗成的是所谓"名从主人"的原则，即根据器物铭文本身来考虑，器物原称什么就应称它什么。宋代以后所定铜器名称，实际上许多都是按照这一方法进行的，如鼎、簋、钟、壶、盘等。有的青铜器形没有自名，对这些器形的叫法，多是根据器形的特点而暂定名称。随着近年来铜器更多的发现，一些不准确的名称得到了更正。如河南固始侯古堆勾敔夫人墓出土的，体呈深斗形方腹，上有覆斗形盖，下有校和圈足的铜器，传统将其称"方豆"，但该器的器内与盖内有对铭"饲之饮盏"，故可知"方豆"应自名"盏"。东周铜器中，有一种体呈椭圆，深腹，圈足，有的有四短足或有盖的铜器，因无自名，依形状常称之为"舟"。近年因此种器形的"哀成叔铆"（图三一）和"蔡太史铆"的发现，两者都自名"铆"，故应将"舟"正名为"铆"。但这种椭圆形器的"铆"，与齐量"左关之铆"是性质和形制不同的两类铜器。

对"名从主人"的定名原则，需要注意的是，在一些特殊情况下，不应拘泥于这一原则，否则在铜器定名上会造成混乱。1975年陕西岐山出土的西周㑒匜，器形为匜，而自名为

图三一　1966 年河南洛阳出土的春秋哀成叔钟铭文

"盉"，如按照"名从主人"定名，此器应称为"盉"，但学术界仍称作"匜"。故宫博物院收藏的西周夔匜，器形为匜而自名为"盉"，表明匜是从盉发展演变出的一种新器形，两者有着渊源关系，匜虽已出现，但旧有习称尚未改变，有时仍称"盉"。上举两例即其实证。

北京故宫博物院收藏的一对西周卫国铜器，自名"簋"，而器形已呈豆状；无独有偶，山东沂水刘家店子出土的春秋莲瓣捉手铜盖豆，铭文为"公簋"，也自名"簋"。这种豆形而簋名的器物，仍应称豆才恰当。为什么豆形器自名为簋？从甲骨文与金文的原字来看，像豆内盛黍稷器，这与簋为黍稷器功用相同，两者应为同源，因而在名称上古人有时也并不严格区分。

这样的例子还有不少，例如河南桐柏出土的一件圆形盘，铭文为"昶伯墉自作宝鉴"，虽自名"鉴"，仍应称"盘"。山东淄博白兔丘村出土的一件春秋豆形器，铭文有"作厥元子仲姞媵镈"句，自名"镈"，但仍应称"豆"。

以上几例说明，如铜器的自名与器形矛盾，则仍应依器形的常规叫法。

（2）青铜器定名上的共名

青铜礼乐器除器物本身的名称外，许多礼器如鼎、簋、鬲等，也常见共名。所谓共名就是古人根据青铜礼器的性质与功能，对不同种类的器物冠以相同的名称。最典型和常见的共名主要有"尊彝"、"宝彝"、"宗彝"、"宝宗彝"等。礼乐器主要用途是祭祀天地和祖先，宴享宾朋，赏赐功臣，纪功颂德，死后常用作随葬。其中重要的一项功用是作为家族或宗族的祭器，共名中的"宝彝"、"宗彝"、"尊彝"或"宝尊彝"的

"彝"字,《说文解字·系部》云:"彝,宗庙常器也。"《左传·
襄公十九年》晋杜预注:"彝,常也,谓钟鼎为宗庙之常器。"
因此"彝"字作为祭祀用的青铜礼器之通称。共名"彝"前的
"宗"、"宝"、"尊"作为修饰语,虽然每字在训诂上都各有一
定的意义,然而在铜器铭文上与"彝"连用,其含义没有多大
差别,都是指宗庙的祭器。

以上表明,铜器"共名"是古人依据铜器的性质、用途而
确定的,其中许多器种本身有自名,则以自名为准。仅有共名
而没有自名的器种,也要根据该器物已为后人确定的或新更改
的名称来定名。

(3) 时空变化对铜器名称的影响

同种铜器在不同时代,有的名称也不同。如汉代开始将先
秦的圆形壶称"锺",汉武帝茂陵从葬坑出土的圆壶刻铭为
"阳信家铜锺,容十斗,重卅九斤"。汉代方形壶为"钫",河
北满城汉墓出土铜方壶刻铭为"中山内府铜钫一"。《说文》
云:"钫,方锺也。"汉代称扁形壶为"钾",江西省博物馆征
集的一件汉代铜扁壶,铭文为"于兰家铜钾一"。

青铜灯自战国兴起后,至两汉尤为流行。先秦的铜灯,所
见无自名。两汉时灯名写作"锭",如满城汉墓出土的豆形灯
铭为"中山内者常浴铜锭",筒形灯铭为"御铜卮锭一"。也有
写成"镫"的,如"山阳邸铜雁足长镫"。

由于国别不同,青铜盆的名称也不同,如晋国称"盏"
(晋公盏),曾国则称"盆"(曾大保盆)。近年来在考古工作中
不断发现有自名的青铜盆,如湖北随州鲢鱼嘴出土的春秋青铜
盆铭文"郚子行自作饮盆",河南信阳平桥出土的青铜盆铭文
"樊君夔用其吉金作宝盆"。需要提出的是,1975 年河南潢川

老李店磨盘山发现的黄国的一件铜盆，器作圆形，折肩，腹下收，平底，腹部有套环双兽耳一对，隆盖，全身饰锥刺状的虺纹，盖、器对铭。该器之自名，就是金文"盂"字的异体。从造型、花纹总体风格来看，尤其是锥刺状的虺纹，都与今藏故宫博物院的伯骀盂雷同，且两者都自名"盂"。现在这两件器物，不称盆，而称盂，这是一种存异做法。

　　先秦时代留存青铜鸟兽尊较多，有铭文和自名者较少，除去个别的如过去太原出土的春秋晚期的"子之弄鸟"外，一般名称都是共名"尊彝"。先秦文献中所见鸟兽尊的名称，主要有鸟彝、虎彝、象彝等名称。目前对多种鸟兽尊进行具体定名时，主要是依其模拟鸟兽的具体形象，如牛尊、象尊、鸟尊、猪尊等。宝鸡茹家庄西周墓出土的一件羊尊（又有称其为貘尊的），铭文为："强伯匄井姬用盂锥"，这种名称实属罕见，应与强国的方言有关。宝鸡茹家庄一号墓乙室出土的一件青铜器，器制为盉形器，而自名"鎣"。陕西省长安县张家坡西周墓出土的一件盉形器，与上件同名。由于与茹家庄一号墓共出的一件铜盘铭文有"强伯自作盘鎣"（图三二），说明鎣与盘可以连称。而在铜盘和铜盉的铭文内，也常见有"盘盉"连称的，如西周免盘铭文"用作盘盉"，因而可知，"鎣"当为盉的异名。这可能与国别和地域方言有关。

　　（4）器种相同、用途不同的青铜器在定名上的区别

　　鼎是青铜礼乐器中重要的一类，由于形状有别常有着不同名称。例如宝鸡茹家庄二号墓出土的井姬单柱有盘鼎，鼎的圈底下一柱，柱下端立于三足盘上，造型奇特，鼎内壁铭自名"炭鼎"。从整体造型和鼎名看，该鼎是一件肉食加热器。再如考古发现的俗称"小口鼎"的鼎，器形特点是圆腹，趋于

图三二　1974 年陕西宝鸡茹家庄出土的西周㢟伯盨

平底，直口，有盖，肩部有二直耳。淅川下寺春秋楚墓出土的
小口鼎，有自名"鐈鼎"。绍兴坡塘战国早期的 306 号墓出土
的一件小口鼎，自名为"汤鼎"。这些小口鼎用途不同，名称
也不同。

　　青铜缶是盛水或酒的器皿，器形基本特征是圆腹，有盖，
上有环纽，腹上有四环耳。传世铜器中自名为缶的，有中国国
家博物馆所藏栾书缶，铭文为："余畜孙书以择吉金，以作铸
缶。"在安徽、湖北和河南等地青铜缶屡有发现，器上自铭其
名，主要有"盥缶"（又称浴缶）和"尊缶"。1955 年安徽省
寿县蔡侯墓出土的缶，自名为"盥缶"。河南淅川下寺二号楚
墓出土的嵌红铜龙纹缶，与蔡侯盥缶形制一致，但自名为"浴
缶"。盥缶与浴缶应属同一物质的水器，仅称法不同。陕西历

史博物馆收藏一件缸形器，自名"沐缶"。下寺墓出土有自名"隝缶"的。盥缶与隝缶应是性质不同的两种铜器，前者为水器，后者为酒器。两者在器形上也不同。盥缶器体圆硕，盖沿下垂至器颈，肩部有套环耳。隝缶器体较浴缶细长，口较小，盖不下垂，器身常有四环耳。《左传·襄公九年》："具绠缶，备水器"，《说文·缶部》："缶所以盛酒浆"。"盥缶"和"隝缶"等不同名称的出现，印证了文献记载缶的两种用途。

（5）自名铜器与同种铜器的异名

前面谈到的"铏"和"盉"名的确定，使这两种器物的定名有了科学依据。器物之名称，还具有一定意义。西周中期始出现的带流口的鼎，过去习称"带流鼎"，或如楚器中的楚王盦肯带流鼎，自名"鉇（匜）鼎"。陕西永寿博物馆一件带流鼎，自名为"镬"。众所周知，煮鱼肉的大鼎才称"镬"，即是镬鼎。永寿县带流鼎尺寸并不大，高 17.2 厘米，口 17.9 × 20.9 厘米，而自名"镬"。器形有了改变，用途随之变换，名称因此另定，在古人的餐饮器物上较为明显。

青铜勺是挹酒器，目前一般认为，勺用作酒器称勺，用作水器称斗。辽宁省博物馆收藏一件汉羽阳宫铜斗，自名为"疏斗"，由此知这种斗柄上有雕镂花纹的斗称作"疏斗"。礼书称食器中柄上有雕镂花纹的匕为"疏匕"。《仪礼·有司彻》："覆二疏匕于其上。"郑注："疏匕，匕柄有刻饰者。""疏斗"名称的发现，可补充礼书之缺。

1976 年陕西扶风云塘西周铜器窖藏出土一对青铜勺，自名"伯公父作金爵"。勺为何称"爵"？因在酒器中，盛酒之器统谓之尊，饮酒之器统谓之爵，勺为挹酒、斟酒之器，所以统一称之。

青铜器中的鬲在其铭文中有自名，《尔雅·释器》谓鼎"款足谓之鬲"，《汉书·郊祀志》谓鼎"空足曰鬲"。河南陕县出土的一件春秋时代的江国鼎，器形虽为鼎，但亦自名"鬲"。

自名铜器中，还有一种情况是，自名名称与文献记载的名称迥异。例如古籍记载的圆形取暖的炭炉叫"镟"，方形炭炉叫"炉"，而江西靖安兴山发现的者旨罃圆形炭炉，自名"炉盘"，不依器形。1923 年河南新郑出土的王子婴次所铸的长方形而圆其四角的炉，自名为"庶炉"，绍兴 306 号墓出土的一件簋形器则自名为"炙炉"，则以炉之用途定名，这类情况，应以铭文中的自名为准。

目前所知，青铜器中没有自名的器种还有不少。为登记方便，有的临时取个名称，有的器种虽已进行过较深入研究，仍按其用途或形状而给以名称，如：商代的调色器、高足杯、带銴杯；西周的牛角形器、五柱形器；东周的各种形式的建筑构件、双层盘，等等。这些都需要进一步解决它们的定名。期待着有关青铜器定名资料的更多发现，使青铜器定名逐步完善和更加科学化。

（二）青铜器纹饰研究的新进展

商周青铜器上常饰有平雕、高浮雕、圆雕等各种不同的花纹和装饰。这些花纹和装饰是青铜艺术的重要组成部分，反映了不同时代的艺术内涵和艺术风格，也是研究古人思想意识和雕刻成就的重要内容。

对商周青铜器纹饰的研究，很早就受到人们的重视。《吕氏春秋》是最早记载了青铜器花纹的书，书中对饕餮纹、象纹、窃曲纹等都有一定的解说，但解释相当笼统，还带有一种神秘色彩，未涉及到具体花纹的意义与价值。《博古图》、《西清古鉴》等书，对青铜器花纹的解说虽有一定见解，但不少都是任意起名而缺少依据。近代的一些青铜器著录，在花纹上大多仍沿袭旧说，很少创新。但应该肯定的是，许多图录的摹印花纹为研究者提供了大量素材，有一定价值。对青铜器花纹较有系统的研究首推容庚所著《商周彝器通考》一书，该书第六章即为"花纹"章，专门讲述铜器花纹，列举纹样77种，每种纹样基本都附拓片，并有简略注释。从"饕餮纹"到"斜方花纹"，作者归纳总结了商周至春秋战国不同时代流行的主要花纹，指出："春秋战国为蟠蛇、为兽带、为鸟兽、为象鼻、为蟠虺、为绚、为贝，纤巧繁缛，与前异趣。"就是从现在看，当时这些结论也是难能可贵的。容庚和张维持1958年出版的《殷周青铜器通论》一书，认为《通考》所列花纹"分类未免繁琐"，所以又重新进行了整理，分成：几何形纹样，包括云纹、雷纹、圆圈纹、涡纹、三角纹、方形纹、波纹、绳纹；动物纹样，包括饕餮纹、夔纹、龙纹、凤纹、窃曲纹（以上为奇异的动物纹样）、象纹、蝉纹、蚕纹、鱼纹、龟纹、贝纹、虺纹、兽纹、鸟纹（以上为写实的动物纹样）和叙事画的纹样。该书对青铜器纹样分析简略明白，是我们今天学习、研究青铜器花纹的重要参考书。

李济、万家保等学者在20世纪60年代出版了有关殷墟青铜器研究的著作[1]。这些著作以殷墟出土的青铜器为主，对青铜器全面探索的同时，也对青铜器的花纹和装饰进行了详细的研究。《殷墟出土伍拾叁件青铜容器之研究》一书将青铜器花纹分为三大类，即存在动物纹、神话动物纹、抽象线条纹。

张光直的《商周青铜器与铭文的综合研究》一书，所收青铜器花纹资料非常丰富，数量多，种类亦多，为研究者提供了众多的基础资料。上海博物馆依据馆藏的青铜器上的纹饰，编辑出版了《商周青铜器纹饰》一书。该书对青铜器花纹的分类顺序是：兽面纹类、龙纹类、凤鸟纹类、动物纹类、火纹类、目纹类、兽体变形纹类、几何变形纹类、半人半兽纹类、人物画像类。每大类前都有解说，并有花纹拓片，可作研究参考。

国外也有一些学者对青铜器花纹专门进行了研究。重要的如瑞典高本汉所著《早期青铜器纹饰的规律》，对饕餮纹和龙纹进行了探索研究。日本学者林巳奈夫在其重要著述中对青铜器花纹作了专题研究，如《殷周时代青铜器纹样的研究》等。

对于青铜器花纹，不少学者着重研究了饕餮纹和鸟纹的分期断代和有关图纹的性质，较重要的如《殷周青铜容器上兽面纹的断代研究》[2]，将饕餮纹分成"独立兽面纹"、"歧尾兽面纹"、"连体兽面纹"和"分解兽面纹"四种类型。在四种类型内，再分成若干式。文章附有图表，以便于利用和检索。《殷周青铜容器上鸟纹的断代研究》对商周铜器上常见的鸟纹进行了断代研究[3]，将鸟纹分为小鸟纹、大鸟纹、长尾鸟纹三大类25式。大体说，小鸟纹产生在殷商后期，有的流行在商末周初；大鸟纹主要流行在西周早中期；长尾鸟纹商末周初已流行，西周中晚期仍盛行。

也有学者从理论上探索青铜器花纹的性质。青铜器花纹内容是人们思想意识的反映，有的花纹可能反映了一种超自然的力量，或者是某种崇拜物的再现，一定意义上体现着宗教迷信和神权思想，目的是服务于奴隶制国家的"礼乐制度"。有的花纹以自然界中常见的一些动物形象作为主体，可能与先民日常所见有着密切的关系。

近几十年中外学者对青铜器花纹性质的研究有所进展。如商周青铜器上常见鸟纹和凤鸟纹，这与商人、周人对鸟的崇拜有关。商人子姓，《诗经·商颂》有"天命玄鸟，降而生商"的说法。胡厚宣曾著文说明商代以鸟为图腾[4]。他举出甲骨文记载中在祭祀高祖王亥时，在亥的上边常常要加一个"鸟"字，这是商族以鸟为图腾的重要例证。铜器上常见凤鸟纹图案，应是图腾的一种表现形式。

《考古图》和《博古图》两书都将动物颜面图案称为饕餮纹，并强调当时装饰目的是"以戒贪"。目前对饕餮纹有着种种不同解释，主要有以下几种看法：一，认为图像具有一种神秘的威严感，代表奴隶主贵族对奴隶的凶残。二，认为兽面纹象征威猛、勇敢和公正。三，认为饕餮所呈现的狰狞恐怖，体现了奴隶主上升阶段时的历史必然力量，是一种"狞厉之美"；但也体现了兽性的残忍，即美中有丑。四，认为"饕餮"一词为古代民族之称，可能与西戎、匈奴族有关。

饕餮纹其实是综合多种动物的颜面。有的像牛面，有的像羊面，有的像虎面，等等。例如安阳殷墟王陵中出土的"牛方鼎"、"鹿方鼎"，鼎腹上的装饰完全是逼真的牛头和鹿头。古人在雕刻饕餮纹样时，基本特点是圆眼突出，常以浮雕的扉棱作鼻，眉与耳常作卷曲状，也有用相对称的一对夔纹组成，将其动物形象进一步图案化了。所以，许多饕餮纹似某种动物，但又不是，有"四不像"的感觉，目前多数学者也沿袭宋人说法，称饕餮纹为"兽面纹"。

有的学者提出，商周铜器上的饕餮纹，大多象征牛、羊、豕的颜面，这可能与贵族在进行祭祀典礼时，所用"大牢"、

"少牢"的一套制度有关。青铜礼器中最重要的鼎，主要用于煮牛、羊、豕肉和盛牛、羊、豕等肉。在鼎上饰以牛、羊等颜面形象，使器物的装饰和用途密切地结合起来，这一说法是比较容易理解的。至于青铜武器的戈、矛、戟、钺等也都铸刻、雕凿兽面纹，这是起到威慑作用。

有学者对青铜器花纹的起源予以关注。学者们普遍认为青铜器纹饰的产生是有其渊源的，早在新石器时代的陶器上，已经有了人面纹、鱼纹、蛙纹、植物纹等多种纹饰，这应该说是原始社会的人们在生产活动中认识与改造自然的一种写照。他们将平时所见到的生活中种种活动和周围环境中的一些动植物用绘画的手法表现出来。如在青海大通发现的原始社会的彩陶盆上舞蹈的图像，就是当时人们活动的再现。随着时间的推移，绘画技术逐步提高，一些动植物形象逐渐淡去写生性而图案化了。如彩陶上的勾叶圆点纹，其图案既规矩整齐，又显得生动活泼，惹人喜爱。最早的饕餮纹在新石器时代晚期良渚文化玉琮、玉钺上出现，山东日照两城镇龙山文化的陶器和玉器上也有兽面装饰。以后铜器上的纹饰诸如饕餮纹、蟠螭纹等都与早期出现的简约图像有着千丝万缕的联系。

青铜器花纹的分类与定名，目前大都沿袭《商周彝器通考》、《殷周青铜器通论》、《青铜器简说》和《青铜器小辞典》等书。不过，对花纹的定名目前还没有完全统一，如鸟纹与凤鸟纹，有的则统称为鸟纹，而细分起来还是有所区别。那种短尾、冠不高的鸟纹，可视为鸟纹，这类风格的鸟纹主要流行在商后期。有的鸟纹长尾高冠，体态极丰满优美，可称凤鸟纹，则流行在西周时代。

需要特别注意的是，随着大量青铜器的出土，过去罕见的花纹陆续发现。较重要的有 1971 年河南洛阳北瑶西周墓出土的一件铜觯颈部饰一周兔纹，兔作半蹲踞状，耳斜竖起，花纹清晰，形象逼真。而在青铜器传世品中，有兔纹的见于饕餮象兔纹兕觥[5]。湖南衡阳出土的春秋铜卣上有四脚蛇纹[6]，陕西地区出土的青铜器上有蚱蜢纹和蜈蚣纹[7]。至于吴越地区青铜器上模仿印纹硬陶上的装饰，也是新发现的纹饰。

总之，对青铜器花纹的探索，尤其是对其性质与意义的认识，还有待于深入，因为这与花纹的定名有着密切的关系。至于以花纹种类和风格作为青铜器断代的重要内容和标准之一，首先要确立有科学依据的每一时代或每一时期的青铜器标准器或标准器群，按照考古学的类型学方法进行排比，找出每种花纹的起源、内涵、发展变化规律等，从而根据铜器花纹进行青铜器断代就有了可靠的依据。不过还需注意的是，铜器进行断代分期时，需要综合造型、铭文和铸造等多方面因素，以避免片面性。

（三）近年新出青铜器铭文内容
反映的重要史实与意义

中国古代青铜器上常铸刻文字，称为"铜器铭文"，又称"金文"或"钟鼎文"。铜器铭文不但是研究我国先秦历史的重要材料，也是研究汉字发展和书法艺术的珍贵资料。

与商周史有关的古文献资料较为贫乏，主要是借助于《尚书》、《诗经》等书，《史记》中的《殷本记》、《周本记》也多取材于这些书籍。而金文与甲骨文等文字资料，正可补文献资料之不足。古文献历经传写刊刻，不可避免地会有讹误，而铜器铭文除后代伪作外，则为古人直记，其真实性与可靠性比文献记载更强。

旧时的许多历史学家由于种种局限，在研究先秦史时往往十分重视文献史料，而忽略了地下发现的金文资料；而许多研究铜器铭文的学者又偏重古文字考据，脱离不了旧金石学的影响，不能结合社会历史进行研究，往往不能使金文资料和文献史料有机地结合起来。随着我国考古事业的迅速发展以及先秦铜器的不断发现，出现了一个研究铜器铭文的新局面。学者们已注意到通过金文研究商周时代的政治、经济、军事和文化各个方面。

新出金文数量很多，发表的资料极为分散，查找和检索都很不方便，鉴于此，由中国社会科学院考古研究所编辑、中华书局出版了《新出金文分域简目》一书，内容包括 1981 年以前公开发表的殷商至战国的金文资料，按出土地点分省排列，省内再分若干地区。该书在一定意义上可作为柯昌济所作《金文分域编》的续编，查阅和检索出土铭文的情况和铭文内容很方便。该书还附录了出土地点大体可考的传世铜器。1959 年容庚曾在《金文编》两版的基础上，又再版了《金文编》一书，随着近年青铜器铭文的不断发现和研究的深入，由张振林、马国权摹补，对该书又作了增补，1985 年由中华书局出版。

近半个世纪以来，先秦青铜器中较长的铭文发现很多，如商戎嗣子鼎 30 字，商帝辛方鼎 27 字，西周利簋铭文 32 字，西周何尊铭文 122 字，西周克罍、克盉铭文各 43 字，宜侯夨簋 126 字，史墙盘 284 字，卫鼎 207 字，卫盉 132 字，㲀匜 157 字，师𩅦鼎 197 字，盠方尊 108 字，盠方彝 107 字，𣄰簋 124 字，多友鼎 278 字，秦公钟与秦公镈每组 135 字，中山王

罍十四年铁足铜鼎 469 字，中山王罍方壶 450 字，湖北随县曾
侯乙大墓出土的铜编钟铭文总字数约 2800 字，等等，已算得
洋洋大观了。

　　从先秦史角度对金文进行研究，近半个世纪以来取得了显
著成绩。

1. 商代青铜器铭文的发现与研究

　　商代前期二里岗期铜器上有没有文字，一些学者各有见
解。如唐兰指出，河南郑州白家庄 2 号墓出土的一件罍，肩部
有三个龟形图案，此图案应是文字"黽"字，是氏族徽号[8]。
石志廉指出，中国历史博物馆收藏的一件二里岗期铜鬲，鬲上
有一图文，可隶定为"亘"字，它是罕见的商代前期青铜器上
的文字[9]。如果肯定图形是铭文的话，那么目前所见商代前
期青铜器上已有文字，而是否表现族徽内容，还难以断定。

　　殷商后期青铜器铭文较多见，但多为一字、二三字、十几
字、几十字不等。族氏铭文常用一个字，复杂一点则为复合族
徽。研究者认为，复合族徽就是在一件器铭上有两个乃至三个
氏族名号，表示氏族之间的从属关系，体现了宗氏和分族、分
支等的关系[10]，例如"戈酉"、"戊箙"、"受共覃"等。铭中
的酉氏族从属于戈氏族（宗氏）；箙氏族从属于戊氏族；受、
共、覃则为三级族名，共氏族从属于受氏族，覃氏族从属于共
氏族，自然也从属于受氏族了。"国之大事，在祀与戎"，殷商
金文许多都反映了祭祀与战争。几个字的简略铭文多为标明祭
祀祖、妣、父、母、兄而作器的。例如 1976 年河南安阳五号
墓出土的"司母辛"鼎，就是祭祀的礼器。在殷商后期的短铭
中，有的也反映了奴隶主的统治。1969 年山西石楼义牒发现
的一件商代的铜戈上，在"内"的后端有一"囗"铭，这个铭

文像颈上带刑枷的人下跪，被囚在牢房里。带刑枷的人应是奴隶身份，这是奴隶被压迫和受害的写照。传世的一些铜器上，有作刀或钺砍头状的铭文，无疑也是研究了解奴隶社会阶级压迫的重要材料。

殷商后期长铭少见，传世铜器中邲其所作三件铜卣上的铭文是当时长篇铭文中最重要的内容之一。三卣今均藏故宫博物院，由于铭文较长，内容重要，学者们对一些问题的看法又不尽相同，因而近年特别受到学术界的重视。关于三卣的真伪问题，尤其是四祀邲其卣的真伪，更有争议。为证明该件器物是真器，除从造型花纹等方面特点来论证外，有的学者还从1976年陕西周原遗址出土的先周甲骨文反映商周关系的卜辞内容来进行论证，卜辞中有"彝文武帝乙宗"的刻辞，其称呼帝乙的词句"文武帝乙"，与四祀邲其卣所祭对象的称呼完全相同，因而可以证明四祀邲其卣铭文绝不是后人可以杜撰出来的[11]。

商代后期铜器长铭内容除表现祭祀的以外，还有赏赐、征伐、宴飨、狩猎等方面内容。近五十年来，商殷后期较长铜器铭文略有发现，这应该说是极难得的。例如，1959年河南安阳后岗发现的戎嗣子鼎[12]，有铭文30字。山东省菏泽市文化馆1952年收集到商代宰甫卣，有铭文23字，后鉴定认为此器即以往著录过的"宰甫簋"[13]，反映了宴飨、狩猎和赏赐的内容。

殷商后期青铜器铭文，对进一步研究商代家族史、祭祀制度、社会生活以及商人的思想意识形态等诸多方面都提供了值得重视的资料，可参见有关书籍，如王国维《观堂集林·殷周制度论》、郭沫若主编《中国史稿》商代部分、白川静《殷金文考释》等。

2．西周青铜器铭文的发现与研究

商周青铜器是商周国家和各级贵族权力、财富的象征。西周王朝为了加强王室的权力，对"明贵贱，别等列"的青铜礼器更加重视，在铭文中反映得最为明显。《礼记·祭统》云："论撰其先祖之有德善、功烈、勋劳、庆赏、声名列于天下，而酌之祭器自成其名焉，以祀其先祖者矣。"《墨子·鲁问》也称："攻其邻国，杀其民人，……以为铭于钟鼎，传遗后世子孙。"

（1）反映西周社会阶级关系的铭文。1954年江苏丹徒烟墩山出土的宜侯夨簋，腹内壁有铭文126字，其铭有："王命虞侯夨曰：□侯于宜。……易土，氒川百□，……易在宜王人十又七生（姓）。易奠七白，氒夫田又五十夫。易宜庶人六百又□六夫。"这是周康王改封虞侯夨为宜侯，并赐器物、土地、山川和奴隶的记载。周王赏赐宜侯夨的农业奴隶"千又五十夫"，恰与清朝后期在陕西眉县出土的大盂鼎铭所记赏赐奴隶数目相同。1964年北京房山琉璃河M52出土的复尊铭有"匽侯赏复□衣臣妾贝"句，记载了燕侯赏复"臣妾"事[14]，"臣妾"即男女奴隶的名称。"臣妾"同赐，在铜器铭文中少见。陕西扶风齐家村出土的几父壶铭记几父受到上司同仲"仆四家"的赏赐[15]，赏赐奴隶则以家为单位。以上所举铭文中的"臣"、"妾"、"仆"都是奴隶的名称。这些内容，反映了西周社会奴隶可以任意被赏赐，而一次赏赐数量之大实在惊人。

（2）铜器铭文中反映土地制度变化的经济史料。西周社会土地所有权属于天子一人所有，正如《诗经·小雅·北山》所云："溥天之下，莫非王土；率土之滨，莫非王臣。"周天子可以把土地以及在土地上耕种的奴隶赏赐给诸侯和臣下，让其世代享用，但仅有使用权，而无所有权，还要定期向国王贡赋。周天子可以随时收回土地。近几十年出土的西周铜器铭文，不少都反映了赏赐田地之事，前面所讲康王时的宜侯夨簋铭有周天子对宜侯夨赏赐"田川"和"宅邑"。1972年陕西眉县杨家村发现的旟鼎铭："王姜易旟田三于待劅"[16]，"田三"即三田，一田等于一百庙，三田即三百亩。不但赐"田三"，而且还包括了即将成熟的禾稼。1980年山东滕县后荆沟出土的不娶簋铭文（图三三），器主不娶因征战有功，受到周王的多种赏赐，其中包括"臣五家，田十田"[17]。传世的西周中晚期的一些铜器铭文，有的则记载着有关田邑交换的内容，如格伯簋、散氏盘、两从盨等铭文。这些反映私人土地占有的铭文内容，冲击了国有土地的禁锢，反映了奴隶制在逐渐走向衰落。近几十年来，发现的西周中期的铜器卫盉和卫鼎对研究土地制度的变化又增添了新资料。卫盉铭中记载了矩伯庶人从裘卫处索要了朝见周天子的玉璋，其价值为八十朋贝，而矩伯庶人给裘卫一千亩土地作为玉璋的代价。卫鼎记执政大臣同意邦君厉租给裘卫四百亩田，并让官员踏勘租田的四界。从铭文内容可知，双方在换取田地时，得到宫廷执政大臣同意后，就能成交。这说明土地私人占有和转卖，仅在形式上征求王廷的同意而已。这对研究奴隶制社会经济和奴隶制向封建制的转变，是很重要的。

（3）有关战争的记载也不少。史料价值最高的典型铭文有1976年陕西省临潼县西段窖藏出土的利簋铭（图三四），铭文4行32字，内容简朴，明确记载周武王征伐商朝，而且时间是"甲子朝"，这与《逸周书·世俘解》"越五日甲子，朝至，接于商，则咸刘商王纣"，以及《尚书·牧誓》"时甲子昧爽，王朝至于商郊牧野，乃誓"所记伐商时辰完全相同，证明了古

图三三 1980 年山东滕县后荆沟出土的西周晚期不娶簋铭文

图三四　1976年陕西临潼西段出土的利簋铭文

籍记载是正确的。由于利簋铭文内容记载了周武王伐商的史事，因此又有人称之为"武王征商簋"。利簋是目前所见西周王朝最早的一件青铜器。传世铜器铭文，有的有伐楚荆内容，如狱驭簋、过伯簋、鼂簋等。1976年陕西扶风庄白1号青铜器窖藏出土的史墙盘，铭文前段所记是歌颂西周王朝已故的文、武、成、康、昭、穆各王和当政的共王。其中对昭王的颂辞是"弘鲁昭王，广批楚荆，唯狩南行"[18]，明确记载了周昭王一生的主要功绩是伐楚荆。这与史书记昭王十六年和十九年两次大规模伐楚事是相吻合的，并且解决了学者们长期以来"是成王还是昭王伐楚"的问题。西周时代的不少铭文还反映了征伐西北强族狁狁的战事。如1980年陕西长安县下泉村发现的多友鼎，鼎铭记周厉王时狁狁侵犯"京师"以及笱等地，厉王委派武公部下多友与狁狁交战，在各地的战斗中，多友的部队杀死和俘虏了许多敌人，并缴获了敌人的大量兵车和物品，在郂地就"孚戎车百乘一十又七乘"。1975年陕西扶风庄白出土的Ⅱ式敤鼎铭文中有"遘虎臣御濰戎"句，Ⅰ式敤簋铭记载了"戎伐敤"，敤率有嗣师氏搏伐戎，最后敤取得胜利，杀死和虏获了敌人，并缴获了敌人的戈、矛等大量武器装备。

西周铜器铭文有关战争与征伐的记载，是研究奴隶制国家军事和民族关系的重要史料。

（4）西周国家各种礼仪制度繁复，一些铜器铭文也有所记载。1954年陕西长安县斗门镇普渡村发现的穆王时的长由盉铭："穆王在下减应，穆王飨醴，即井白大祝射。"记周穆王在行屋行飨射之礼。1955年陕西郿县（今眉县）李村出土的盠驹尊铭，记"王初执驹于敨，……王亲旨盠驹，易两"。周天子亲自参加幼驹离开母马正式用于役使的执驹之礼，反映了周

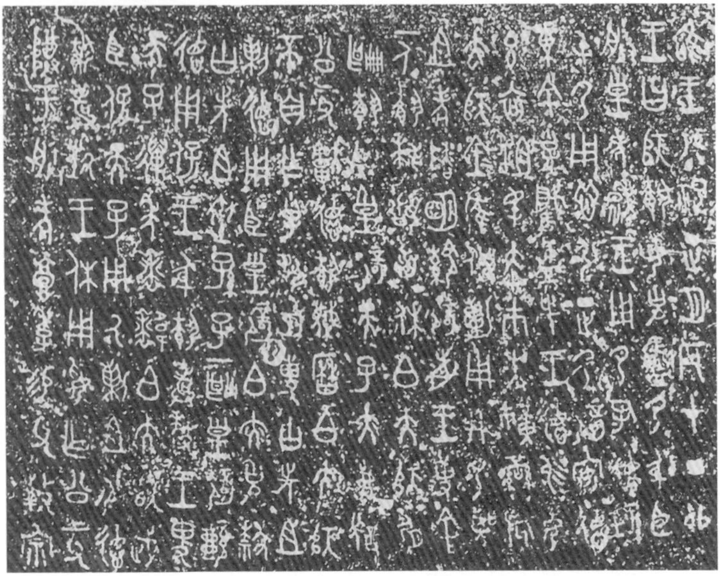

图三五　1975 年陕西扶风强家村出土的西周中期师嫠鼎铭文

王朝对马政的重视，并对器主盠赏赐幼驹。有关执驹之礼，可与《周礼·夏官·校人》等有关记载相互印证。

传世铜器中的大盂鼎铭属训诰一类，主要内容是周康王二十三年对贵族盂昭告周朝立国的经验和殷丧国的教训。1965 年陕西宝鸡出土的何尊铭文，内容是周成王五年对宗小子的一次训话，其中谈到武王和成王相继营建成周洛邑的一些情况。这些都是西周初期极为重要的历史文献。

有的铭文反映了统治阶级的"德治"内容。最典型的莫过于陕西扶风强家村出土的师嫠鼎铭文，全铭多处提到"德"，如"孔德"、"烈德"、"懿德"、"安德"、"介德"（图三五）。这些不同名称的"德"，总的诠释都是"美德"义。提倡德，也就是要求所谓"德治"。"德治"属于"礼治"的重要内容，也是实现"礼治"的重要手段，以维护尊卑贵贱，进行教化。

传世铜器中有关法律诉讼的典型铭文，现仅见拓本的曶鼎铭。它是研究西周社会法律的重要资料。陕西出土的㝬匜铭文，则是一篇诉讼辞，也是我国发现的最早的一篇法律判决书。铭文大意是牧牛（人名）和他的上级叫㝬的打官司，法官伯扬父说牧牛犯上，最后将牧牛判处鞭打五百，罚三百锊铜。铭文内容与《尚书·舜典》"鞭作官刑，金作赎刑"和《国语·齐语》"薄刑用鞭扑"，可相互印证。

西周铜器铭文涉及的内容还很多，例如策命、赏赐中的名物制度、官制等，将在本书的相关内容中另作阐述。

3. 东周青铜器铭文的发现与研究

东周时代铜器铭文，其内容除反映了某诸侯国的铸器特点外，还提供了该国历史情况。这类铭文较多，择要举例如下：

（1）列出世系。1978年陕西宝鸡杨家沟窖藏出土的秦公钟和秦公镈[19]，甲、乙钟（一组铭文）和丙、丁、戊钟（一组铭文），以及另三件镈钟的铭文内容完全相同。每组铭文135字，铭文开首："秦公曰：我先祖受天命，赏宅受国。剌剌邵文公、静公、宪公不坠于上，邵合皇天，以虩事蛮方。……"（图三六）从铭文推定，钟与镈的主人是秦武公，在位时间为公元前697～前678年。其祖上为襄公、文公、静公、宪公。

（2）作器颂政。1979年河南淅川下寺2号墓出土的王子午鼎，鼎腹铭鸟书86字[20]，铭文记载王子午"用享以孝于我皇祖考"，并"惠于政德"。发掘者认为王子午即是楚国令尹子庚，死于楚康王八年（公元前552年）。铭文反映了作器祭祀和颂扬当政功绩的内容。

图三六　1978年陕西宝鸡杨家沟出土的春秋一号秦公铸铭文

（3）邦国关系。1955 年安徽寿县蔡侯墓出土的蔡侯盘、镈等器的铭文都近百字[21]，从铭文分析出蔡国处在楚、吴两大国间的困境，蔡侯既要"佐右楚王"，又要嫁姐以"敬配吴王"。蔡器铭文对研究蔡国与吴、楚之间的关系都很重要。

（4）国史述记。1974 年在河北平山战国中期中山王墓出土的几件长铭铜器格外重要。如中山王嚳鼎铭（图三七）、夔龙饰方壶铭、舒蚤圆壶铭和兆域图铜版铭[22]。鼎铭云："昔者郾君子哙，睿弇夫悟，迷为人宗，闻于天下之物矣，犹观（迷）惑于子之，而延（亡）其邦，为天下戮。"方壶铭："匽君子哙，不顾大义，不救诸侯，而臣宗易位，以内绝召公之业，乏其先王之祭祀，……"由于燕王哙让位于子之，太子平和将军市被聚众进攻子之，燕国大乱。这时东方的齐国趁机伐燕，攻占燕都，哙与子之均身死。与燕国相邻的中山国对燕国内乱持什么态度，文献并未记载。而中山器铭则记载了在燕国这一事件中，中山国在相邦司马赒率领下参加了征燕的战争。在征燕战争中，还"辟启封疆"获得了燕国"方数百里，列城数十"的大片土地。舒蚤圆壶铭是王嚳之子舒蚤追念其父王的一篇悼词，也提到中山国国史。三件铜器铭文列出文、武、桓、成、嚳、舒蚤诸王，补充了文献的缺载。兆域图是我国目前所见最早的古代墓葬规划图。《周礼·春官·冢人》："掌公墓之地，辨其兆域而为之图"。由于铜板开首有"王命赒为兆法"字样，因而也有学者依据器物"名从主人"的定名原则，将该图板的墓葬规划图称作"兆法图"。

（4）音律记载。湖北随县战国早期曾侯乙大墓出土的曾侯乙编钟，铭文记载了有关乐理的内容，如音律、音阶的名称和变化音名，以及曾国及楚、周、齐、晋的律名、阶名的相互对

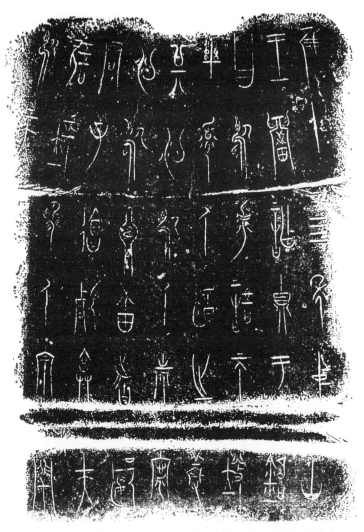

图三七　1974年河北平山出土的战国中期中山王𦉢鼎部分铭文

应关系。以这些铭文内容，再结合六十余件编钟实物，对认识、研究战国时代音乐的发展水平提供了罕见的资料，是世界文化史的瑰宝。

4．秦汉青铜器铭文的发现与研究

秦汉时期，铜器铸造已少礼器，因此，铭文记事、记功、颂祖等基本消失，即使有铭文，其性质也随之有了一些变化。

秦统一中国后，采取了一系列巩固政权的措施，如："一法度衡石丈尺，车同轨，书同文字"，并统一货币。历年发现的秦代量器或衡器上，带有诏书的为数不少，除常见的"廿六年，皇帝尽并兼天下诸侯，黔首大安，立号为皇帝。乃诏丞相状、绾，法度量，则不壹，歉疑者皆明壹之"诏版外，较重要的如西安西郊高窑村出土的高奴铜权，权上铭文有："三年，漆工𨽻，丞诎造，工隶臣平。禾石。高奴。"又有始皇廿六年（公元前221年）诏文和二世元年（公元前209年）诏文。二世铭为："元年，制诏丞相斯、去疾，法度量，尽始皇帝为之，皆有刻辞焉。今袭号，而刻辞，不称始皇帝，其于久远也，如后嗣为之者，不称成功盛德。刻此诏，故刻左，使毋疑。"作为度量衡的标准器，二世未变，继承下来。

1976年在始皇陵封土建筑遗址内发现的一件错金银铜钟，钟纽刻小篆"乐府"两字[23]。这一发现可以纠正《汉书·礼乐志》所记汉武帝时"乃立乐府，采诗夜诵"的说法，证明秦朝已设立乐府机构。

需要提出的是，秦代很重视器物的铸造质量。很多器物尤其是兵器严格要求物勒工名，有铸造年代，还有官府机构、监制人员、作器工匠等。汉代铜器也是如此。两汉时的青铜器铭文，许多都较清楚地记载了官府手工业机构名称和官吏设置。

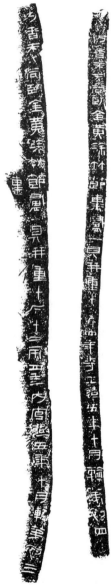

图三八　1981 年陕西兴平茂陵从葬坑出土的西汉中期镏金银竹节铜熏炉铭文

《汉书·百官表》记载汉中央政权机构设"少府"，下设"考工室"（武帝太初元年更名为"孝工"）和尚方，是制造器物的机构。如陕西兴平茂陵从葬坑出土的铜镏金银竹节熏炉，有铭文（图三八）："内者未央尚卧，金黄涂竹节熏炉一具，并重十斤十二两，四年内官造，五年十月输。第初三。""内者未央尚卧，金黄涂竹节熏炉一具，并重十一斤，四年寺工造，五年十月输。第初四。"[24]铭文就有"内官"和"寺工"。这是为宫廷制作器物的机构，负责监督铸造质量。勒名其上表示质量合格，以备检查。"寺工"早在秦代已出现，如秦俑坑出土的铜钺铭："十七年寺工鮫，工𡩋。"这反映了汉承秦制的一个历史侧面。有一些汉代铜器，铭文表明该器属于某官、某府，例如竹节熏炉上的"未央"，表明该炉是皇家"未央宫"所用。"阳信家"名的铜器，是汉武帝长姐阳信长公主家使用之器。1961年西安三桥镇高窑村出土的一批窖藏铜器，有的有"上林"名称，如"上林铜鉴"，表明这批铜器属上林苑皇家宫苑所有。另外，如"中山"、"常山"、"晋阳"、"清河"等名，反映了器物归属某诸侯王府。汉代铜器铭文内容，有的还反映了民间手工业的存在。如1968年河北满城刘胜墓出土的一些铜器，其上铭文表明其器是内府从洛阳和河东买来的，甚至标出价格，表明这些铜器是由民间手工业作坊专门为官府铸造的。

注　释

[1] 李济、万家保合著的五本著作为：《殷墟出土青铜觚形器之研究》，台北中央研究院历史语言研究所，1964年6月；《殷墟出土青铜爵形器之研究》，1966年2月；《殷墟出土青铜斝形器之研究》，1968年6月；《殷墟出土青铜鼎形器之研究》，1970年6月；《殷墟出土伍拾叁件青铜容器之研究》，1972年1月。

[2] 陈公柔、张长寿《殷周青铜容器上兽面纹的断代研究》,《考古学报》1990 年第 2 期。

[3] 陈公柔、张长寿《殷周青铜容器上鸟纹的断代研究》,《考古学报》1984 年第 3 期。

[4] 胡厚宣《甲骨文所见商族鸟图腾的新证据》,《文物》1977 年第 2 期。

[5] 容庚、张维持《殷周青铜器通论》,图版捌拾,科学出版社 1958 年版。

[6] 杜廼松《龙蛇纹铜卣》,《光明日报》1990 年 11 月 13 日 3 版。

[7] 陕西省考古研究所等《陕西出土商周青铜器》(一) 第四九图、一〇七图。

[8] 唐兰《西周青铜器铭文分代史证》,中华书局 1986 年版。

[9] 石志廉《商戊鬲》,《文物》1961 年第 1 期;张既翁《商戊鬲商榷》,《文物》1964 年第 9 期。

[10] 朱凤瀚《商周青铜器铭文中的复合氏名》,《南开大学学报》(哲学社会科学版) 1983 年第 3 期。

[11] 杜廼松《邳其三卣铭文考及其相关问题的研究》,《故宫博物院院刊》1985 年第 4 期。

[12] 郭沫若《安阳圆坑墓中鼎铭考释》,《考古学报》1960 年第 5 期。

[13] 菏泽市文化馆《殷代长铭铜器宰甫卣的再发现》,《文物》1986 年第 4 期。

[14] 琉璃河考古队《北京附近发现的西周奴隶殉葬墓》,《考古》1974 年第 5 期。

[15] 《扶风齐家村青铜器群》,文物出版社 1963 年版。

[16] 史言《眉县杨家村大鼎》,《文物》1972 年第 7 期。

[17] 万树瀛《滕县后荆沟出土不娶簋等青铜器群》,《文物》1981 年第 9 期。

[18] 陕西周原考古队《陕西扶风庄白一号青铜器窖藏发掘简报》,《文物》1976 年第 1 期。

[19] 卢连城、杨满仓《陕西宝鸡太公庙村发现秦公钟、秦公镈》,《文物》1978 年第 11 期。

[20] 河南省文物研究所等《淅川下寺春秋楚墓》,文物出版社 1991 年版。

[21] 安徽省文物管理委员会等《寿县蔡侯墓出土遗物》,科学出版社 1956 年版。

[22] 河北省文物管理处《河北省平山县战国时期中山国墓葬发掘简报》,《文物》1979 年第 1 期。

[23] 袁仲一《秦代金文、陶文杂考三则》,《考古与文物》1982 年第 4 期。

[24] 咸阳地区文管会、茂陵博物馆《陕西茂陵一号无名冢一号从葬坑的发掘》,《文物》1982 年第 9 期。

五 二十世纪后半叶青铜器专题
研究的进展与成果（中）

（一）青铜器分期与断代研究概况

从青铜器的起源和发展来看，青铜文化开始于甘青地区原始文化的马家窑和马厂时期，延续到东汉以降。由于青铜器产生发展延续的时间长久，因而对青铜器的分期和对重要器物的断代就显得非常重要。只有这样才能明确铜器本身发展演变的历史与规律，才能为历史研究提供科学的材料。正如郭沫若在《青铜时代》一书中所说："时代性没有分划清白，铜器本身的进展无从探索，更进一步的作为史料的利用尤其不可能。就这样，器物愈多便愈感觉着浑浊，而除作为古玩之外，无益于历史科学的研讨，也愈感觉着可惜。"我们要把古铜器及其铭文作为历史材料来利用，必须确立青铜器分期，把器物断代弄清楚，这是研究青铜器的先决条件。吴其昌从金文历朔角度对青铜器进行断代，虽在研究中有不少问题可商，但在当时看，也不失为一种创新和贡献[1]。

1949 年以前，由于没有或很少进行科学考古发掘，大部分青铜器都是在田野、山谷偶然发现的，也有一些青铜器则是被盗掘的。这些器物往往不能明确出土地点和出土情况，失去了科学依据。有些青铜器，原是同一墓地或同一墓葬或同一窖藏出土，相互之间有着一定的内在联系与关系，但由于种种原因而分散、隔离。这样就使许多重要的青铜器失去了研究的价值，也给青铜器分期断代研究造成很大困难。虽然宋代已经把青铜器及其铭文归属于金石学范畴，并作为一种专门学问来研究，出版了著录青铜器及铭文的书籍，但在年代考订上还存在不少问题。以后的一些铜器著录，往往不分时代，如方浚益《缀遗斋彝器考释》笼统地称为三代器；《小校经阁金石文字》也很笼统地分为三代和秦汉器。有的著述虽划分时代，但对年代考订的原则与方法则没有说明。

青铜器分期与断代的科学性研究，始于1935年出版的郭沫若著《两周金文辞大系图录考释》一书。郭沫若提出的滥觞期、勃古期、开放期、新式期、衰落期的五期划分，成为青铜器分期断代的重要划分原则。

20世纪后半叶，由于我国考古事业的发展，在古墓葬、古窖藏、古遗址内，发现了大量的青铜器。这些有着科学记录的青铜器，为器物的时代鉴定奠定了坚实的基础，开辟了青铜器研究领域中新的天地。

《殷周青铜器通论》提出"朝代上的划分"和"形制上的划分"。

新发现的大量的商周至秦汉的青铜器，不少属于同出群体，也就是说在同一处遗址、同一片墓地、同一座墓葬或同一个窖藏出土的同类器物。有的青铜器群体不但对认识和解决同一时代或同一时期的青铜器的造型、装饰、铭文、工艺等方面的特点和风格有着重要价值，更由于器物同属一个家族，常是几代人的器物，因此，群体内的众多个体，除有的属同一时期外，不少器物都有着时间早晚的区别。如以群体中时代或王世明确的一件或几件为中心，以此为基础，再用人名、事迹、称谓等内容与群体中的其他铜器相互联系，这样就可确定更多铜器的时间，找出更多的标准器，并确定群体中每件器物的早晚。基于此，就可以将群体排列出较为完整的世系和时间序列。

在传世或出土的铜器内，有的自身就标明了器物的年代，这样的器物可以作为断代的标准器。也有许多青铜器，从其铭文内容分析，如依其人名、事迹，并与标准器联系起来，也可以确定其绝对年代或相对年代。至于有绝对年代或相对年代的墓葬内出土的青铜器，更是分期断代的重要根据。

对夏代青铜器的认识，始于考古学上对夏文化的探讨。20世纪50年代在河南偃师发现了二里头遗址（同类型的遗址还有郑州洛达庙、洛阳东干沟等）。该遗址出土器物自成系统，被确定为二里头文化。其年代，依据碳十四测定约为公元前1900年至前1600年，相当于我国古史上的夏代。

不过，应当注意的是，依据二里头文化地层的叠压关系，学者们对其时代的看法不尽相同，大致可归纳成以下几种主要意见：

（1）二里头文化的四期遗存均属夏代文化。

（2）二里头文化一、二期遗存属夏文化，三、四期属商文化。

（3）二里头文化四期遗存均属商文化。

根据各方面的分析研究，笔者认为二里头文化属夏代文化。二里头文化将河南龙山文化和商文化连接了起来。

商代青铜器分期，从总体看，可分成前后两大时期，即以河南郑州二里岗为代表的商代前期文化和以安阳小屯村为代表的殷商后期文化。有人认为郑州在商代很可能是成汤所居的亳都。二里岗包括上下两层堆积，文化内涵极为丰富。二里岗下层青铜容器还不多，二里岗上层已出现较多的青铜容器。20世纪50年代以后陆续发现了不少二里岗文化类型的墓葬和遗址，出土了一定数量的殷商前期的青铜器。这些墓葬和遗址重要的有河南辉县琉璃阁殷墓、郑州白家庄殷墓、郑州铭功路殷墓、郑州张寨杜岭墓葬、河北藁城台西村商代墓葬与遗址、北京平谷刘家河商代墓葬、湖北黄陂盘龙城殷墓、安阳殷墟第一期等。

殷商后期青铜器始于殷墟文化第二期。解放前，李济就根据在小屯发掘的出土有青铜器的10座墓葬，将殷墟青铜器分为两种四个序列。解放后，在殷墟考古发掘资料不断增多的条件下，邹衡将殷墟发掘的铜器墓，分为早晚两段、四期七组，并参照甲骨卜辞分期，提出了四期的年代：

殷墟文化第一期，约相当于甲骨第一期以前，或属盘庚、小辛、小乙时代。

殷墟文化第二期，约相当于甲骨第一、二期，即武丁、祖庚、祖甲时代。

殷墟文化第三期，约相当于甲骨第三、四期，即廪辛、康丁、武乙、文丁时代。

殷墟文化第四期，约相当于甲骨第五期，即帝乙、帝辛时代。

从青铜器发展演变看，殷墟文化第一期与商前期二里岗期比较，没有多大变化，与武丁以后比较尚处在比较低级的阶段，因而可与商前期二里岗期合在一期。

西周时代青铜器的分期与断代，在青铜器研究中极为重要。

前已指出，在西周铜器断代研究方面，郭沫若《两周金文辞大系图录考释》一书采撷西周王臣之器 162 件，将其分系于各个王世，并作了明确的论述。他的这种创新，在青铜器断代研究上产生了很大的影响。在郭沫若之后对西周铜器断代进行探索研究的学者有陈梦家、唐兰、郭宝钧等人。陈梦家在《西周铜器断代》中提出："铜器内部的联系（即铭文的和形制、花纹的），在断代上是最要紧的。"他还把铜器内的"同作器者"、"同族名"相联系与组合，这样就使不同器上的"铭文内容互相补充，前后连串起来"。唐兰在《西周铜器断代中的"康宫"问题》一文中指出，西周青铜器铭刻里，经常见到"康宫"的名字，"康宫"是周康王的宗庙，因此，有"康宫"记载的铜器为周康王时期的，以其作为"西周青铜器分期的标尺是很重要的"，可以解决"一大批铜器"的时代鉴定问题。在《论周昭王时代的青铜器铭刻》一文中说："离开历史资料的分析，而来谈论铜器断代是此路不通的。"他积极主张"西周时代的青铜器铭刻，很可以把它们从内在联系连贯起来，和文献资料结合在一起来作全面的、综合的研究"。他又在《西周青铜器铭文分代史征》一书中将西周具铭的大量青铜器分系于武王至幽王时期，每一时期有总的介绍，每器有释文、译文，大多数还有注解。遗憾的是，唐兰只整理到穆王便与世长辞了。

郭宝钧的《商周铜器群综合研究》，则是利用搜集到的解放前后出土的商至战国的二千余器作为依据，"先选出几个地点可靠、时代明确的分群，定为划定时代的界标，作为进一步比较其他器群器物类型的尺度"。他将商至战国分为六大界标，其中西安普渡村器群和陕县上村岭器群作为西周中和春秋初的界标，对每一时代的铜器大体均论述了器物的种类、形制、铸造、花纹和铭文的特征等。

上面扼要地阐述了几位已故学者在青铜器分期断代学上的主要方法以及他们在西周铜器断代上的贡献。应强调的是，由于学者们在铜器断代工作中，在一些具体问题上持不同的看法和学术观点，因而得出的某些结论也有所不同，甚至差距很大。这是应加以注意的。

王国维提出金文中的有关"初吉、既生霸、既望、既死霸"的四分法，后来有的学者提出金文中的月相为定点的观点[2]。至今，学者们尚未达成共识。

在西周铜器断代研究上，一些具有较长铭文的铜器已能确定王系，如利簋属武王世，何尊属成王世，宜侯夨簋属康王世，夨簋属穆王世，长甶盉属穆王世，史墙盘属共王世，永盂属共王世，卫盉属懿王世，师嫠鼎属孝王世，默簋属历王世，等等。这些对西周铜器断代有着不可轻估的作用。

东周青铜器的分期断代工作，由于20世纪50年代以来陆续出土的多批青铜器群，脉络逐渐清楚起来，而这些青铜器群许多是有着科学考古记录的，可以据以考证器物的相对年代、绝对年代和国别。如属于春秋早期的有河南陕县上村岭铜器群；中期的有河南郏县太仆乡铜器群；1955年河南洛阳中州路（西工段）分别属于一、二、三期的墓葬，出土的青铜器，其年代相当于春秋初、中、晚期。战国时代早期，如湖北随县曾侯乙墓铜器群、河南信阳长台关墓铜器群；战国中期，如河北平山中山王𰯼墓铜器群；战国晚期，如1933年安徽寿县出土的楚幽王墓铜器群。另外有一些战国墓地本身就可以分出早、中、晚三期，例如辉县琉璃阁墓，长治分水岭墓，洛阳中州路四、五、六、七期墓，出土的青铜器也就有了断代依据。

至于两汉青铜器的分期，由于全国各地区发现不少汉墓群以及大型和较大型的汉墓，其中许多汉墓有纪年资料，有的还可与文献记载相对照，以确定墓葬的时间或年代；或者结合墓葬的形制和货币、铜镜断代学的研究以及大量陶器等，也可以确定墓葬时代和分期，因而青铜器的断代和分期也有了可靠的依据。

历年发现的两汉墓，较为重要并可作为分期标准的有：河南洛阳烧沟汉墓可分为西汉早、中、晚三期和东汉各三期[3]；湖南长沙汉墓可分为西汉与东汉两期，每一期又各分成前期与后期[4]；广州发掘的 409 座汉墓可以分为五期，即秦至西汉前期、西汉中期、西汉后期、东汉前期、东汉后期，作为两广汉墓分期断代的普遍依据[5]。其他如河北满城汉墓、广州南越王墓、广西贵县罗泊湾汉墓、合浦汉墓等[6]，大多可以确定其相对年代，作为出土的青铜器发展序列的重要依据。

出土青铜器的不断增多以及夏商周断代工程成果的取得，为青铜器断代分期的研究工作向更深、更高层次发展提供了良好的条件。

（二）青铜器起源与发展演变
体系研究的新收获

随着出土的先秦两汉青铜器不断丰富，尤其是不同时代、不同时期标准器和标准器群的陆续发现和鉴定，以及青铜器分期断代的理论和方法不断取得进展，对青铜器起源和发展演变的研究也更加深入，进入系统的研究阶段。

1. 新石器时代中晚期的铜器

对新石器时代铜与青铜制品的研究，是近五十年才开始的。这是以前从未涉及的领域。

最早发现的铜器有，1956年在西安半坡仰韶文化遗址发现的含镍的长条形白铜片和1973年在临潼姜寨发现的含锌的圆形黄铜片。随后，1975年在甘肃永登连城蒋家坪马厂遗址和1977年在甘肃东乡林家马家窑遗址各出土了一件青铜刀，前者距今4000年左右，后者距今5000年左右。这两把小刀是我国目前发现的最早的青铜制品。

20世纪50年代以来，在黄河上游的甘青地区齐家文化遗址和墓葬中，常常出土以工具和装饰品为主的红铜和青铜制品。碳十四测定，齐家文化年代约在公元前2000年左右。

齐家文化铜器，经定量分析，红铜与锡青铜、铅青铜都有。有关方面对甘肃武威皇娘娘台出土的一件铜刀和一件铜锥进行成分测定，结果是，所含红铜约占99.6%以上，其余占0.4%的微量元素应是矿石本身所含的杂质，并不是人工有意掺杂进去的。甘肃广河齐家坪和青海贵南尕马台各出土一面铜镜，都是锡青铜所制，如青海贵南尕马台铜镜铜与锡的比例为1:0.096。1976年在甘肃玉门清泉火烧沟齐家文化后期墓葬出土的器物种类中，以刀、斧、锥、凿、锤、镢、镰等工具与装饰品居多。据有关方面对出土的一些器物进行成分测定，表明青铜制品比红铜制品要多。

河北、河南、山西、山东新石器时代晚期的龙山文化遗址也发现有红铜、青铜制品。如1955年河北唐山大城山遗址出土了两件上狭下宽似梯形的红铜片。1980年河南登丰王城岗龙山文化灰坑内发现的鬶底部残铜片，经测定所含成分是含锡、铅的青铜，表明新石器晚期已有青铜质的容器了。

1974 年山东胶县三里河龙山文化遗址出土了一件黄铜锥，据化验是含锌 23％的黄铜。在我国，黄铜器物要在宋、明以后才大量生产。

2．夏代青铜器

河南偃师二里头遗址和墓葬出土的青铜器，是我国古代进入青铜时代的标志。虽然二里头文化属于青铜时代早期，但其青铜制品不仅有工具、兵器、装饰品，还有乐器和容器。

在工艺上特别值得重视的是，这时期已有镶嵌和粘嵌铜器的制作。

关于二里头与相当于二里头时代的遗址和墓葬出土的铜器的成分，有关方面对出土的部分器物的成分测定证明，除少数为纯铜器外，大部分则为合金铜器。例如用电子探针分析二里头出土的爵，有的含铜 92％，含锡 7％；也有的含铜91.89％，含锡 2.62％，含铅 2.34％。一件铜锛的成分为，含铜91.66％，含锡 7.03％，含铅 1.23％。这些表明当时已能铸造出含锡量较大的青铜容器和工具，也可以说，当时已能铸造铜、锡、铅的合金了。

3．商代青铜器

前面已指出，商代青铜器基本上可以分成两大时期，即前期二里岗期和后期殷墟期。

商代前期青铜器较二里头时期有很大的发展，在器物种类上已相当丰富。二里头时期只发现少量的几种爵、斝、盉、鼎、铃等空体器，大部分都是小件的实体工具与兵器。而二里岗期的青铜制品种类则大大丰富了，一般都是前所未有的，例如：鼎、鬲、甗、簋；爵、觚、斝、尊、罍、盉、卣；盘、盂；兵器与工具主要有戈、戟、钺、镞、刀、锛、凿、斧、锯、鱼钩等。

这时期一些墓葬出土的铜器，已出现了不同种类器物的相互组合，这种组合常常形成一定的规律与模式，反映了当时人的生活习俗和一定的礼制意义。如郑州白家庄 2 号墓有铜爵及象牙觚，同时期其他墓葬有铜爵、铜觚。2 号墓无铜觚，而有象牙觚，在组合上象牙觚代替了铜觚是很清楚的。琉璃阁 203 号墓铜制品仅出了一件爵，还随葬一件陶觚，由此可见在商代二里岗期，铜器组合上爵、觚常常联系在一起。这表明当时的酒器要求爵觚组合，是一种礼俗。

这时期青铜器物的造型虽然多模仿陶质器物，但不是单纯的模仿，而是根据青铜质料和色泽特点进行再创造。如鼎基本上有三种形式，圆形、分裆和方形。圆形鼎基本上又有两种形式，圆腹锥足与圆腹扁足。鼎常作深腹，足为中空式，二曲槽立耳，但也有无曲槽的。这时期的鼎一耳与鼎一足相对应，另一耳则在两足中间，有别于以后的每耳均对应一足的特点。鬲腹多呈分裆袋足状，三空锥足，颈内凹，二直耳。甗合铸，口沿有双耳和无双耳者，甑体下收，鬲为分裆袋足状。黄陂盘龙城出土的两件簋，均作深腹，有较高的圈足，一件无耳，一件腹部有一双较宽的兽耳（图三九），可见在商代前期簋有带耳与无耳两种。斝作平底或袋足状。爵腰内收已不明显，除双柱爵外，在流口上又出现了分叉的单柱爵。觚体矮短，而不分区段。开封市博物馆保存一件封口的盉，这是盉造型上的一个特例。顶部有一斜立流的封口空足盉，改变了前人认为该种器形始于商代后期的传统观点。北京平谷刘家河出土的Ⅱ式铜盉，圆鼓腹，三足，有盖，有提梁，肩上一短流。罍呈圆腹或长圆

图三九 1974年湖北黄陂盘龙城出土的商代前期兽面纹铜簋

腹，器肩上常有羊头饰，为商后期同类的大型器物找到了渊源。铜卣为长圆腹或圆腹，圈足较高。尊为圆腹，大侈口，高圈足。水器盘多作圆腹下收，折沿，高圈足，圈足上有镂孔。刘家河出土的一件，在盘口沿上还铸有二鸟柱。郑州回族食品厂工地出土的涡纹中柱盂，在盂底中心立有一柱，柱顶作成菌形状，柱高8厘米。种种器型，既有一致形制，也有别出心裁的形态，这是青铜器制作逐步突破固定模式的一种表现。

青铜兵器的形制一般是：戈援狭窄，有上下栏，有的内部中心有一小穿孔。钺体呈长方形，中有一圆形孔，弧形刃。镞为双翼式。

这一时期的铜器装饰，从整体而言有着简单质朴的作风，多是单层没有底纹，常见的饕餮纹常由两个相对的夔纹所组成，并且常以圈带纹作为饕餮纹上、下的界限。有的兽面纹更简单，仅在扉棱两侧各铸出一圆点代表饕餮的眼，扉棱代表兽面的鼻。也有的将夔作成同向式的，突出眼目，因而有学者又将这种形状的纹饰称为目云纹。这时还有单以夔纹为饰的，如黄陂盘龙城出土的钺，钺体两侧和上端均饰夔纹。其他纹饰常见的有云雷纹、圆涡纹、乳丁纹和人字形弦纹、鱼纹、龟纹、虎纹、蛇纹等。总之，这时的花纹线条简单粗疏，圆转流散。器上除有平雕装饰外，开始出现浮雕，例如1982年郑州窖藏青铜器中的尊与罍的肩上就饰有牛首和羊首，虽不精致，但在铸造的工艺技术上又有了提高。

　　近几年先后在郑州出土的四件大方鼎，是二里岗期青铜器铸造水平的辉煌范例。四件方鼎形制基本雷同，深方腹，四柱足，双立耳外侧作凹槽式。器壁四面的左、右、下方均饰乳丁纹，颈部饰兽面纹。

　　商代后期青铜器即殷墟期青铜器。北起内蒙古、辽宁，南到长江以南，东起沿海，西到甘肃，纵横数千里的土地上都有商代后期铜器发现，而相距甚远的地区出土的青铜器往往有着统一的风格，这种现象足以说明青铜器铸造业开始遍布中华大地。在各地奴隶主贵族统治的都邑，也都设有大小不同的作坊，各自铸造铜器。

　　由于考古发掘和研究工作的进展，我们对殷商后期的青铜器发展规律有了一个比较清晰的认识。

　　这时的青铜器种类丰富，如1976年殷墟发掘的5号墓（妇好墓），随葬的青铜礼器多达200余件。这批青铜器中，出现了盂、豆、匕、觯、方彝、觥、鸟兽尊、兽头刀、弓形器、胄、车軎等前期未见的器物。

殷商后期的酒器鸟兽尊形状多样，有象尊、鸮尊、猪尊等。这些像生铜器，形象逼真，既是实用品，又是优美的青铜艺术雕塑，表现出古代匠师的智慧和灵巧。湖南醴陵发现的铜象尊，圆浑的身体，四足敦实如柱，以长鼻为流，设计精巧，极富情趣。

殷商后期的一些铜器在形制上也具有比较明显的时代特征。食器中的甗常是鬲、甑合体。簋有无耳和带双耳的两种。爵从平底变成圆底。不但双柱爵司空见惯，而且单柱爵也得到一定的发展。乐器出现了大型的铙，湖南宁乡老粮仓出土的一件四卧虎兽面纹大铙，重100多千克。戈的形式多样化，除"直内"、"曲内"、"銎内"几种外，也有带穿的戈。矛形体宽大。值得提出的是，山东益都出土的大钺，方体，透雕兽面，耳、目、牙表现得极狰狞，由此可见仪仗用具向大型化发展的趋势。

殷商后期铜器纹饰丰富多彩、繁缛富丽，不但有主纹，还有衬托花纹，甚至在主纹上再填以花纹，形成三层花，有的已采用平雕与浮雕相结合的技法。方鼎、方彝、爵、觚的棱角与中线处，常用扉棱装饰，以增强庄严感。既有写实的动物纹，如鸟纹、蚕纹、蝉纹、象纹、鱼纹、龟纹，又有幻想的动物纹，如饕餮纹、夔纹、龙纹；还有的描绘成几何形图案，如云雷纹、圈带纹、弦纹、涡纹、乳丁纹等，甚至有器腹四面均饰人面的方鼎。这时的装饰艺术意蕴丰富。

器物的组合，除继承前期的爵、觚组合外，常常再增加斝。到较晚时期，爵、觚的组合中又配以尊、罍或卣、壶，而鼎、簋组合形式在妇好墓基础上有了进一步发展，成为西周时期一种表达等级的制度。

殷商后期铜器铸刻铭文已很普遍，但多半是单一的族徽字，或为被祭祀的对象。长铭铜器较少，主要有戎嗣子鼎、宰甫卣、帚妚方鼎（图四〇）等。铭文书体，为首尾尖、中间粗的波磔体。

4. 西周青铜器

关于西周青铜器的分期，大体上可分为两大阶段，前段从武王至穆王，称西周前期；后段从共王至幽王，称西周后期。

西周前期青铜器，与商后期没有更多区别，庄严厚重是这时的主要风格。

图四〇　1982年山西汾河下游曲村商周文化遗址出土的
　　　　商后期帚妚方鼎铭文

器物的种类，食器主要有鼎、簋、甗，而鬲、豆不多见。酒器品种虽然很齐全，但数量较商代大大减少了。陕西宝鸡茹家庄和长安张家坡出土三件一组的甬编钟，是目前所见最早的编钟。

青铜礼器的组合，有爵、觯的配合，还有鼎、簋的配合。鼎制上开始了列鼎制度。

在形制上，三足器柱足与蹄足并存。一些炊器形制也有所变化。1980年陕西淳化发现的兽面纹五耳大鼎，重226千克，鼎身铸有浮雕牛首，反映周人艺术气质的一个侧面。宝鸡茹家庄出土的鼎，足的下端再置一盘，盘用来置炭加热。这种小巧玲珑又实用的器物是新发明。簋出现了四耳簋和圈足下附方座的簋。甘肃灵台白草坡出土了一对筒状卣。陕西扶风出土了中腰极细的旅父乙觚。其他如腹耳平盖鼎、高领鬲、四足盉、方形圆口有鋬尊、双耳盘、三足尊和三足卣等，均有别于商后期的同种器物。

兽面纹和夔纹仍是这时花纹的主要题材，另出现了一些新的纹饰，如陕西泾阳高家堡出土的簋腹及方座上的对称卷体夔纹。辽宁凌源马厂沟出土的燕侯盂，腹上有冠羽华美的兽头鸟身纹饰，极富时代特征。另有长尾高冠或长身分尾的凤鸟纹，常饰在器物的重要部位上，非常醒目，异常华丽。凌源出土的鸭形尊，鸭腹上饰有斜方格网纹以表现羽毛的丰满。1978年陕西长安出土的一件大鼎，器腹布满勾连雷纹。双身龙纹和四川地区出土的一首二身的牛纹，风格奇特。一些器上装饰有高大的扉棱或平雕动物的某一部分翘出器表，例如：1965年陕西宝鸡出土的何尊，器身外铸四条高大扉棱；辽宁喀喇沁左翼蒙古族自治县北洞村出土的蟠龙兽面纹罍，盖上蟠龙之首，以昂首姿态翘出盖表；北京房山琉璃河出土的伯矩鬲，盖与器上的兽头纹，兽角外翘，宏伟奇美。

铜器铭文这时有增加至百字的，如何尊有122字，铭文书体沿袭商代后期，仍作典雅秀美的波磔体。铭文有祭祀、赏赐、策命、征伐等内容。

一般来讲，西周共王以后，所出青铜器更具时代特点，趋向简朴，长铭盛行。

酒器爵、角、斝、觚、觯、方彝等基本消失了，壶、罍、盉、尊、鸟兽尊仍继续保留。盛食器簠、盨和注水器匜是新出现的器种，造型大方而实用。匜、盘是一套盥器，相配为用，考古发现中两者常共出。钟由先前3件为一肆发展到大小8件为一肆。列鼎制度尤为盛行。簋也常常成2、4、6、8双数出现，与鼎相配。

器形上鼎、甗多作蹄形足。鼎与盘有的有流口，盘腹耳。簠的圈足下常有三足。鬲多作折沿，弧裆。出现了带有火灶的一种特殊形制的鬲，陕西扶风庄白家出土的一件，在方鬲灶门外还铸一受刖刑（剁去脚）的俑人浮雕。陕西眉县出土的盠方彝以象鼻为双耳。壶一般有套环双兽耳，如1976年陕西扶风庄白家出土的㷉壶（图四一）。戈援前锋多呈三角形。

西周后期青铜器铭文长篇的很多，陕西扶风出土的㝢簋铭，是周厉王祭祀父母和祖先的一篇祭文。史墙盘铭文284字，在铜器铭文中是不多见的。

铭文字体排列均匀整齐，结构严谨，书法娴熟，竖笔呈上下等粗的柱状，称"玉柱体"。

5．东周（春秋战国）青铜器

春秋时代早期青铜器，在器物种类上，与西周后期没有太

图四一　1976 年陕西扶风庄白家出土的西周晚期㼆壶

大区别。食器、乐器数量很多，郭宝钧称之为"钟鸣鼎食的组合"。食器中的鼎、簋、鬲、甗、簠、豆都很发达，但西周中后期以来普遍出现的盨已非常少见，新出现了盛食器敦，这种器形尤以齐、楚、燕国制作最多。酒器中除仍保存大量的壶外，罍、方彝偶有发现，如 1983 年河南光山宝相寺出土的黄君孟罍，1970 年湖北随县熊家老湾出土的现藏湖北省博物馆的鳞纹方彝等。商周以来的鸟兽尊，这时仍继续发展，如

1956年河南省三门峡出土的异形兽尊和1988年太原金胜村出土的鸟尊等。新出现酒器缶，典型者如安徽寿县和湖北宜城出土蔡器中的铜缶。水器中的盥洗器匜和盘这时有增多趋势，常见匜与盘成套出土。新出现的水器主要有盆、铏、鉴。曾孟嬭盆、哀成叔铏、蔡太史铏、吴王光鉴等都是这几种器形的显例。

乐器除沿袭西周时代的甬钟外，又出现了可以正悬的纽钟。《国语·吴语》记载："王乃秉枹，亲就鸣钟、鼓、丁宁、镎于、振铎。"丁宁，自名"钲鏳"，亦即钲，这时在徐、楚等南方各国开始发展。钲的器形似钟而狭长，有实长柄，使用时口朝上。形如筒状的军中乐器镎于和用于"以享以孝"、形体细长、两铣尖锐的句鑃，也盛行起来。前者多出于四川、安徽和湖北等地区，后者主要出在长江下游的吴、越地区。近年在浙江绍兴出土了配儿句鑃。

由于战争频繁，青铜兵器的发展自然相对较快，主要为戈、矛、戟、剑。应注意的是，这时青铜钺在北方已很少见，主要盛行于西南地区，形制大多呈靴状。

春秋时代，由于商品生产和交换的需要，货币应运而生。从文献记载看，《国语·周语》曾记周景王二十一年（公元前524年）铸大钱事。而最早的铜质货币应是春秋时代，似镈形的空首布（布从镈得音）。在山西侯马和河南洛阳、孟津等地都有布币发现，其主要形式有平肩布、斜肩布等。这时的空首布主要流行于周、晋地区。

特别需要提到的是，1973～1974年，陕西凤翔姚家岗先秦宫殿遗址发现有铜质建筑构件（图四二），主要形状有曲尺形、单齿形和双齿形。一般认为,这些构件主要施于梁枋和门

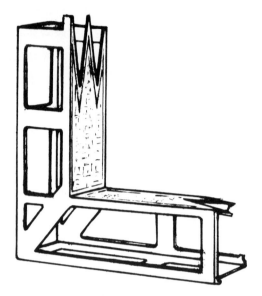

图四二　1974年陕西凤翔出土的春秋晚期蟠虺纹曲尺形铜建筑构件

窗上，对建筑物起着加固和装饰作用。

这一时期器物造型的主要特征是，春秋前期大体上沿袭西周晚期的风格与特征，中期逐渐有了变化。青铜鼎除保持无盖、口沿有二直耳的以外，一种深腹、腹耳有盖的鼎很流行，盖中心部位常有圆形捉手。不少鼎盖上铸三小兽或三环纽。鼎的马蹄形足多呈外侈的瘦长形，如蔡侯墓出土的即有这一特点。簋、壶、铺的盖上带有莲瓣装饰。个别簠上有的也有这种装饰。最典型的莲瓣装饰应属山东临淄、安徽寿县蔡侯墓出土的莲瓣簋。折足鬲有的在一侧有鋬。甗有圆形和方形的，且多为鬲、甑分体。圆形甗有的鬲小甑大，上下悬殊，山西长治分水岭属春秋中叶的269号墓出土的一件即属这种造型。敦的形制有的似鼎，三短足、圆腹、二环耳；有的则呈球形或长圆形，有环耳，盖可取下，一器分成二器使用，盖与器上各有同样的三环足、三蹄足或三夔形足。商、西周时铜豆少见，这时开始增多，豆腹加深，器两侧有环耳，常有盖，盖上有捉手，"校"一般较粗短。一种方形有盖自名"盒"的铜豆也出现了。有的豆盘极浅，通常被称为笾。注水器匜有的已变成了平底。鉴有圆形和方形两种，多大口、深腹，有二耳或四耳，有的耳上还有套环。作为盛酒或盛水用的缶，圆腹，有盖，器肩上有环耳。钘呈椭圆形，器侧双耳或单耳，有的有盖，盖上一环纽。钘体也有呈双腹形的，此为特例。戈穿增多，常在三穿以上，同时援部也开始向上翘起，矛向细长发展。戟常是戈、矛分铸。

春秋时代青铜器的装饰，早期多沿袭西周后期简单的几何形纹饰，中期以后则以网状宽幅、雕镂细密工整的单层蟠虺纹和蟠螭纹为主，纹饰较为单调，朴实无华。1978年河南淅川下寺出土的用失蜡法铸造的铜禁，禁的四个侧面和禁面边缘透雕装饰和攀附在禁四周及作足的立雕小兽，其首尾的镂空装饰都用失蜡法铸成。这时在铜器上的线刻画像工艺，不仅是花纹制作的一项新技术，也打破了商周以来的传统纹饰种类，出现了新颖的内容。如江苏六合程桥残铜片上，刻有人物、动物和树木形象，线条简单，显示了初始阶段的朴拙风采。线刻画像和嵌纯铜图案构成这一时期又一种图案的新风格。

这时期铜器上的铭文主要仍是铸文。铭文内容不像西周时代那样丰富，上百字的长篇较少见到，大多是祭祀内容，也有的是为自己或他人作器。由于礼制的衰落，用铜做女儿陪嫁的媵器数量较多。

铜器铭文的字体书法异彩纷呈。由于诸侯国在政治上各自独立，各国铜器铭文的字体，有作瘦体的，有作肥体的，还有的有意仿商周时的波磔体，在求工的基础上，加强装饰性。江淮一带出土的剑、戈、矛等武器上，常饰有曲折回旋的鸟虫书，著名的越王勾践剑，在剑身靠近剑格处有"越王鸠（勾）浅（践）自作用剑"八字鸟篆铭文。

战国时代因传统的礼乐制度进一步衰落，青铜礼乐器在数量和比例上也逐渐减少。据最近几十年一些大墓出土的铜器看，钟鼎之器所占数量很大，钟必成编，鼎必成列，反映了贵族宴飨的奢侈生活。如河南信阳长台关楚墓出土的鄱簠编钟为13件一套，四川涪陵出土的错金编钟为14件一套。1978年湖北随县曾侯乙墓出土悬挂在曲尺形钟架上的三层八组65件钟。1981年发掘的随县擂鼓墩二号墓，也出土编钟36件。长治分水岭出土列鼎7件，河北平山中山王一号墓出土列鼎9件。常见的青铜容器除鼎外，主要还有鬲、甗、簋、簠、敦、豆、壶、尊、盂、罍、盘、匜、钾、鉴及多种鸟兽尊等。在青铜容器的组合上，还更多地出现了小的附件，如匕、勺、鼎勾（铪）等。灯、炉、箕、铜饰件也有发展。

器形变化的趋势是，早期基本上沿袭春秋晚期以来的特征，中晚期变化较大。铜鼎的三蹄足向低矮发展，少有高足者，腹耳，盖上常有三环、三牺、三鸟纽，有的盖中心有圆形捏手。个别鼎还有铜扁栓盖，这是以前所罕见的。出现了较多的大型器物，如大镈、大钟、大盘、大甗、大鉴等。甗下部鬲三足变矮，河北平山中山王墓出土的铜甗，鬲底部仅剩足根了。簋少见，方座一般每面带有凹口。簠口不再外侈，变成了直壁，器加深，足也相对加高。敦相当发达，一般为三短足，圆腹，二环耳，有盖，盖上有纽。有的盖与器合成为球形或长圆形。需要指出的是，1986 年齐国故城东南聂仙村还出土了一件罕见的瓷形敦。豆的柄有的变成细长，如北京密云出土、现存故宫博物院的嵌松石长柄豆。豆有盖，盖上有环纽或捉手。壶的样式丰富多彩，有圆形、椭圆形、方形、扁形、瓠形，无论哪种形式，一般有盖。盖为平板式或中心隆起。盖上置纽，有的纽与梁、耳三面系链，形成链梁壶。但也有特例，如 1965 年江苏涟水三里墩出土的壶，盖上有立鸟，壶耳主要有环耳、铺首衔环耳、龙耳或鸟耳，而瓠形壶则在腹的一侧作成一跨度很大的鋬，陕西绥德出土的一件壶，鋬与鸟盖间有链相连。盉变成扁圆腹式，有盖，有流，流常作成兽首、鸟首或龙首。商周时代铜器上的鋬在这时已改变成提梁，梁首常作成螭首形象。鸟兽尊继承了商周以来的传统，不过由于错金银技术的发展，这时的尊不仅形象生动，而且饰以错金银装饰，外表更加纤巧细腻。江苏涟水三里墩和山东临淄齐国故城出土的错银嵌绿松石牺尊，陕西兴平豆马村出土的错金银云纹犀尊均可谓精工华丽的代表作品。鉴有圆形和方形两种，腹颈一般为四耳。盘有圆形、长方形和方形三种。铜匜也有长圆形和椭圆形的，多为无足或有圈足，鋬变成环纽套环式。个别的匜在腹两侧还有二环纽，很是独特，如河南陕县后川出土的线刻纹匜即属此例。炭炉多圆形，置链梁，下有三足。

由于战争的需要，许多原有器种这时在形制上也有一定的改进。戈援变得窄长而扬起，多三至四穿，内上也常有一穿。矛普遍发展成细长形。出现了“卜”字形戟和剑形戟。镞多三棱体，有的铤很长。剑也多有剑格和剑首、剑箍。特别需要提到的是曾侯乙墓出土的殳，除平刃的外，有的殳头呈三棱矛状，后部和殳杆上段多有一个球状的箍（图四三）。

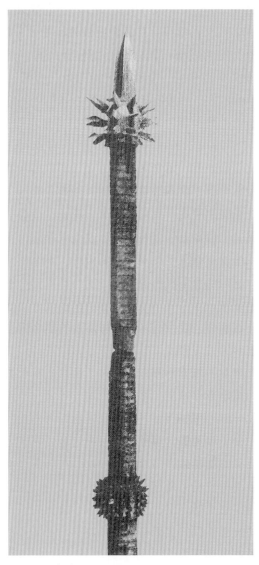

图四三　1978 年湖北随县曾侯乙墓出土的战国早期青铜殳

青铜货币的形式，除了布币、刀币，已见圆形方孔和圆孔的圜钱以及仿海贝的铜贝币。刀币主要流行在齐、燕和赵国。

战国铜器上的装饰，其制作技法呈多样化，有平雕、高浮雕和浮雕装饰。由于钢的出现，线刻画像（又称针刻）这时在技巧、功力和数量上都有很大发展。线刻画像多数饰于匜、壶、鉴、铜等器物外表，有的匜流的内壁上也有这种装饰。较典型的器物如四川成都百花潭出土的宴乐渔猎攻战纹壶、山西长治的刻人物鸟兽匜、河南陕县后川的刻纹匜、河北平山出土的宴乐狩猎纹豆等。总体来看，这些线刻画像主要是贵族多种礼仪活动的再现，如蚕桑之礼、大蒐礼、射礼等。画面雕刻精致，结构严谨，比例和谐，布局丰满，人物鸟兽形象生动，其内容对于研究当时的生产、生活、战争、礼俗、建筑等都很有价值。

这时的高浮雕和浮雕装饰也很突出。器身上大面积的蟠虺纹常常作半凸起状，曾侯乙墓的钟虡铜人下踩的圆形底座上即饰有凸起的蟠虺纹。又如中山王方壶，器身和盖均饰以浮雕龙，显得庄严古朴。至于青铜圆雕器，更是屡见不鲜，如随县擂鼓墩出土的鹿角立鹤，江苏涟水三里墩出土的镶嵌松石长角卧鹿以及盛酒的牺尊等，都堪称匠心独运的艺术杰作。在刻线、圆雕发展的同时，透雕工艺也流行起来。河南信阳长台关一号墓出土的螭纹透雕奁，筒形壁和底部皆作蟠螭等形状的透雕。曾侯乙墓出土的尊和盘，口沿上用失蜡法铸造透空附饰，属青铜铸造工艺中的奇葩。在平雕纹饰上，这时还流行三角云纹、勾连雷纹、绹纹、贝纹、弦纹、花朵纹，蟠螭纹则常常以简化的形式出现。

战国时代的铜器铭文，内容较之商、周和春秋时代更加简练，而中山国王器铭却是例外。铜器铭文多为刻铭，且刻在器物表面易显露的部位，如器腹和口沿。字体结构风格常常显得瘦硬。战国早期，南方有的地区仍延续春秋以来的鸟虫书字体，如"越王者旨于赐"矛，即为鸟篆错金书。中山国王墓出土的长铭器铜鼎、铜壶，前者刻铭 469 字，后者 450 字，成为战国铜器长铭之冠。由于列国在文化上有着一定的地域性差异，即使同一个字，在写法上常常因地区不同而有别。在这文字发展变革的时代，文字的简、繁和异体字也常有出现。还需指出，这时西方的秦国和东方六国在使用文字上有着不同的体系，即通常所说"秦用籀文，六国用古文"。秦统一后，实行"书同文"政策，六国纷乱的文字被统一于小篆。

战国时在容器上或者铜武器上多"物勒工名"，如："武。廿六年，蜀守武造，东工师宦，丞业"，"三十三年，大梁左库工师丑，冶口"。一些容器多记载容量斗、升和重量斤、两等，如安邑下官钟口沿有"十三斗一升"铭文。1979 年 10 月陕西凤翔出土的鼎，其腹部铭文为"十四年，右使车啬夫茝疨，工簡。冢二百六十二斤"。各诸侯国制造兵器的作坊，有左库、右库、上库、下库、武库，这些都反映在兵器题铭上。韩国有"生库"。秦国则有"上郡"铸造地和相邦督造铭。1978 年，宝鸡出土一件吕不韦戈，其铭为"八年相邦吕不韦造诏事国丞蒉工奭"。燕国兵器上常有某燕王的题铭，如郾王詈矛铭："郾王詈乍口铍口"。

有的器铭表明为自己或他人作器，内容较简单，如"吴王孙无土之胠鼎"、"西替作其妹新障钴"、"邵之饮鼎"。近年在无锡发现的郰陵君鉴，其外壁有铭 30 字，有"吕祀皇祖"句，知其为祭祀用鉴。有的铭文表明了使用地点，如安徽寿县丘家花园出土的铜牛，铭有"大庿之器"。再如"郢大庿"铜量，表明是郢地所使用的量器。

这时，铜器铭文也有一些是记事的，如信阳长台关出土的鄀篙编钟铭："佳鄀篙屈柰晋人救戎于楚竟。"河北平山战国中山国王墓出土的铁足铜鼎等几件长铭铜器，记载了公元前310年燕王哙让位于相国子之，造成内忧外患的事件。还有曾侯乙墓出土编钟上长篇的音律铭文，也很珍贵。1957～1960年在安徽寿县发现铜节5枚，其错金铭文内容为，楚怀王六年（公元前324年）发给鄂君启铜节，规定他运输货物的水陆通行路线、舟船数目等。这是前所未见的。

综观春秋战国青铜器，其风格特征的变化与时代变革息息相关。各类青铜器多以精致华美和轻便实用见长，使得秦汉青铜器的制作导向更加实用和朴实。

6. 秦代青铜器

秦始皇统一政权的建立和加强在青铜器上也有着较充分的反映。河南洛阳西宫发现的一座秦墓，出土青铜容器鼎1、簠1、壶2。鼎双腹耳，马蹄短足。壶腹作长圆形，肩腹无明显分界，颈较长，有较高的圈足。纹饰也很简约，簠盖饰简化蟠螭纹、壶腹用细线条勾出阴线鸟纹。湖北云梦11号秦墓，随葬铜器10件，如圆扁腹鼎、盉顶状盖钫、平底深腹匜、有二环耳的鍪。器表都很简朴，无纹饰或仅有弦纹。

1976年在始皇陵封土西北约110米处的建筑遗址内，出土一件错金银铜钟，钟体满饰流畅的错金银蟠螭纹和云雷纹，钟纽刻小篆"乐府"两字。乐府钟制作精致，钟上的花纹极纤细，反映了这时在掌握制模工艺和浇注铜水的温度上都有很高的水平，不过乐府钟仅是少数。

秦代兵器主要有刀、剑、戈、矛、镞、铍、弩机。"铍"的发现，纠正了过去它被命名为"短剑"的错误。

始皇陵1号与2号铜车马，是迄今所见古代的大型铜车马。它虽非实用之物，但对研究车的结构、系驾法以及有关制度和秦代青铜铸造业的高度水平，都有着重要意义。

秦代的度量衡实物，也有很重要发现。在西安西郊阿房宫北面的高窑村曾出土一件呈半圆形、顶上有半环纽的高奴铜权，在权的器表上铸有阳文："三年，漆工酓，丞诎造，工隶臣平，禾石，高奴。"高奴铜权上不但加刻有始皇二十六年（公元前221年）诏文，而且也加刻秦二世元年（公元前209年）诏文："元年，制诏丞相斯、去疾，法度量，尽始皇帝为之，皆有刻辞焉。今袭号，而刻辞，不称始皇帝，其于久远也，如后嗣为之者，不称成功盛德。刻此诏，故刻左，使毋疑。"上铸有始皇二十六年诏，说明秦始皇统一中国后，仍沿袭秦孝公时商鞅所制定的度量衡标准。

秦朝统一文字，是以秦文字为基础，统一于小篆，作为汉字规范化的标准文字。文字在铜器上的反映，如1950年洛阳西宫出土的"轵"铭铜器，"轵"字书法秀丽，笔画匀称，端正有力（图四四）。从秦权、量器等上的文字看，字体拐角处多为方折，可窥见隶书的萌芽。

图四四　1950年河南洛阳西宫出土的铜簋盖铭

7. 两汉青铜器

西汉与东汉时代的

铜器铸造，已与商周时代在器物的种类、形制、性质、工艺技术以及经营管理等方面有了很大的不同。

大量两汉青铜器的发现，尤其是皇室贵族使用的铜器，使我们了解到这时冶金铸造进入了一个新的阶段。

1981年陕西兴平茂陵1号无名冢1号从葬坑出土的铜镏金银竹节薰炉，盖口外侧刻铭一周为："内者未央尚卧，金黄涂竹节熏炉一具，并重十一斤，四年寺工造，五年十月输，第初四。"其中的"内官"与"寺工"是官署名，这两个官机构早在秦代已出现，如秦俑坑出土的一件铜钺上就有"十七年寺工鲛工驾"铭。熏炉上"内者"、"未央"的出现，说明该炉是西汉皇家未央宫所用的生活器物。同时出土的有"阳信家"刻铭的铜器，鼎、甗、盆、锭、铜镏金马等，参阅文献记载，可证"阳信家"是西汉武帝的长姐阳信长公主的家。"五年十月输"，指武帝建元五年（公元前136年）十月，将这件原为未央宫的熏炉赏赐给阳信长公主。

以往汉代金文的著录曾有"上林苑"这一名称，如上林十涑铜鼎、上林铜鼎等。1961年在西安三桥镇高窑村出土的22件窖藏铜器，从大部分铜器上的铭文内容看，这批器物应属上林苑皇家宫馆所有，个别器物如一件鼎上还有"乘舆"字样。据《独断》记载："乘舆出于律，律曰：'敢盗乘舆服御物'，谓天子所服食用者也。天子至尊，不敢渫渎言之，故托之于乘舆。"由此可知有"乘舆"字样的器物是天子使用的。在这批铜器中，有的直接由上林苑制造供给，铜鉴铭文："上林铜鉴容五石，重百廿一斤。阳朔四年五月，工左谭造，二百卌枚，第百六。"此鉴是汉成帝阳朔四年（公元前21年）工匠左谭制作的，是240件铜鉴中的第106个。

　　私营手工业在两汉尤其是东汉时期曾大量存在，东汉时期私营手工业的发达是与豪强地主势力强大，不断排挤官府手工业紧密相关的。这时的一些镜铭还常常可以看出私营青铜铸造业的一些情况。

　　两汉青铜铸造除继承先前的一些工艺外，也出现了一些新的特色：

　　一，错金银与镶嵌工艺。西汉初期继承了先秦时代已有的错金银与镶嵌技术的传统，也作了一些创新。如中山靖王刘胜及其妻窦绾墓出土的错金博山炉、错金银鸟篆文壶、错金银蟠龙纹壶、错金银镶嵌乳丁纹壶，都是这时期的代表作。刘胜墓出土的错金博山炉，全身布满用金丝错出的流畅的云气纹，纹细如发丝。炉座以透雕的三条蛟龙相扭结，龙头托住炉盘，炉盖铸成山峦起伏状，猎人与虎豹鸟兽居其间，狩猎场面极为生动。窦绾墓出土的错银博山炉，炉身上错出云气纹，炉盖透雕成山峦起伏状，在遍体的流畅富丽的纹饰的映衬下，雕出各种奇禽异兽和人物活动的场面，富有浓厚的生活气息。

　　二，鎏金与镶嵌技术。青铜器上的鎏金工艺早在战国中期已出现，至两汉时代发展到高峰。鎏金技术在古代又称"金涂"。鎏金工艺就是用金粉和汞合涂在铜器表面，经烘烤，汞蒸发后，金就留在器表上了。经过鎏金处理的铜器不易氧化，因而鎏金对铜器起着重要的保护作用。

　　窦绾墓出土的"长乐饮官"钟，通体鎏金，还镶嵌有蓝绿色的菱形玻璃块，格外绚丽优美。陕西茂陵1号从葬坑出土的铜鎏金银竹节薰炉，通体鎏以金银。炉身中部铸鎏银带一圈，上部浮雕回首的四条金龙，下部在三角形内雕出十组蟠龙，均以鎏金为饰。龙周围以鎏银铺地，形成黄白相间的色彩，精美绝伦。炉盖用金银装点，使起伏的山峦更加富丽堂皇。柄上端三条蟠龙，龙身镏金，龙爪镏银。盘形座上的龙，全身镏金，眼、须、爪则镏银。这种镏金镏银兼顾的方式对工艺要求很高。

西汉前期铜器上的金银错、镶嵌和镏金工艺技术，以镏金最盛。及至中后期，金银错与镶嵌的铜器少了，而镏金仍流行不衰，甚至有的小件器物也有镏金，如镏金带钩、镏金四神规矩纹铜镜及贵州赫章可乐出土的镏金铜鍪等。镏金铜器中还出现了少量的上乘作品，1962年山西右玉出土的西汉成帝河平三年（公元前26年）镏金铜酒樽（图四五），樽下有三熊足，上面有提环盖，腹部有铺首衔环。器外表饰满多种鸟兽纹，除神话传说中的龙、凤外，还有虎、鹿、熊、猴、牛、羊、兔、雁、鹅、鸭等。这些动物形象生动，姿态逼真，活灵活现，极富意趣。

山西右玉出土的镏金铜酒樽以其图像特点来说，是难得见到的。江苏徐州的一座可能与东汉明帝的儿子彭城王有关的墓，出土了一件镏金铜砚滴。砚滴这种器物本身这时并不多见，但它为魏晋及以后这一器种较多的出现奠定了基础。这件镏金铜砚滴别具风格，器身嵌有红色宝石、绿松石等，异常绚丽。

三，细线刻纹的发展。青铜器上的细线刻花纹早在春秋时代已出现，到了战国，这种线刻图案得到发展，多饰在铜匜、铜鉴和铜鍤等器物上。两汉时代，尤其是西汉后期在南方和西南地区更为发达。线刻图案的产生与发展，应与刻刀的锋锐程度有密切关系。淬火技术在西汉时代已达到了很高的水平，坚硬锋利的雕刻刀的出现，为青铜器上细线镂刻提供了操作条

图四五　1962年山西右玉出土的西汉晚期镏金鸟兽纹铜酒樽

件。长沙西汉晚期墓出土的一件铜酒樽，全器镂刻着精美、流
畅、细腻的云气纹。广西合浦望牛岭西汉后期墓出土的铜凤
灯、链壶、长颈壶、魁、盘和博山炉上，饰有羽毛纹、三角形
纹、菱形纹和回纹，都是用细线刻镂的。这些图案纤巧细腻，
均匀优美，可见精雕细刻之功力。此外，广西梧州旺步东汉章

帝章和三年（公元86年）墓出土的长方形铜案，案面上雕刻有精细华丽的龙、凤、鱼纹以及菱形纹、锯齿纹等几何图案，图案丰富多变而有次序。云南曲靖珠街八塔台出土一件铜直颈壶，全器刻有多层次的细线几何纹，是手艺高超的杰作。

四，分铸套接技术。1981年河北徐水防陵村2号汉墓出土的一对青铜圆雕铜马，头、耳、身、腿分铸，然后再套接成整体。各部位套接严丝合缝，可见制作者构思设计之精巧。

两汉青铜器的品类，具有明显的时代特色，以日常生活的多种类的实用器为主，主要有食器鼎、釜、甑、鍪、镰斗，酒器锺、钫、耳杯、樽、卮、盉，水器盘、洗等。新出的和在原有基础上发展起来的器种主要有灯、博山炉、熨斗、炉、漏壶、案等。青铜制造的日常生活用器广泛出现，遍及社会生活的诸多方面，如货币、符节、带钩、铜镜、玺印、度量衡器以及边远地区的铜贮贝器、铜鼓等。有些铜器是先秦时期不见或罕见的。

西汉铜鼎的造型为圆形，多敛口，腹耳，三短蹄形足。刘胜墓出土的铜鼎是三熊足，较特殊。有盖，盖上多有环纽或伏兽纽。这时难见到大型的鼎，到东汉时代铜鼎就更少见到了。

食器中的镰斗，又称"刁斗"，是温食器。圆腹，三蹄足，在腹的一侧有一长柄，柄首常常呈张口的龙头形。

圆形铜壶两汉时称锺，锺多圆鼓腹，短颈，腹上铸一对衔环铺首。东汉时的壶有的增加链梁。满城刘胜墓出土的一件壶，形似橄榄状，上有链子，器身和器盖各有四个相对应的小环纽，以铜链子穿缀，便于手提。方形壶虽早在战国已流行，但往往仍自名为壶，直到汉代方壶才专名为钫。满城汉墓铜钫上的铭刻有"中山内府铜钫"。《说文》云："钫，方锺也。"铜钫到东汉时代就基本绝迹了。1956 年江西省博物馆征集的一件铜扁壶,铭文为:"于兰家铜钾一,容四斗三升,重廿斤八两。"知扁壶名"钾"。

铜酒樽为盛酒或温酒的器皿。这类器物前人一般称作奁,有的学者已将其正名为樽。盛酒者多鼓腹,三短蹄足,平底或圆底,腹壁有两个或三个衔环铺首;温酒者一般为圆形直壁,深腹,有兽衔环耳,下有三短蹄足或兽足。出土或传世的樽常置盖。铜酒樽中有一些是镏金和镶嵌松石的,工艺精巧。

饮酒器铜耳杯少于漆制耳杯。耳杯又称"酒觞",其形制多呈椭圆形,两侧各有一半月形耳。也有的杯虽为椭圆形,但两侧无耳,而仅在窄侧的腹上铸一环耳。盛酒器罍在西汉时已很稀少,形状呈圆鼓腹、平底。肩有二环耳的罍到东汉时已很难见到了。

铜灯的数量很多,铭文内容自名为"锭"。灯的形制异彩纷呈,重要的有豆形灯,底座似雁足的雁足灯,人形灯,人托盘吊灯,呈动物状的牛形灯、羊形灯、凤形灯,山西平朔出土的铜雁鱼灯(图四六),呈树形的多盏灯,辘轳形灯。

薰炉是一种焚香的用具,不少薰炉在制作上非常考究,外表镏金或错金银,显得异常高雅瑰丽。博山炉形制一般是圆形腹,尖状盖。盖呈山峦起伏状,山上有镂孔及圆雕的人物、鸟兽,下面常有盘。有的博山炉底座为力士骑龙,力士一手作托举博山炉状,整体生动有力。

熨斗为圆腹,宽口沿,腹一侧有一长柄。

河北满城刘胜墓、陕西兴平汉墓和内蒙古伊克昭盟出土的汉代铜漏壶,体呈长筒形,上有提梁,下有三短足。壶体的近底部伸出一筒状流,壶盖中心处各开一相对的长方形小孔。二

图四六　1985年山西平朔出土的西汉彩绘铜雁鱼灯

小孔插一刻有度数（常为一百刻度，代表一昼夜时间）的竹或木片，称为"刻箭"。壶内盛水，水上浮一称"舟"的木片，使插入的"刻箭"立于"舟"上。由于壶内的水不断从下边的流口外滴，因此"刻箭"也随"舟"不断下降，读出箭上的刻度便知时间。

四川、云南、贵州、广东、广西、湖南地区少数民族制作的铜鼓，据统计，现共存传世与出土的计 1400 面。铜鼓的造型基本为圆墩形，鼓身由三部分构成，上部为凸起的鼓胴（鼓胸），中间为内凹的鼓腰，下为鼓足。胴与腰交界处铸对称的双耳。鼓中空无底，鼓面中心处饰有太阳纹，有的鼓面上铸出浮雕青蛙或马的立体形象。在鼓面和鼓身上也常饰有云雷纹、翔鹭纹、竞渡纹、羽人舞蹈纹等。目前所见铜鼓的时代大多属两汉及两汉以后，一直到清末，可见延续时间之长。铜鼓发展过程中，每个时代不同地区有不同的类型，不同的时代更具有不同的特征。最早的铜鼓是作为乐器使用的，一些文献记载也将铜鼓归属在"蛮夷乐器"内。在考古发现中，广西西林普驮发现使用铜鼓盛放人骨的二次葬。

云南滇文化中的铜贮贝器，其形状很像铜鼓，它是盛放贝币用的，推测可能因铜鼓有着财富的含义，故在形制上仿造铜鼓。在贮贝器上常铸有立体浮雕，浮雕内容主要有杀人祭祀和捉缚俘虏的场面。晋宁石寨山 12 号墓出土一件杀人祭铜柱贮贝器，在柱上所缚的人，是进行祭祀的牺牲。在有的贮贝器上还可见到农业和手工业劳动的场面。这些都是研究古代滇人奴隶制社会政治与生产生活的不可多得的资料。

铜兵器的铸造到西汉后期就相对减少了。西汉初期兵器主要有剑、弩机、矛、镞等。其中弩机在军事上发挥着巨大作用，遗留下来的数量也较多。在刘胜夫妇墓出土弩机 39 件，而且都有青铜制的机郭，比战国时普遍采用木制的机郭更能承受弓弦的拉力。

铜镞主要为三棱形，也有圆柱形和筒帽状的。乐器钟大为减少。钟的形式多甬钟，在甬中部铸一环纽，用以侧悬。钟身常饰有云纹，两侧向外鼓凸，钟口内凹几乎成为半个圆弧状。两广和云南地区常出土有地区色彩的细似羊角的铜钟，习称"羊角纽铜钟"。该钟为上小下大的扁圆形，平口，顶端铸外侈的羊角状双耳，钟两面的上部各开一长方形孔。1976年广西贵县罗泊湾1号墓出土的一件羊角纽钟，在钟的腹部铸有阳纹的人面图案，在同类器中也是罕见的。根据羊角纽钟出土的地点，参阅其他方面资料进行分析，这种形式的钟可能属越族青铜乐器。

盛行于春秋时代吴、越等国的在祭祀和宴享时使用的乐器句镶，在西汉南越王墓仍有出土。

两汉青铜制品除日常生活用器、兵器、乐器等外，还需要提到的是青铜圆雕。1969年甘肃武威雷台东汉墓出土的马踏飞燕，匠心独运地体现出奔马的风驰电掣之势，是一件杰出的古代艺术品。

（三）铜矿冶铸造遗址的重要发现与青铜铸造工艺研究

1. 铜矿与铸铜遗址发现的收获

新石器时代晚期龙山文化遗址已经发现了与冶铜有关的遗迹和生产工具。1975年在河南临汝煤山类型二期文化的两个大灰坑内，发现炼铜用的坩埚残片，系用红烧土制成，其中的一块壁厚1.4、长5.3、宽4.1厘米。坩埚内壁上粘附有六层铜液的痕迹，表明坩埚坚固耐久，曾多次使用过。有关部门曾对冶铜坩埚残片上的铜液残留进行分析，铜的近似值达到

95％，为红铜。1979～1980 年在河南淮阳平粮台遗址和郑州牛砦龙山文化遗址内都发现了青铜炼渣。

新石器时代发现的冶炼遗迹、生产工具和红铜、青铜制品，表明了我国早期冶铸的一些基本情况。

商周时期是中国青铜时代的高峰，冶炼和铸造均有了长足的发展。

商代前期青铜冶铸遗址主要有 1952 年发现的郑州南关外和紫荆山两处。南关外遗址面积在 1000 平方米以上。遗址内发现有陶范残片 1000 多块，经过粘对复原，可看出器形的主要有鬲、爵、斝、觚、镞、镢的范，以镞范和镢范最多。另外还发现红烧土、木炭屑、冶铜坩埚、铜矿石等。紫荆山遗址主要发现一些刀和镞的陶范。两处遗址所铸器物种类的不同情况，说明当时冶铸已经有了一定的分工。

1958～1959 年在河南安阳小屯东南一里许的苗圃北地和孝民屯发现的冶铜遗址，是商代后期规模较大的两处冶铜遗址。遗址面积估计可达 1 万平方米以上，在遗址内用夯土修筑的工房内堆有大小几千块陶范，并有炼炉残壁、木炭、炼渣、坩埚等。商代后期冶炼业非常发达，而且大部分都直接成为王室手工业的一个重要部分，很多作坊集中在殷都。解放前曾在殷墟发现过商代的冶炼遗址，解放后在小屯村和薛家庄也有发现。

1955～1957 年考古工作者在陕西长安县张家坡发现 4 件车马器外范和内模，在客省庄发现一些铸造青铜容器的陶质范。

在辽宁林西大井发现一座铜矿遗址，距今 2700～2900 年，出土大量的镐、锤等石制工具和炼炉、陶范、鼓风套管残件以及炼渣等。资料表明，这是一处规模不小的包括冶炼和铸造的遗址。

1973 年洛阳东北郊北窑村铸铜遗址的发现，使我们对西周时代的冶炼情况有了更全面和深入的了解。遗址面积 10 余万平方米，发掘面积至 1979 年为 2500 平方米。出土陶范碎块上万件，可辨清器形的主要有鼎、簋、爵、瓠、觯、卣、尊、罍、戈、镞以及耸、辖、泡等。陶范采用细黏土和石英砂。范模和内外范的颜色不同，一般多呈青灰色或砖红色。特别值得注意的是大量熔铜残炉壁的发现。熔炉分大、中、小型三种，炉径从 0.3~1.8 米不等。炉衬是用石英砂、莫来石等耐火材料组成。而在一些残炉壁上还能见到鼓风口遗存，说明当时冶炼已采用了鼓风器。《墨子·备穴》有"具炉橐，囊以牛皮"的记载，使我们知道，古人称鼓风器为"橐"。至迟在西周时期已出现了"橐"这一类的冶炼鼓风器。

湖北大冶铜绿山古矿冶遗址和山西侯马青铜铸造遗址的发掘，使我们对于春秋战国时期采矿业和青铜铸造业的规模及其分工，都比过去有了更全面的认识。

1973 年以来陆续发掘的湖北大冶铜绿山古矿冶遗址，位于大冶县西约 3 公里处，遗址的范围南北长约 2 公里，东西宽 1 公里。这一地带铜矿富集，含铜品位较高，有孔雀石、自然铜、赤铜矿。古矿井的结构有竖井、斜井、平巷、斜巷等多种形式，井深 40~50 米。从遗址现场考察，井巷的矿架已采用了榫接等结构形式，支撑巷道盖顶的矿井支架有些至今仍很牢固。井口高低不一，形成气压差，解决了井下的通风问题。采掘过程中的排水和提升等问题，也得到了较合理的解决。以木制水槽将井下水引流到存水坑，用木桶盛水，用辘轳将水桶提升到地面。这些都表明，远在两千多年前，我国采掘技术在系统工程上已达到了相当高的水平。遗址内残存的冶炼遗物也极丰富。炼铜竖炉由炉基、炉缸、炉身三部分组成，并有通风沟、鼓风口等设施。另有采矿工具大铜斧、铜锄、木槌等。遗址内出土的饼状铜锭含铜量为 93.318%。铜渣含铜量很低，说明当时铜冶炼纯度已十分惊人。炉渣堆积的数量很大，达 40 万吨。根据这些堆积的炉渣推算，冶炼的红铜在 4 万吨左右。

侯马是晋国晚期都城，1960～1961 年在都城内一处达 3000 平方米的冶铜遗址内发现四座圆形的残炼炉和大批的陶范、铜锭、铅锭和生产工具。陶范数量相当惊人，有的堆积层厚达 30 厘米，陶范多达 3 万余块，其中可辨认出器形的约有 1000 块。许多范上有平雕和浮雕状的装饰，平雕的纹饰有饕餮纹、夔纹、蟠虺纹、云雷纹、绳纹、贝纹等。一件兽首形浮雕陶母范制作精湛。发现铜锭 110 块，最大的一块重 4 千克。

1976 年在内蒙古林西县发掘了春秋早期的大古井古铜矿坑和冶炼遗址。湖南麻阳九曲湾也发现了古代矿井和有关工具。

1974 年发掘的咸阳第一号宫殿遗址，在宫殿中心区的一处断崖上，有南北长 150、东西宽 60 米的秦代冶铜遗址。遗址内发现了陶范和被烧熔的铜器，可辨认出的器物有建筑构件、度量衡器、货币、车马器、诏版以及日用器皿等。

20 世纪 50 年代初期在河北承德发现一处西汉时代的古矿冶遗址，矿井深达 100 多米，矿井中部设宽大的采矿场，采矿场四周有坑道，向四方伸展，并设置有坑道木。矿井口附近发现的铁锤和铁钎可能是采矿工具，还发现许多矿石和砸矿石用的石锤。还有圆饼形铜锭，每个铜锭重 5～15 千克不等，上面还刻有"西六十"、"西五三"、"东六十"、"东五八"等标记。

"东"与"西"可能代表两个冶炼场所，也可能是代表"东"、
"西"两库。有的铜锭上还刻有"三年"字样，这是汉武帝建
立年号之前的纪年。西安汉长安城附近曾出土重 34 千克的长
方形铜锭 10 块，纯铜率高达 99％，每块铜锭都刻有重量与编
码，其中有一块刻有"汝南富波宛里田戎卖"字样，可以得知
汉政府在控制采矿权的同时，也要从民间收购铜材。

在广西北流铜石岭发现的一处西汉至东汉初的冶铜遗址，
遗存丰富，有炼炉 14 座，炉基呈圆座状，尚有炉渣、炭屑、
灰烬、孔雀石以及重 2.5 千克的圆饼形铜锭一块。从炼炉、孔
雀石和铜锭共存情况分析，推测这是一处专门的冶炼遗址。铜
料制好后，再运往铜器铸造地。

1988 年，四川西昌东坪汉代冶铸遗址发现了以 10 万吨计
的铜炼渣和矿石。其他如铜锭、坩埚、钱范、木炭、炉基址、
耐火砖也多有遗存[7]。据分析这是一处西汉晚期至东汉中期
的铸钱场所。

2．对冶铜原料和工具的新认识

炼铜需要铜矿砂，自然界中的铜矿砂基本上有三种，自然
铜、硫化铜和氧化铜。古代炼铜矿砂主要是一种呈绿色的颜色
鲜艳的铜矿石，俗称"孔雀石"，属于氧化铜。锡是青铜合金
的主要成分。锡矿一般都在长江以南地区，主要分布在云南、
广西、广东、江西、湖南等地。长江以北地区要铸青铜器，锡
或锡矿石要从南方运来。

在一些铸造铜器的作坊遗址内留存着炼渣，说明冶炼与铸
造同在一个作坊内进行。

河南郑州曾多次发现商代前期的冶炼遗迹，最重要的是南
关外的冶铜遗址，这一遗址的出土物使我们对当时的炼铜工具

也有所认识。商代熔铜坩埚主要有两种，一种为红陶质的大口缸，另一种为灰陶质的大口尊。这两种器皿在生活区内也有发现，原来它们并非熔铜工具，只是一种生活用器，用作熔铜的一种代用品。这种代用品原来的器壁较薄，用来作冶炼工具时还必须加工，在其内外均涂以很厚的草拌泥，壁厚一般达2厘米，这样就可以坚固，在高温下不致破裂。这些坩埚经过高温，胎与草拌泥都呈红色，在里面往往还残留着冶炼时剩下的铜渣。此外也有一种坩埚是用草拌泥特制而成，这是一种专用的冶铜工具，但仅发现残器。

商代后期熔铜坩埚较二里岗期有很大改进。前面谈到，在安阳苗圃铸铜遗址中曾发现专门的熔铜坩埚。郭宝钧说："坩埚大口尖底，倒视之，仿佛戏剧上的剧装的将军盔，所以工人同志们都以将军盔称之，因沿成专名。"将军盔一般是红黄颜色的，陶胎很厚，内夹有砂粒。由于陶壁厚，因而能经受高温而不致破裂。尖底的优点是便于插立和转倾。殷墟曾出土过一件高32.5、口径22.6、壁厚3厘米，可熔铜12.7公斤的将军盔。有人推测，如果用这种坩埚来铸造闻名的司母戊鼎，需要70个坩埚同时浇铸，要由多人同时操作，再加上制模、翻范等其他工种，那人数就更多了。由此可看出苗圃铸铜遗址是一个规模宏大的作坊。

山西侯马和湖北大冶铜绿山出土有春秋战国时代的熔铜炉。侯马出土的熔炉平面呈圆形，底径约70厘米，高于炉底35厘米处有一层炉箅。铜绿山炼铜竖炉由炉基、炉缸、炉身三部分组成。

3. 对冶铜和青铜器铸造过程的认识

冶铜遗迹和遗物的发现，有助于人们对古代冶铜和青铜器铸造形成具体的认识。郭宝钧在这方面做了大量的复原研究工作，基本上掌握了古代青铜冶炼的程序和青铜器铸造的过程。这是一个很大的贡献[8]。

古代青铜冶炼可分成三个步骤：

第一，选矿。在炼矿前，先选择那些杂质少、铜质好的铜矿石，以备熔炼。

第二，初炼。对选择好的铜矿石进行破碎，然后与燃剂木炭一起放入坩埚或炼炉内。为使矿石熔化，要在坩埚或炼炉内外点火，并用吹管鼓风助燃，使温度提高。待铜矿石熔化后，将汁液倒出，弃去炼渣。铜液凝固后，成为铜锭。

第三，提炼和加锡。把铜锭再放入坩埚或熔炉内，进行提炼。经过提炼后，杂质更少，铜质更纯。如果要铸造某种器物，根据所铸器物硬度的要求，加入一定比例的锡。工具、兵器需要多加锡，一般容器加锡较少。

铸造青铜器也有几个主要步骤：

第一，在提炼和加锡之前要制范做模子。想铸一件什么器物，先用泥土做个样子作为初胎。在殷墟曾发现过方彝、鼎、瓿、卣、盘等器物的残模，因此我们得知，在正式制范之前，要先做模，它是制范的基础。这种陶模又称为母型。最初的铜器一般是仿照竹、木器和陶的样子，比如鼎、鬲、爵等都是仿陶的。为了使铜器上出现平雕或者凸雕的花纹，在制模时，必须先在模上画好花纹，花纹的凹入部分用刀雕刻出来，凸起部分用泥做好后再加贴上去。

铸造铜器的模，一般用泥做，个别用石质，这也是铸造青铜器的传统工艺。春秋战国时期发明了失蜡铸造法，又称拨蜡法、出蜡法、走蜡法，工艺要求也更精细。

第二，翻范。陶模做好后，就可制范了。将细筛过的泥土调制和匀，拍打成平片按捺在陶模的外部，用力压紧，使陶模上的纹饰反印在泥片上，等泥片半干后，将其划成若干块，划开时主要按耳、足、角、边或中线等处用刀划整齐，把每相邻的两片做成三角形的榫卯，以便密切吻合。划下来的每一泥片，待其阴干或用微火烘干，再合成一个外腔，即成为所要铸造器物的外范。外范又称为"铸型"。

外范划分的块数多少，因器物种类不同而异，铸造工具和武器的范是用两扇单合范合成的，郑州二里岗发现的商代前期的大量的镞范，每一扇范内有5~7个好像树木的叶脉一样向左右分开排列，因而可知镞范一次可铸造5~7个或者更多的铜镞。铲、斧、镘等工具和矛等兵器，因其后端有銎，在铸造时就需有内范和外范，采用双合范和填范的方法。铸造容器则用三块陶范以上的多合范法。这种具有复杂工艺的铸造方法，是生产者经过长期操作实践的创造发明。有的器物器肩上的象头和兽头依靠分铸法才能铸成。

江西清江吴城发现的石范，多是锛、凿、斧、刀、镞的铸范。石范在铸造器形复杂花纹精细的器物时，其效果不如陶范，但在就近取材、反复使用方面，其效果要高于陶范。

第三，合范。把贴在泥模上的泥片按照一定的方法划下来后，再合拢在一起作为器物的外腔，即外范。在外范中心加一泥芯，作为内范。内范稍小于外范，一般是将原来的泥模外表刮去一层，成为内范。外范与内范中间的空隙，用作浇注铜液。两者的间隔也就是所制作的器物的厚度。常常在内外范之间设置土支钉，或子母榫眼相扣，以固定内、外范之间距，保证器壁厚薄均匀。器物上的花纹是刻在泥模上反印在外范的内壁上的，而铭文则是反刻在内范上的，因而商周青铜器上的花纹与铭文大都是铸成的。到春秋时代铜器上开始出现刻铭，例如春秋中叶的栾书缶，在器表上刻有五行四十字的铭文，而且每字还嵌以金。到战国时代刻铭才普遍流行，例如中山王䁡鼎等几件铜器，铭文很长，都是刻上去的。

第四，浇铸。在浇铸之前，为了防止灌浇铜液时产生很大的张力将拼好的范崩开，便用泥土围填外范，起到加固的作用，并留有灌浇孔和通气孔。灌浇孔有时不止一个，几个孔同时浇灌铜液，可以避免铜液很快"冷隔"。根据器物种类的不同，将铜锡比例配合好的溶液向范内灌浇，等溶液凝固，将围填外范的泥土和内外范打碎，取出铸好的器物。金文中的"铸"字，作"䰜"，上部像两只手拿着一个倒置的坩埚（将军盔）正在进行浇铸，形象地表现了倾倒铜计浇铸铜器的情况。

在为数众多的商周青铜器中，有些同类器物似乎是用同一范铸造的，但仔细观察，却没有任何两件在造型、花纹等上完全相同。这是因为采用一模作一范、一范铸造一器的缘故。

第五，打磨修理加工。器物脱范后，表面粗糙，花纹也不够清晰，只有经过打磨修理加工，才能成为一件表面光滑、花纹清晰的完好的器物。

总之，铸造每一件青铜器，必须经过冶炼、制范和熔铸等几道工序。

在铜器铸造过程中采用的失蜡法是古代铸造青铜器的重大发明。

我国古代铸造青铜器的传统工艺一般采用泥模法，这种办法无论是铸造小型或大型的器物和附件都有良好的效果。但陶模不宜铸造器形和雕镂复杂的器物，为了克服这一弱点，古代工匠发明了失蜡铸造法。

有关我国使用失蜡法铸造铜器的记载最早出现在唐代，以后历代都有所记载，例如《唐会要》、《洞天清录集》、《天工开物》等书。根据出土文物资料考察，用失蜡法铸造的铜器远远早于文字记载。

河南淅川下寺楚墓出土的春秋晚期的镂空云纹铜禁、湖北随县擂鼓墩战国早期曾侯乙大墓出土的尊与盘、江苏盱眙南窑庄出土的战国中期的铜丝网套错金银镶嵌铜壶等，这几件铜器上精美细腻的镂空附饰和网套，玲珑剔透，精巧华美，是用失蜡法铸造的。失蜡铸造法有很多优点，首先是制模方法简易，只需要整模，无需分块；其次是所铸器物精确度高，器外表不需打磨就很光滑。其工艺过程是，先用蜡捏出所要器物的模，再用细泥浆反复浇淋包住蜡模，再在外表涂以耐火材料，用火烘烤，蜡即流出，蜡模就成为泥模了。失蜡法铸造的铜器，以河南淅川出土的云纹铜禁时代最早，将我国使用失蜡法的时间上推到公元前 6 世纪的春秋时代。与世界文明古国相比，我国采用失蜡法铸造青铜器的技术居于世界领先地位。已发现的用失蜡法铸造的几件青铜器，对研究我国青铜艺术发展史和古代冶金史具有重要意义。

（四）中国古代铜镜研究的新进展与新收获

中国古代铜镜是在古人对美的执著追求中发明和发展起来的。铜镜与其他古代文物一样，反映着不同历史时期的文化艺术和人们的思想意识，并从一个侧面反映了当时社会经济的发展状况。

对古代铜镜的著录与研究，宋代的《博古图录》和清代的《西清古鉴》中就有相关的记载。近年来著录和研究著作逐渐增多，如《簠斋藏镜》、《小檀栾室镜影》、《古镜图录》、《岩窟藏镜》等。

应该指出的是，过去对铜镜的研究，因受客观条件限制，所用材料绝大部分是未经正式考古发掘的传世品或搜集品，因而缺乏科学的依据。再者，研究者多注意有铭文的铜镜，无铭文的铜镜就是有很重要的价值也常常被忽略。20世纪后半叶以来，随着考古事业的发展，在考古工作中发现了众多的铜镜，全国各地大大小小的博物馆都藏有若干铜镜，有的还具有鲜明的本地特色。大量材料的发现，为进一步研究中国古代铜镜的起源、文化内涵和发展演变提供了大量资料和信息，还可以对过去的研究成果给予检验和印证。

近几十年来，一些地区根据本地出土的铜镜资料，编著了有关的铜镜图录，例如《四川省出土铜镜》、《洛阳出土古镜》、《陕西省出土铜镜》、《吉林出土铜镜》、《九江出土铜镜》、《湖南出土铜镜图录》、《浙江出土铜镜选集》等。还出现了一些对铜镜进行断代或通论式研究的成果，如《唐宋铜镜》、《中国古代铜镜》等。下面简略谈谈20世纪后半叶以来有关铜镜研究的几个主要收获。

1. 早期铜镜的发现和对铜镜起源的探索

铜镜起源问题，是铜镜研究者历来所重视的，但以往多从文献记载入手。有关铜镜的最早传说，主要有《黄帝内传》："帝既与西王母会于王屋，乃铸大镜十二面，随月用之。"《玄中记》："尹寿作镜，尧臣也。"

有关铜镜起源的一些古老传说，因无确切的实物资料作依据，不足凭信。对铜镜起源的探索，只能以考古发现的实物资料作凭据。1975 年甘肃广河齐家坪墓葬和 1977 年青海贵南尕马台墓葬各出土一面齐家文化铜镜[9]，特征是圆形，弓形小纽。前者直径约 6 厘米，背为素面，后者直径为 8.9 厘米，镜背饰两周弦纹，在两周弦纹间再饰直线纹和"人"字形弦纹。这两面铜镜形体较小，外表亦较粗糙，呈现出铜镜的初始形态。齐家文化距今约 4000 年左右，这是迄今我国发现的最早的铜镜。

特别要提及的是，1976 年河南安阳殷墟五号墓（即妇好墓）发现的四面铜镜[10]。镜纽均作弓形小纽式，镜背饰弦纹，分别为二周、五周、六周不等。其中三面在弦纹面还饰有竖直短道和斜行短道。786 号镜的周缘饰一周乳丁纹。这四面铜镜粗拙朴素，应该说是铜镜的初起形态。

殷墟五号墓四面铜镜的发现，有助于解决 1934 年在安阳侯家庄西北岗 1005 号墓出土的所谓"带纽圆铜片"究竟是否为镜子的问题。过去对此一直有争论。"带纽圆铜片"为弓形小纽（即通常所说的桥形纽），背有横、竖直线纹饰，与妇好墓出土的几面铜镜在镜纽形象和纹饰上有相同的特点。1005 号墓出土的"带纽圆铜片"，因为仅发现一面，材料是孤立的，一般研究者不能断定它究竟是不是镜子，问题一直悬而未决。妇好墓四面铜镜的发现，提供了可靠的旁证，使问题得到了解决。据我所知，目前已出土的商代铜镜就是上述五面，这在中国铜镜发展史上是一个很重要的发现。1957 年在河南三门峡市上村岭虢国墓地发现属于西周末期至春秋早期的三面铜镜，其中二面为素面，一面有虎、鹿和鸟纹。

1975 年在陕西凤翔新庄河发现一面素面长方形纽镜。依据铜镜共存物分析，此镜的时代为商周之际[11]。

1977 年夏，笔者在宝鸡市博物馆看到渭南桑园圃西周前期墓出土的一件分裆鼎及同时出土的一面橄榄形纽素面镜。这面镜的发现极为重要，填补了过去未发现西周前期铜镜的空白，使商、西周、春秋时期的铜镜连贯了起来，这在考古学上也是一件了不起的事情。

西周晚期至春秋时期的铜镜也有重大的考古发现。除上村岭发现的三面外，1963 年在辽宁宁城南山根 101 号墓出土了属于夏家店上层文化的两面铜镜，该墓的相对年代为西周晚期至春秋早期。1972 年山东临淄郎家庄出土一面属于春秋晚期的铜镜。以上三处共六面铜镜，除上村岭 1612 号墓出土的一面为鸟兽纹双纽外，其余五面均为圆形素面，镜身平直较薄，边缘略突起，弓形小纽，直径为 5.9～9.2 厘米。临淄郎家庄的一面直径最大。

殷墟五面铜镜和西周至春秋时期的较多铜镜的发现，改变了过去在资料不足的情况下认为铜镜起源于南方的观点。上述十几面铜镜都发现在北方，可以初步得出这样的结论：铜镜起源于黄河流域，以后向南传播，到战国时代，南北方都较普遍地使用铜镜，尤以南方为多。

以上仅列举了从原始社会晚期至春秋时期中国早期铜镜中比较重要的发现，从中可以认识铜镜的起源和早期铜镜的主要特征，并补充了铜镜发展史上战国以前的空白。

2. 铜镜分期研究概况

在青铜器分类中，许多中外学者都将铜镜归在杂器类，有的将它放在杂器中的生活用具内。有的学者注意到铜镜的数量多，使用时间长，在古代文物中有着独特的重要意义和价值，故而将铜镜单独分作一类[12]。这是青铜器在分类学上的一个特殊现象。

青铜镜的分期,基本上是按照朝代来划分的。它的显著优点是,可将铜镜的发展变化与某一王朝的经济、文化相联系,放在相应的历史阶段背景中去考察。但需说明的是,在具体的分期方法上,学者们又有一些不同意见。见于著作的主要有:

《湖南出土历代铜镜》的分期:一、东周铜镜,二、秦汉之际铜镜,三、新莽铜镜,四、东汉铜镜,五、魏晋南北朝铜镜,六、隋唐铜镜,七、五代十国铜镜,八、两宋铜镜,九、辽金铜镜,十、元明清铜镜[13]。

《故宫铜镜特展图录》的分期:(一)战国镜,(二)汉镜,(三)六朝镜,(四)隋末唐初镜,(五)唐镜,(六)五代宋辽金元镜,(七)明清镜[14]。

《中国古代铜镜》的分期:一、中国铜镜的早期阶段(齐家文化、商周铜镜),二、中国铜镜的发展与流行(春秋战国铜镜),三、中国铜镜的繁荣鼎盛(汉代铜镜),四、中国铜镜的中衰时期(三国两晋南北朝铜镜),五、中国铜镜的高度发展(隋唐铜镜),六、中国铜镜的日趋衰落(宋金元)[15]。

古代铜镜的大量发现,尤其是纪年镜和可供断代的标准铜镜的出土,有助于对铜镜的断代分期和研究各时代铜镜的发展演变、特征与风格。

3. 战国以降重要青铜镜的发现和意义

战国铜镜在一些大小墓葬内都有发现。这一现象,说明当时市场上铜镜已作为商品出售。战国铜镜出土数量较多,地域也较广阔,其中以湖南省出土楚镜为最多,且质量精良。北方铜镜出土数量要少于南方,花纹也较简略。湖南长沙龙洞坡

826号墓曾出土春秋末期或战国早期铜镜，是一面素面镜[16]，该镜粗拙朴素，具有早期铜镜特点。河南信阳长台关楚墓出土二面云纹彩绘铜镜，背饰红黑等色大卷云纹，纹饰疏朗优美，其中一面饰彩绘虺蛇纹图案[17]。从铜镜发展史来看，彩绘镜是少见的。信阳长台关彩绘铜镜属战国早期，它的发现对研究铜镜艺术有着特殊价值。

多纽镜的发现是很重要的，这种镜子背有三个或四个纽不等，纽不在镜背中心处，而在边缘，作三角形排列、方形排列或一字形排列。辽宁朝阳十二台营子出土的几面战国早期多纽铜镜，直径达20厘米以上。周缘有简单的几何纹，内周为雷纹，外周为加斜线组成的雷纹[18]。山东临淄商王庄出土一面战国晚期的嵌松石云纹多纽镜[19]，直径达29.8厘米，可见多纽镜的直径要比一般铜镜大。商王庄铜镜优美绚丽，是战国铜镜中的一件珍品。

战国铜镜多圆形，方形镜少见，而方形透雕镜更稀少。1954年湖南长沙枫树山11号墓出土了一件战国早期方形透雕龙纹铜镜。

秦代铜镜很少发现。1975年湖北云梦睡虎地出土一面人与豹搏斗图案的铜镜，该镜直径10.4厘米，三弦弓形纽，方纽座。主题纹为两个持剑与盾的武士各与一兽搏斗，图纹将武士的英勇形态和兽的凶猛刻画得极为细微。

湖南长沙马王堆一号西汉墓出土一面蟠螭纹镜[20]，地纹为涡纹，卷缘，弓形弦纽，直径19.3厘米。出土时镜盛放在圆形奁盒内，并有红绢镜套。纽上系以保存完好的绛色丝带两条，使握之照面。河北满城中山靖王刘胜妻窦绾墓也出土两面蟠螭纹铜镜。以上都可说明战国时代流行的蟠螭纹铜镜至少到西汉时仍继续流行。

1984 年广州象岗山发掘的汉初第二代南越王赵眜墓，出土羽状纹地六山纹铜镜，在圆纽座上和每个山字的一侧都饰叶形纹，图案设计精巧，花纹细腻。战国时代有四山铜镜，而西汉南越王墓出土六山纹镜，由此可以认为这种多山字纹铜镜的使用和制作一直沿袭到西汉初期。

1978～1980 年，在山东淄博大武窝托村发掘的西汉初齐王墓 5 号陪葬坑，出土一件长 115.1、宽 57.7 厘米的长方形大铜镜[21]，大如穿衣镜，在铜镜发展史上也是空前的。镜的背部有环形弦纹纽五个，柿蒂形纽座，一纽在背中心处，四纽在两短边，相互对应。背饰卷曲纠结的夔龙纹图案，边缘饰连弧纹。《战国策·齐策》之《邹忌讽齐王纳谏》："邹忌修八尺有余，而形貌昳丽。朝服衣冠，窥镜，……"邹忌使用的应是大型穿衣镜。淄博大铜镜的发现，是对文献史料的一个很好的注释。

战国开始出现彩绘铜镜。1963 年 9 月西安市汉长安城遗址出土一面彩绘车马人物铜镜[22]，在朱色地上，彩绘有出行、狩猎等画面，有如画像石、画像砖上的图案内容，但在铜镜上出现这些图案则罕见，别具特色。傅嘉仪先生说，镜上的四组画面为"谒见、对话、射猎、归游。它以写实的手法和明快朴素的色调，描绘出古代社会生活的一个侧面"。

西汉时代的"日光"与"昭明"铜镜中有一种名为"透光镜"的镜子，这种镜子在上海博物馆和河南大学博物馆的藏品中都有发现。1989 年湖南攸县坳乡一座战国古墓出土一件三弦纹纽、圆纽座的蟠螭纹铜镜[23]，直径 21.8 厘米，也有透光效应。透光镜的主要特征是，当日光或灯光照射镜面时，与镜面相对的墙上能映出镜背纹饰的形象，即所谓透光效应。这种现象实际不是透光，而是映像。上海交通大学铸工教研组经过研究指出，铜镜在铸造过程中，镜背的花纹凹凸处凝固收缩，产生铸造应力，研磨到一定程度时，这些因素使镜面产生与镜背花纹相应而肉眼不易觉察的曲率，引起"透光"效应。隋唐之际王度撰的《古镜记》、宋代周密撰的《云烟过眼录》对透光镜都有记载。

东汉铸造的纪年铭文铜镜，有利于对这一时期铜镜的断代。在画像镜中有不少精品，如 1977 年河南淇县发现的一面画像镜[24]，直径 19 厘米，宽边沿，半圆形纽，内区画像有雕刻细腻的辎车、盘舞等，图案外圈铭文为："尚方作竟真大巧，上有仙人不知老。"

著名金石学家罗福颐生前曾到湖北武汉考察文物，见一面东汉铜镜[25]，背部图案内容为神兽，镜边缘一周铭文，经考证其内容乃是《诗经·卫风·硕人》章。镜铭以《诗经》为内容者，古镜仅见此一例。

三国两晋南北朝铜镜有纪年铭文的多神兽镜，而此种镜以三国时期的吴国出土最多神兽镜主要是吴地所产的吴镜，其他地区发现的此类铜镜亦应是吴国的产品。吴国铸造神兽镜的地点集中在会稽山阴（今浙江绍兴）和湖北鄂城（今湖北武昌）。北方许多地方所见神兽镜或画像镜大都是南方传去的。

1972 年太原发现的北魏辛祥墓出土一面罕见的三龙戏珠铜镜，镜铭："龙氏作竟（镜）佳且好，明天日月世之宝，大吉矣。"[26]

隋唐及其以后的铜镜，精品很多。如陕西永寿孟村出土一面隋镜，内区饰规矩神兽纹，靠近边缘饰十二生肖，围绕内区有铭文一周："绝照览心，圆辉烛面。藏宝匣而光掩，挂玉台而影见。鉴罗绮于后庭，写衣簪乎前殿。"[27]

1972 年唐章怀太子李贤墓出土了一件鸟雀花纹镜，内外区饰鸟兽，以花草纹为衬托。内外区之间有一周铭文："鉴若止水，光如电耀，仙客来磨，灵妃往照，鸾翔凤舞，龙腾麟跳，写态征神，凝兹巧笑。"[28]该镜是唐皇室贵族所用的一件精美的实用品。

1975 年和 1983 年在江苏邗江金湾镇和安徽怀宁各发现一面打马毬铜镜[29]，图案内容与北京故宫博物院庋藏的一面传世铜镜基本雷同。铜镜质量精，作八出菱花形，球形纽。镜中心画面为四人两两相对，各持曲棍争夺小球，骏马飞驰，场面激烈。整个图纹表现了马毬比赛的生动场面。

唐代特种工艺镜是铜镜中的珍品，其中主要包括金银平脱和螺钿镜。1970 年在河南洛阳关林出土的一件金银平脱鸾凤花鸟纹铜镜[30]，葵花状，圆纽，直径达 30.5 厘米，圆形纽座外有同向的作飞翔状的四只鸾凤，鸾凤间再填以花蝶和飞鸟。1963 年陕西西安出土一面金银平脱天马鸾凤纹铜镜，该镜以天马和鸾凤作主纹，其间与周围再配对称鸟雀，优美富丽。1955 年洛阳 76 号唐墓出土一件螺钿镜，用螺钿嵌成的图案内容丰富，中心部分二人对坐，一人弹琵琶，一人持杯。上半部分为花树和鸟兽，两只鹦鹉相向而嬉，下半部分为荷花鸳鸯。该镜是唐代工艺美术作品中的稀世之宝。

五代十国为时短暂，能确认属于这一时期的铜镜很少。安徽合肥南唐保大四年（公元 946 年）墓出土一面铜镜，圆形，小纽，描金海棠花图案，有"都省铜坊匠人李成"铭[31]。

宋代铜镜，从形制上看，除保留有传统的圆形、方形、菱花形、葵花形等，新出现的镜形有钟形、桃形、盾形。出于实用目的，还大量制作了带柄手镜。特别要提到的是，长方形铜镜虽早在两汉已经出现，但以后非常少见。1984 年浙江磐安宋墓出土一件长方形铜镜，长 15.2、宽 9.6、厚 0.6 厘米，背饰云雷纹[32]。湖南出土的蹴鞠纹铜镜[33]，画面为一女子在草坪上作踢球状，对面一男子似作防守状，图形表现了二人对踢的场景。

素面镜常铸有制镜作坊的标记，从中可以看出铜镜铸造业中的商品竞争。私营铸镜作坊在铜镜上都注明了某地某家所铸，发现最多的是湖州石家，写法也有所不同，如"湖州石家青铜照子"、"湖州真正石家无比炼铜照子"、"湖州石念二叔炼铜无比照子"等。1984 年在江西宜春发现的宋代袁州镜，镜铭为"袁州江北祖代杨家青铜照子"[34]。宜春古称袁州。"袁州"铭铜镜的发现，为研究当地冶炼史和宋代铜镜铸造业的分布与内涵增添了新资料。

北京发现的《满江红》词菱花铜镜也是新收获[35]。

注　释

[1] 吴其昌《金文历朔疏证》八卷附卷首，商务印书馆 1936 年版。

[2] 刘启益《西周金文中月相词语的解释》，《历史教学》1979 年第 6 期。

[3] 洛阳区考古发掘队（蒋若是执笔）《洛阳烧沟汉墓》，科学出版社 1959 年版。

[4] 中国科学院考古研究所《长沙发掘报告》，科学出版社 1957 年版。

[5] 广州象岗汉墓发掘队《西汉南越王墓发掘初步报告》，《考古》1984 年第 3 期；广西壮族自治区文物工作队《广西贵县罗泊湾 1 号墓发掘简报》，《文物》1978 年第 9 期；广西壮族自治区文物考古写作小组《广西合浦西汉木椁墓》，《考古》1972 年第 5 期。

[6] 中国社会科学院考古研究所等《广州汉墓》，文物出版社 1981 年版。

［7］ 四川大学历史系、西昌市文物管理所《四川西昌东坪汉代冶铸遗址的发掘》，《文物》1994 年第 9 期。

［8］ 郭宝钧《中国青铜时代》，三联书店 1963 年版。

［9］ 游学华《中国早期铜镜资料》，《考古与文物》1982 年第 3 期。

［10］ 中国社会科学院考古研究所安阳工作队《安阳殷墟五号墓的发掘》，《考古学报》1977 年第 2 期。

［11］ 王光永、曹明檀《宝鸡市郊区和凤翔发现西周早期铜镜等文物》，《文物》1979 年第 12 期。

［12］ 杜廼松《中国古代青铜器简说》，书目文献出版社 1984 年版。

［13］ 周世荣《铜镜图案——湖南出土历代铜镜》，湖南美术出版社 1987 年版。

［14］ （台湾）故宫博物院编辑委员会《故宫铜镜特展图录》，1986 年版。

［15］ 孔祥星、刘一曼《中国古代铜镜》，文物出版社 1984 年版。

［16］ 湖南省博物馆《湖南出土铜镜图录》图版 1，文物出版社 1960 年版。

［17］ 河南省文物研究所《信阳楚墓》黑白图版四七·1·2，彩版一三·3，文物出版社 1986 年版。

［18］ 朱贵《辽宁朝阳十二台营子青铜短剑墓》，《考古学报》1960 年第 1 期。

［19］ 齐文涛《概述近年来山东出土的青铜器》，《文物》1972 年第 5 期。

［20］ 湖南省博物馆等《长沙马王堆一号汉墓发掘简报》第 12 页图六，文物出版社 1972 年版。

［21］ 山东省淄博市博物馆《西汉齐王墓随葬器物坑》，《考古学报》1985 年第 2 期。

［22］ 傅嘉仪《西安市文管处所藏两面汉代铜镜》，《文物》1979 年第 2 期。

［23］ 贺鸿武《湖南攸县发现一件古代透光铜镜》，《文物》1989 年第 3 期。

［24］ 曹桂岑、耿青岩等《河南淇县发现一面东汉画像铜镜》，《文物》1980 年第 7 期。

［25］ 罗福颐《汉鲁诗镜考释》，《文物》1980 年第 6 期。

［26］ 戴尊德《太原北魏辛祥墓》，《考古学集刊》第 1 集。

［27］ 朱捷元《陕西永寿孟村发现隋代铜镜》，《文物》1982 年第 3 期。

［28］ 朱捷元《唐李贤墓出土的鸟兽纹铜镜》，《文物》1983 年第 7 期。

［29］ 国家文物局主编《中国文物精华大辞典》第 1295 图，上海辞书出版社 1995 年版；许文、金晓春《安徽怀宁县发现唐人马球图铜镜》，《文物》1985 年第 3 期。

［30］ 洛阳博物馆《洛阳关林唐墓》，《考古》1980 年第 4 期。

［31］石谷风、马人权《合肥西郊南唐墓清理简报》，《文物参考资料》1958 年第 3
期。

［32］赵一新《浙江磐安县安文宋墓》，《文物》1987 年第 7 期。

［33］同［13］。

［34］蔡汝传《江西宜春首次发现袁州镜》，《文物》1990 年第 4 期。

［35］程长新《北京发现宋〈满江红〉词菱花铜镜》，《文物》1985 年第 5 期。

六　二十世纪后半叶青铜器专题研究的进展与成果（下）

（一）古代青铜艺术研究的新开拓

中国古代青铜器在发展过程中形成了一个完整的发展演变体系，有着独特的民族特点。遗留到今天的众多的古代青铜器，不但具有重要的历史价值和科学价值，而且也有很高的艺术价值，给今天的我们以艺术美的享受。

中国古代青铜器是古人长期探索和创造的产物，它的总体特征是：造型优美，种类繁多，纹饰富丽，铭文典雅，铸造精巧。从艺术角度对青铜器的研究，近几十年来有了较大的进展。

1. 青铜器的造型艺术

兕觥、鸮卣和不同样式的鸟兽尊等青铜器，不但造型奇特生动，气派雄奇，而且装饰华丽，刻镂精工，反映了青铜器制作上的高超工艺水平。

湖南醴陵出土的商代的铜象尊，器表碧绿，象体浑厚，四足粗壮如柱，象鼻为注酒口。全身满饰多种鸟兽装饰，以繁缛细密的云雷纹为衬托。湖南湘潭出土的商代铜猪尊，器表光亮，长72、高40厘米，形体硕大圆肥，是一件大型盛酒器。猪作站立状，四肢着地有力，颈前伸，头微翘，犬齿外露，双眼平视鼓突，双耳直立，颈背上鬃毛竖起。猪背上有一椭圆形口，上覆一盖，盖有鸟柱捉手。全身满饰花纹，猪面部饰深峻卷曲的兽面纹，腹、背与背上椭圆形盖饰鳞纹，前后肢与臀部饰倒悬的回首夔纹，并以云雷纹作衬托。河南安阳殷墟 5 号墓出土的商后期妇好鸮尊和司母辛觥，造型新颖，制作精美，在同类器中是罕见的。鸮作圆眼，垂喙，高冠，站立状。尾部也作为支撑的支点，显得特别平稳。鸮顶后部开口置盖，上铸浮雕的鸟与兽的装饰。鸮身后部有一兽头鋬，两侧饰以蜷曲的蟠蛇纹作鸮的羽翼。司母辛觥形体作有二角的兽形，与一般兕觥的形象有别，前足似兽足，后足似鸟足，且与腹后部的双羽和卷尾形成一个整体。这两件器物，古朴典雅，匀称和谐，表现了艺术上的形式美。

师趛鬲与伯盂，形体硕大厚重，雄奇瑰丽，前者可称鬲王。师趛鬲高 50.5 厘米，口径 47 厘米，圆形，三袋足，二腹耳。颈前后中心部位各铸一浮雕兽头，兽头两侧均饰一对夔首鸟身纹。造型厚重，花纹富丽，反映了西周中叶青铜工艺的高度发展水平。

龙耳莲鹤铜壶是春秋青铜艺苑中的一株奇葩，1923 年河南新郑出土。该器体现了灵巧多变、生动活泼的时代特征，形体巨大，可谓壶中之王。器高 122 厘米，宽 54 厘米。整体呈椭方形，有盖。壶体四角饰相互纠结的夔龙纹，布局均衡对称。两侧面的腹部饰一对昂首垂尾的鸟，以圆雕细镂孔的回首二龙为器耳。器四角各铸一怪兽。环绕盖沿铸镂空莲花瓣两层，盖中心有一块与壶盖相吻合的铜板，板上铸一只双翼舒展、引颈欲鸣、姿态婀娜的仙鹤。两只作吐舌状的伏虎支撑壶体。龙耳莲鹤壶器展现了一种清新自然的艺术特征。这件伟大作品的出现，体现了春秋时代青铜艺术的创新精神。

20世纪70年代河北平山战国中山王墓出土了许多精美的铜器，如十五连盏铜灯、错金银龙凤鹿纠结铜方案、错金银虎噬鹿器座等，均可谓青铜文物中的绝佳作品。十五连盏灯高84.5厘米，宽47厘米。全灯形如茂盛的大树，由长短不同的八节接插而成，计15个灯盘。镂空透雕的圆形灯座，由三只一首二身口衔环的虎承托。座上站立两个上身赤裸，下围短裙，手捧食物作向上抛食状的人像，树上群猴戏耍、雀鸟鸣叫。树干顶上蟠龙攀附，整体宛如一幅美丽的图画。此灯设计精巧，造型别致，生动有趣，引人入胜。错金银龙凤鹿纠结座铜方案，全身满饰金银错花纹。在圆形底座下，以四只挺胸昂首的卧鹿为足，座上有四龙四凤相盘绕，每一龙头上顶一斗拱形饰件，上承一方案。案面可能为漆木制品，惜已朽。错金银虎噬鹿器座，虎体劲健有力，作半俯踞状，双眸圆睁，双耳直立，咬住作挣扎状的幼鹿。虎、鹿周身错以金银，黄白相间，熠熠闪光。在造型艺术上，艺术家将虎噬鹿这一景象表现得极为写实生动。

历年出土的编钟中，以1978年湖北随县战国曾侯乙大墓出土的为最佳。编钟分三层八组悬挂在曲尺形的钟架上，气魄雄伟，总数为65件，总重量达到2500公斤。横梁为黑漆彩绘长方木，两端有动物形象的青铜套。上层的立柱是圆木；中下两层的立柱，每层都有三个铜质佩剑武士，下层的铜人站立在圆形的铜雕龙座上，铜人用头和双手承顶着横梁架。这套编钟是世界上迄今发现的最雄伟、最庞大的古代乐器，被誉为古代世界的"第八大奇迹"。

1980年冬在秦始皇陵封土西侧20米处发掘出了两乘大型的彩绘铜车马，每车由四匹马驾驶。车与马约为真车马大小的

1/2。每辆车上各有一驭手。车上鞍具、挽具齐备，结构完整，装饰华丽，是研究秦代车制和铸造技术的实物例证。始皇铜车马铸造精工，结构完备，气魄宏伟，光彩熠熠，不失为青铜优秀作品。甘肃武威雷台东汉墓出土的铜奔马，马昂首嘶鸣，三足腾空，一足踏在一只回首的飞燕上，有风驰电掣之势。由于制作者利用了力学原理，使马的整体既活泼，又平稳。该作品深具浪漫主义风格，魅力无穷。

2. 青铜器装饰艺术

中国古代青铜器上常有平雕、浮雕和圆雕的图案和装饰这些图案和装饰，有着不同的特征和风格，反映了不同时代的习俗、风尚和对美的追求。

故宫博物院藏商代九象尊，器作圆形，用简洁工细的线条在尊腹上勾勒出九只象。象体敦实，长鼻上卷，双目圆睁，象牙与象耳清晰可辨，形象逼真生动，有着高超的艺术感染力。

中国历史博物馆的四羊方尊，堪称尊中精华。全器除饰有蕉叶夔纹、兽面纹、云雷纹以及肩部浮雕的四龙外，引人注目的是，在肩四角上都铸有一只卷角羊。龙头和羊角虽是采用了分铸法，但全器浑然一体。花纹装饰古朴典雅，繁缛细腻，不失为商代青铜装饰艺术中的佼佼者。

以凤鸟作装饰的商周青铜器数量很多。有的鸟纹图案作长尾高冠式，体态丰满优美，这是古代传说中凤的形象，现在习惯将这种形象的鸟纹图案称作"凤鸟纹"。东汉许慎在《说文解字》里对凤是这样解释的："凤，神鸟也，出于东方君子之国，翱翔四海之外……见则天下大安宁。"

青铜器上的鸟纹图案主要见于殷商后期和西周，这时的鸟纹图案多彩多姿。大体说来，商代的鸟纹以对称的直立和倒立的小型鸟纹为主，素朴简洁，灵秀典雅，一般作主题花纹的陪衬。河南安阳妇好墓出土的青铜器妇好偶方彝、妇好方鼎上都可以见到小鸟的纹样。西周鸟纹常常作为主题花纹装饰在器物的主要部位上。西周时期新创造的大鸟纹，高冠长尾，异常丰满华丽，装饰上与器物统一和谐，增强了器物的优美感。1976年陕西扶风庄白出土的丰尊和丰卣上的大鸟纹图案，优美典雅。这时还有一种鸟身短而尾羽长、整体修长的鸟纹，可称长尾鸟纹，姿态美丽动人，有着极高的美学价值。

鸟纹在商周以后的铜器上余韵不衰。1950年洛阳西工出土的一对秦代壶，器身饰有用细线条勾出简单轮廓的不同形象的鸟纹，其中翘尾欲飞的鸟表现出动作的瞬间，别具情趣。

北京故宫博物院收藏的战国时代的龟鱼蟠螭纹长方盘，通体满布精细华丽的纹饰。盘内底装饰着浮雕的龟、鱼、蛙等动物图案，用浮雕的螭相互纠结，形成水波流动状态，内底四沿十二只由水中跳至岸上的圆雕青蛙与水中的动物形成了一幅情趣盎然的写实图案。盘外器腹上饰有多种几何形纹饰与浮雕的兽，其中最引人注目的是，左右两侧各有一侧卧羊，羊首伸向一独角兽怀里，独角兽前爪捧着胀大的乳房作哺乳状，情态生动。据王人聪研究，该盘上的独角兽是我国古代神话传说中称为"獬豸"的动物。

东周的青铜器如壶、豆、鉴等器物上，常常刻出浅凹的大幅平雕图案。这些图案的内容往往反映了贵族的礼仪。闻名于世的宴乐采桑渔猎攻战纹壶就是这方面的一件典型作品。壶作圆形，器身满饰线刻图像，以斜角云纹为界，将画面分为三层，每层又有两种图案。第一层为竞射图和采桑图。竞射表现的人物均在持箭射靶，可能是礼书上所说的"射礼"。采桑图表现妇女正在采桑，可能是诸侯后妃所行的采桑之礼。第二层为宴乐武舞和弋射图像，前者表现贵族宴乐，有敲击钟、磬和鼓的场面和"干戚之舞"。狩猎场面很可能是文献记载称为"大蒐礼"的军事演习。第三层为陆上和水上的攻战图像，陆战图表现了架云梯登城的场面。采桑宴乐渔猎攻战图纹有着很高的历史价值和艺术欣赏性。

我国古代青铜器上的龙的装饰丰富多彩，无论是平雕的，还是浮雕、圆雕的龙，常因器物时代和器种的不同，风格与特征亦迥然有别。从出土或传世的青铜器看，以龙作青铜器上的装饰最早见于商代。有的圆盘内底上常饰卷曲的龙，龙身布满盘底，龙首突出而鲜明，圆眼，二角，常身饰菱形鳞纹。有的同时还饰鱼纹与鸟纹，更显华美富丽。青铜武器也有以龙作装饰的，陕西城固出土的透雕龙纹钺，钺中心圆形镂孔中透雕出一只张口露牙、一角、卷尾的站立龙，设计巧妙。西周青铜器龙纹的形式与结构有了很大变化。辽宁喀左和四川彭县出土的龙纹罍，隆起的盖上铸龙，龙首与前半身翘出盖表。这种平雕与高浮雕相结合的形式，更突出了龙的艺术效果，是一种创新。闻名于世的西周重器颂壶，腹部有相互纠结的无角龙纹。陕西扶风齐家村出土的它盉，以回首龙作鋬，以长颈张口的龙作流，二龙前后呼应，独具匠心。河北平山战国中山王墓出土的错金银龙凤纠结座铜方案，圆形底座上有四龙四凤相缠绕，龙伸颈昂首，一龙头顶一斗拱饰件。此器有着极高的艺术价值。东周青铜器采用浮雕式的龙，增强了整体的装饰气氛，寓优美富丽于神秘威严之中。

贵州威宁中水出土的西汉牛首形（图四七）、飞鸟形、鳡鱼形（图四八）、虎形等独特的动物状带钩，制作灵巧，形象

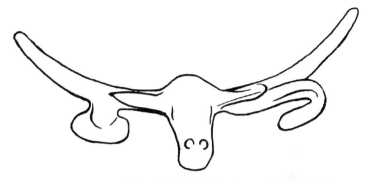

图四七　1978年贵州威宁中水出土的西汉牛首形铜带钩

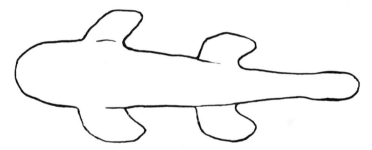

图四八　1979年贵州威宁中水出土的西汉鲵鱼形铜带钩

写实，惟妙惟肖。体粗肥、大头、尾细长的鲵鱼，形象逼真，完全写实，造就了一件带钩的珍品。这些轻便灵巧的带钩既可实用，又是一种艺术品。推测这些动物状带钩应是古夜郎国所造。

　　1986年四川广汉三星堆商代祭祀坑出土的青铜立人像，人体修长，隆鼻、大眼、宽嘴、方颐大耳，头戴高冠，身穿燕尾服，立在方形台座上。该像庄重威严，实感性强，是先秦第一铜质圆雕像。

3. 金文书法艺术

文字的发明是人类步入文明时代的重要标志之一。中华民族是世界上创造文字最早的民族之一。新石器时代的仰韶文化、大汶口文化、龙山文化的陶器上，已经有了刻划符号，这些符号或简单或复杂，但从总体上看，反映了汉字萌芽阶段的多层次的表象，有的符号已近于文字或者就是文字。

商周时代的文字见于甲骨文和金文。甲骨文是刻在龟甲、兽骨上的文字。金文则是铸或刻在青铜器上的文字。

金文的字体构造，完全符合"六书"即象形、指示、会意、形声、转注、假借。象形字是用线条画出物体的一部或全部形象，如：𝔻（月）、𝓎（人）；指示字是用一两个抽象符号，或在象形字上再加抽象符号，指出事物的形态，如：◡（上）、朩（本）；会意字是由两个或两个以上的象形字组成，以示人或物的形态及动作，如：𝞴（即）、𝟙（从）；形声字是用形符和声符两部分组成的字，形符表字义，声符表字音，如：祀（祀）、盂（盂）；假借字是声音相同或相近的字，可以相互借用，如：有＝友，凤＝风。转注字是意义相同，可以相互为用的字，如：昭＝明，细＝小。金文字体初为大篆。许慎在《说文解字序》中说，"周宣王太史籀著大篆十五篇，与古文或异。"两周金文即这种字体，即籀书。秦代则演变为小篆。秦汉铜器铭文，其字体多为小篆或更简化。

金文的出现约在殷商前期，最初字体稚朴古拙，内容属于族徽，兼有符号性质。

文化的发展有其继承性和连续性。殷商后期的金文，除有古朴自然的图形文字外，也出现了长达四五十字的铭文，如四祀𨨶其卣铭文 42 字，戍嗣子鼎铭文 30 字。这时金文书体雄劲有力，宏放恣肆，常作首尾尖、中间粗的"波磔体"。"司母辛"鼎上的铭文字体，凝重有力，不失为商代后期金文的代表作品之一。又如邲其所作三件铜卣，书体秀丽古朴。安阳后岗出土的戍嗣子鼎铭，笔势优美洒脱，遒劲有力。宰甫卣铭，特别注意到金文章法的排列，行款整齐。

利簋字体沿袭商后期的波磔体，雄伟有力。大盂鼎腹内壁铸铭291字，字体凝重苍劲，雄浑壮丽，字字规整，无丝毫苟且作风，不但是西周前期金文的典型作品，而且也是金文中的作表作品之一。偶匜字体佶屈，纤细妩媚。史墙盘的铭文行款舒展，字体高古典雅。值得一提的是，清道光年间（公元1821~1850年）陕西宝鸡出土，今收藏在国家博物馆的虢季子白盘，盘内底有金文111字，字体圆润灵秀，亮丽优美，已显出小篆韵味，开辟了大篆向小篆发展演变的先河。更值得一提的是，该铭文有韵，读起来朗朗上口，铿锵有力。与虢盘接近的书体是师虎簋铭文，显得清秀柔和。

西周后期金文的书法趋于严谨精到，字的竖笔常呈上下等粗的柱状，称为"玉柱体"。为了使每字大小均匀和横行、竖行整齐，有的还采用方格，再在方格内填字。周厉王㝬簋铭就具有玉柱体风格。1978年陕西扶风出土的㝬钟则将铭文填在网格内，铭文整齐均匀，每个字也清晰鲜明。还应说到的是，现收存在台湾的西周后期的矢人盘，盘内金文375字，其字体方正有力，独具特色，为书家所重视。

东周（春秋、战国）时代金文在书法上丰富多彩，变化多端。商周时代以王室王臣铸器为主，而进入东周以后则各个诸侯国普遍铸造青铜器，不仅晋、齐、秦、楚、吴、越等大国铸器，即使一些小国如纪、黄、邓等国也在铸造。各诸侯国文化共性虽是重要的，但在金文书法艺术上反映了各自的特点。有作瘦体的，如河南淅川出土的王子午鼎铭、安徽寿县出土的吴王光鉴铭。这种瘦体书法，除笔画较细外，其主要特征是每字结体修长，长度大于宽度，铭文整体清秀旖旎。有作肥体的，如山东黄县出土的屖伯盨铭。这些肥体字更显苍劲有力。有的还特意模仿商周时代的波磔体，在求工的基础上，加强字体的装饰性和风采，如武汉市文物商店近年收藏的蔡太史铆的铭文、山东出土的陈侯方壶的铭文等，但它们较真正的商周波磔体要滞涩多了。据学者研究，秦公簋铭已用活字模型，字体大而方正，有着浓郁的大篆风格。在晋国铜器中，如传世品中的智君子鉴、少虞剑的铭文，还出现了称为"蝌蚪"的字体，这种字细分析实际上是波磔体的一种变化，是将笔画的首尾尖变成仅一头尖，因而形似"蝌蚪"。

最具有艺术趣味的书体是江淮一带的鸟虫书，主要流行在吴、越、蔡、楚、徐等国。鸟虫书的特点是，把文字图绘成盘旋曲折的鸟虫形，实际上就是一种美术字，大多饰在锋利精美的武器如剑、戈上。近年湖北江陵出土的越王勾践剑，剑身靠近剑格处有"越王鸠（勾）浅（践）自作用剑"八字鸟篆铭文。字体精致典雅，优美玲珑，是鸟虫书中的代表作品。

春秋时由于在青铜制作工艺方面的错金术的发展，在容器和兵器上常见错金书。1980 年湖北江陵马山出土的吴王夫差矛上，就有富丽灵秀的错金铭文。青铜器上的错金字增强了文字的瑰丽感，使文字更加熠熠夺目，亮丽鲜明。

战国金文内容一般较为简略，常在容器和武器上"物勒工名"，记铸造机构、职官名和生产者的名字等，有的还记载器物的重量和容量。一般书体显得瘦硬呆板，字结构常简省。战国时代铜器上的长篇铭文不多，而 1974 年河北平山战国中山王墓出土器物，不但铭文长，有几百字的金文，在书法上还有所创新。中山王鼎 469 字，中山王壶 450 字。器物铭文布满器身，文字排列均匀整齐，刀法娴熟。从书体特点看，每字竖笔常常引长下垂，尾端尖锐，其书体与魏晋印章和魏正始石经上的称作"悬针篆"的书法相若，应是悬针篆书法的先声。中山王器铭文书法是先秦书法艺苑中的瑰宝之一。

秦汉时代的金文书体，为小篆和隶书，特色不多。

综上所述，古代青铜艺术具有造型的、装饰的、书法的等多方面的审美价值，给我们以永恒的艺术美的享受。

（二）青铜伪器鉴定研究

青铜器鉴定的目的，就是通过对实物进行科学的考察，以得出器物真赝、时代（年代）及其价值的正确结论。青铜器鉴定有广义和狭义之别。广义的包含定名、花纹、铭文、铸造、真赝时代（年代）、价值等；狭义的则主要指时代与真赝鉴定。在通常情况下，其含义更偏重于后者。

铜器作假是有历史渊源的。春秋时期，赝品就出现了，因此，先秦时期也就有了青铜器的辨伪。在传世的青铜器中常有赝品。有些器物貌似商周器物，但仔细观察，会发现是后人的仿作，在造型、花纹、铭文等方面不免暴露破绽。当然，也有的确实不易分辨出真伪，但真正的内行里手是可以识破的。如果仅凭经验难以鉴定，就要依靠科学手段了。

从史书记载看，两汉已开始较多地发现古铜器，并重视古铜器的收藏。各个封建王朝制礼作乐大都以西周的制度为基础，礼乐器物的形式也模仿"三代器"，"上即仿制以崇古，下便伪造以图利"，因而伪造和仿造铜器应运而生。大量仿造和伪造始自宋代，元、明和民国都有一定的数量。

宋代以后，作伪方法也随技术的发达而不断改进。清代《西清古鉴》、《西清续鉴》、《宁寿鉴古》收录的青铜器，大都是元明两代遗留下来的，其中有不少是赝品。这几部书总共收入 4074 器，有铭者 1173 器。有人对其中有铭的器物进行了辨伪，可疑的 170 器，伪造的 317 器，真器为 686 器。阮元《积古斋钟鼎彝器款识》一书中，有铭文长达 550 字的晋侯盘，文词仿《尚书》、《左传》等书，但文义矛盾，是乾隆年间（公元1736～1795 年）的伪造器。但也有人把陕西出土的毛公鼎说成是假器。民国时期，山东、陕西、上海、苏州是伪造青铜器最发达的地方，曾出现过不少伪造高手。

1949 年以后，国家十分重视博物馆的建设，对全国各级博物馆的各种藏品进行鉴定和定级。在定级工作的过程中，在深入科研的基础上，将那些混入真器中的赝品剔除出去。在全国青铜器鉴定工作中，鉴定出不少青铜器赝品。这些青铜器伪作对认识和研究青铜伪器的特征、作伪规律等，都有一定的意义。兹按照青铜器伪作常见的几个特征，简略举例，以见伪作之一斑。

第一，全器皆伪器。这类伪作铜器，作伪者常用真器翻模或模仿古制制造伪器。

旧时在商周鸟兽尊一类器物中，常可见伪器。有些伪作青铜鸟兽尊等，审美价值很高，受到国内外收藏家的青睐，有的早已流落到海外。

山东某文博单位收藏的一件牺尊，牺体滚圆，作站立状，背上一活动盖可开合，体素无饰。粗看该牺尊外表形状，与战国时代的同类器颇为相似，但仔细观察，则大为逊色，缺乏神韵，无完美的古朴感，失去了真器的固有特点。器身上的绿锈和枣皮红锈均是浮锈，尤其是枣皮红锈，用手稍一抠，很易脱落，这与战国铜器生成的锈坚硬结实完全不同。该器属宋代伪作。前人有"肇新宋器，匹休商周"的说法，此器即是如此。

某博物馆收藏的虢文公子段鼎也是伪作的一个典型例子。北京故宫博物院收藏的一件同铭的虢文公子段鼎为真器，圆浅腹，三蹄足，二直耳，颈饰窃曲纹，腹饰环带纹。整体造型雄伟，花纹精致。器内铸铭文4行22字，是研究西周晚期虢国史的重要资料，可与1956年三门峡市上村岭1631号虢国墓出土的虢季子段鬲铭文相互补充。某博物馆所藏的虢文公子段鼎，搬动起来有"压手感"。商周青铜器经过两千多年的地下埋藏腐蚀，铜质疏松，比重下降。而新铜则没有这一特点，因而新铸器比同样大小的商周器要重许多。再者，伪鼎外表颜色是作旧的，铭文字体有刀凿痕，有的字笔画也未到家，如"子"字的下撇笔画就未出来，等等。

前人认为，伪作先秦两汉铜器是在宋代以后，其实，早于宋代已有赝品出现。东北某博物馆所藏集安1196号高句丽墓出土的一件铜鼎，鼎作扁圆腹，三直高足，肩部二环耳，圆形小口，有盖，盖上一环纽，器身全素。这件铜鼎是高句丽仿东周楚式小口鼎，形神酷似，大有乱真之势。但深入辨识，其腹形不似楚式小口鼎那么圆；其肩部二环耳也单薄，不似后者有的耳上还有链；其盖上仅一个环纽，而后者盖上常铸几个环纽。集安小口鼎的皮色与锈色也表现出伪作的特点。高句丽建国在唐代，综合考察，此件小口鼎的制作时间应在唐代。

第二，真器加刻伪铭或伪花。不少铜器原本清素无花纹和铭文，到了一些古董商手里，他们想尽一切办法加刻伪铭或伪花，迎合收藏家的喜好，借以牟利。

天津某博物馆收藏一件神兽镜，该镜原有破损，作伪者补上了一块新铜，并在新铜上刻"宝鼎元年"（公元266年）伪铭（"宝鼎"为三国吴孙皓的年号）。该馆收藏的一件兽面纹铜瓿，器内伪刻象形"鸟鱼"二字铭，字体呆板无神，没有金文的典雅古朴感。

山东潍坊市博物馆收藏的一件铜鼎，圆腹，三柱足，二直耳，颈饰夔纹，内壁有铭"伯父乍宝鼎"。鼎本身为真，但字是民国时期后加的。由于该鼎不大，作伪者在鼎内直接刻凿不便，因而施以巧计，先在铜片上刻好伪铭，再将原鼎开一孔（所谓"开天窗"），将有伪字的铜片嵌补进去，铜片周围再作旧。但仔细观察铜片的周围，可隐约看到拼合的缝线。该伪铭字体粗肥，由于作伪铭者缺少金文的基本常识，有的字还短笔缺划。

青岛市某博物馆收藏的一件商代青铜簋，双兽耳，腹饰斜方格乳丁纹，颈饰夔纹，颈前后有凸起的兽头。该簋花纹间的地上空白处和乳丁的外围都有错金装饰。有错金装饰的青铜器最早见于春秋时期。这件有错金饰的铜簋是清末至民国的赝品。与东周以后的错金银相比，此伪作错金图案显得俗不可耐。铜簋内底还有伪铭"父戊"二字，伪刻字破坏了锈斑和氧化层，字体的笔画也不到家。

第三，改样拼凑的铜器。旧时古董行将这种特点的铜器称作"捣撒货"，它是将属于不同旧器的残件设法拼合在一起，使其变成一件完整的器物。稍有青铜器常识的人，一望可知器的各部分极不协调。有的器物经过加工改造后，变成另外的器形，成为一件变体器，老古董称为"改锹"。还有的是一件残缺不全的铜器，经古董商人修补复原，变成一件完整的器物。

辽宁某博物馆收藏的一件铜刀，形体很大，作直刃翘尖状。刀把由旧器的某一部分充当，刀身是后制的，其上的锈是堆上去的软锈，没有晶莹发亮的自然光泽。

天津市历史博物馆收藏的一件商代铜卣，长颈有盖，盖上铭文为"举父辛"，器铭则为"枚父丙"，盖与器纯属张冠李戴。卣腹与足原残缺不全，经加工修补才成为全器，但仍可看出修补痕迹。

将真铜残器修补复原，使其成为一件完整器，在传世铜器中是较多见的。作伪者为了不让人看出修补痕，常用酒精加漆皮调色，在新铜上作假地和假锈。对于修补好的残铜器，鉴别时应辨明哪一部分是原器残件，哪一部分是后补上的。某博物馆收藏的一件汉代铜钟（壶），形体很大，但原残器部分保存很少，绝大部分是利用新铜后补上的，如不认真辨识，很易看错。天津历史博物馆收藏的一件错金银嵌松石带钩，整体基本上是旧有的原件，但带钩的钩头呆板失真，可确定是后配的。

多年来，在继承前人经验的基础上，在新的理论指导下，再经过大量的实践，我们对青铜器的辨伪就有了更科学、更准确、更实用的辨伪方法。

鉴定青铜器的真伪首先需要了解和掌握商周乃至秦汉青铜器的基本知识，从铸造方法到种类、形制、花纹和铭文等各个方面，还要熟悉每一时代青铜的特征和风格以及青铜器整体的发展演变规律。

其次要注意铜器的地（铜器外表的皮色）与锈的真伪。地与锈的颜色因不同时代、不同地区铸造铜器的铜质而异，也与入土或入水地区的土质，有着密切的关系。青铜器的地子和锈的颜色，常见的主要有绿、红、蓝、黄、白、紫、黑等色。真器由于制作年代久远，形成的地子一般是锃光发亮，有自然的光泽，就是后代人想伪造这样的地子，也很难达到预想的效果。伪造铜器的假地子，一般多发乌发暗，没有光泽。真假铜器在铜锈上也有很大不同，真器由于时间久远，多年生成的锈坚硬结实，锈不是浮在铜器表面，而是渗透到铜器的内里了，要硬往下抠，才能抠下块状锈，极坚硬。假锈是人工加上去的，因而只能浮在铜器的表层，锈块较软，抠下来易搓成粉末，假锈抠下来，就会露出新铜色，作伪就完全暴露了。

再次是伪造的青铜器外形没有真器的古朴神韵，而给人一种失真感。假花、假铭也没有真器的雄伟、细腻和浑厚的气韵，而是生硬呆板。真器的花纹一般层次分明，清晰而平整；而作伪花纹则线条散漫，且一般比真器的花纹鼓凸，没有真器花纹常出现的铸瘤，层次也常不清晰。商周真器的铭文常是铸字，字体一般大小深浅如一；伪铭常见有刀凿痕，作伪者为去掉刀凿痕，有时又采用强酸的腐蚀法作伪字。伪铭的字体呆板无神韵。在真器上伪刻和补刻一部分铭文，作伪者常将器物的锈斑与氧化层破坏，字口内光亮洁净，很容易辨识。

第四，先秦两汉青铜器的造型、花纹和铭文所表现出的时代风格都是一致的，而伪器表面上似乎与时代风格一致，但仔细观察，破绽仍然会显现出来，常常会发现一些时代风格特点上的矛盾，如在汉代铜器上补刻商周文字等。

第五，青铜器鉴定要多利用科学的考古发掘出土的器物以及学者们确认的传世铜器作为标准器进行比照，这样所鉴定的铜器就找到了可资对比的资料，增强了辨伪的可靠性。例如，北京故宫博物院收藏的三羊尊，与1977年北京平谷刘家河出土的三羊尊除大小有别外，造型、纹饰均雷同，可谓形似神似，再参照其他方面的依据，证明传世的三羊尊是真器。

这里还需要强调一下，青铜器辨伪是一项比较复杂的工作，要善于多观察，多比较，积累知识和经验。过去的古玩行当在鉴定青铜器的实践中形成了一套经验，他们把这些经验编成顺口溜："先看型，后看花，拿到手里看底下，紧睁眼，慢开口，铭文要细察，铜质（铜地子与铜锈）是关卡。"这些话对我们今天鉴定青铜器的真伪仍然很有启发。

有关采用自然科学方法对青铜器真伪的鉴定，我们在后面将要谈到。

（三）青铜器定级标准研究

1987年文化部颁发《文物藏品定级标准》。2001年4月文化部重新颁布《文物藏品定级标准》，规定："文物藏品分为珍贵文物和一般文物。珍贵文物分为一、二、三级。具有特别重要历史、艺术、科学价值的代表性文物为一级文物；具有重要历史、艺术、科学价值的为二级文物；具有比较重要历史、艺术、科学价值的为三级文物。具有一定历史、艺术、科学价值的为一般文物。"确定青铜器级别，首先要求鉴定时必须联系青铜器的形制特征、造型风格、花纹和装饰特点、铸造技术和工艺水平、铭文内容和书体情况、铜器保存情况，乃至光泽色彩程度、同一器种的多寡等，再评估其历史、艺术和科学价值。

需要指出的是，与其他古代文物一样，按照定级标准，同属于一级品的青铜器，其历史、艺术、科学价值仍有较大程度的不同。一些举世无双的青铜器珍品，虽暂定为"国宝级"青铜器，但仍归属一级文物。

这里还需说明的是，每件青铜器在确定级别之前，一定要做好真伪和时代鉴定，这是青铜器定级的重要基础。青铜器鉴定是一项综合的、层次较高的工作，需要鉴定者努力实践和学习，要有较为扎实的青铜器基本知识、广博的历史与文物知识和较为丰富的考察青铜器的实践经验。

1. 青铜器一级品鉴定

有的青铜器作品同时含有多方面的优势，也有的青铜器作品以一项或两项鲜明的特点而独占鳌头。但仍需指明，确定青铜器级别时，一定要注意对器物的综合考察。下面我们拟从几个角度列举"国宝级"青铜器的主要特征。

（1）具有高度的历史、艺术和科学价值。

商代后期的司母戊大方鼎，是罕见的大型青铜器，风格古朴典雅。在铸造上多范法和分铸法的运用，反映了当时生产力的发展水平。司母辛鼎被发现后，大鼎的时代可上推到武丁至祖庚、祖甲时期，这对研究我国青铜冶铸发展史有着重要意义。殷墟妇好墓出土的司母辛方鼎，器形宏伟，铸造精致，是商王祖庚、祖甲为其母辛所作的祭器。铭文书体雄劲有力，气势不凡。该器亦是殷墟前期青铜器断代的标准器。

故宫博物院收藏的西周师趛鬲，铸造精良，是目前所见最大的铜鬲。铜鬲上装饰的张口回首的大夔纹，与器物本身相和谐，表现了极强的艺术效果。西周厉王祭祖的㝬簋，重60公斤，是目前所见最大的青铜簋。高耸的兽耳和腰与方座上的直棱纹，增强了壮丽感。铭文书体亦整齐优美，是西周晚期金文的代表作之一。

　　陕西宝鸡出土的西周何尊，器身铸大扉棱，方形圆口，开创了铜尊造型的新风格，铭文记营建成周洛邑事，可与古籍相参证。陕西扶风出土的西周痊壶，通高60多厘米，造型高大雄壮，器表光润，铭文内容对研究西周礼俗有重要价值。屡见著录的大盂鼎和大克鼎，一直受到海内外学术界的重视。两鼎均为大型鼎，并有长铭。大盂鼎铭内容可抵《尚书》一篇，是周康王诏告周王朝立国的经验和殷丧国教训，铭文书体雄健有力，气势磅礴。大克鼎铭笔画圆润，书体畅达。两者均是西周金文典范。两鼎也是西周青铜器断代的标准器。

　　（2）具有独特超凡的艺术价值。

　　河南偃师二里头出土的夏代乳丁纹平底爵，造型优美，器壁匀薄，古朴典雅，有着高雅的美感。该器是我国青铜器早期发展史上的重要资料。江西新干出土的商代双耳立鹿大甗，形体巨大，为早期少见的圆形四足甗，双耳上的立鹿饰有很浓的装饰风格。妇好墓的偶方彝是青铜器中新颖的器种。山西石楼出土的商代龙纹兕觥，体作长扁形，与常见的椭圆或方形的觥迥然有别，是目前仅见的器形，盖上龙纹古朴生动，体现了北方民族装饰的特有魅力。新干出土的立鸟双尾铜虎，推测可能与墓主家族崇拜有某种关联，这种有双尾的虎前所未见。战国中山王墓出土的虎噬鹿器座，全身错以金银，绚丽多彩，匠师将虎的威猛表现得淋漓尽致，可称青铜圆雕艺术中的一颗明珠。湖南湘潭出土的商代铜野猪，形象颇具野性，体大而重，饰有回首夔纹。猪尊的发现为鸟兽尊增添了新的品种。陕西兴平豆马村出土的战国错金云纹犀尊，生动逼真，全身以细腻的错金云纹为饰，是目前所见各种鸟兽尊中的上乘作品。河南博物院和故宫博物院分别收藏的一对春秋时期的莲鹤方壶，其凝重活泼的艺术效果令世人赞叹。河北战国中山王墓错金银四龙四凤方案，全身满饰金银错花纹，在圆形底座上有立体圆雕四龙四凤相缠绕，设计巧妙，具有极高的艺术价值。

秦始皇陵出土的铜车马，制作工艺复杂，驭官驾驭，驷马雄立，庄严肃穆，典雅大方，对研究秦代舆服制度有着重要的价值。西汉长信宫灯以其优美动人、制作工艺高超而令人驻足。

（3）具有高度的历史价值。

某些青铜器虽然具有多方面的价值，但最突出的莫过于铭文的历史价值。商后期的邲其三卣有较长的铭文，保存了商代奴隶主贵族祭典和社会生活的重要史料。该器为商纣王时所铸，是当时青铜卣器的典型。小臣缶方鼎，虽形体不大，但花纹布局匀称，铭文更重要，内容为赐禾稼事，这在商代金文中是特例，对研究当时的政治、经济有重要意义。西周中期以后，"溥天之下，莫非王土"的国有土地制度变化很大，在传世或出土的铜器铭文内也有反映。1975 年陕西岐山董家村出土的共王时代的卫盉铭、王祀卫鼎铭、九年卫鼎铭等，均是研究奴隶社会土地国有制到封建社会土地私有制历史变革的宝贵史料，有着重要的历史价值。虢季子白盘和多友鼎（图四九）等器铭文，反映了西周王朝与猃狁战争的情况，是研究西周政治、军事和民族关系的重要资料。虢季子白盘铭文书体优美，有很浓的小篆意味，开大篆向小篆演变的先河。北京房山琉璃河出土的克盉铭文 43 字，有"命克侯于匽"句，对研究西周分封制度和燕国史有着重要意义。西周史墙盘铭文追颂周初各

图四九　1980年陕西长安县下泉村出土的西周晚期多友鼎铭文

王的功业,其中记载的"弘鲁昭王,广批楚荆,唯狩南行",可印证和补充历史文献,解决了学者们长期争论的一些问题。倗匜铭文可研究西周刑法和狱讼盟誓制度。1955 年陕西郿县(今眉县)出土的盠驹尊铭,反映了西周王朝对马政的重视(图五〇)。战国中山王䐮鼎和方壶铭文,对于研究文献记载很少的中山国史和中山国于公元前 316 年参加伐燕的史实,具有补充作用。

(4) 具有很高的科技价值。

分铸法的发明为铸造结构复杂的青铜器创造了条件。故宫博物院藏三羊尊和国家博物馆藏四羊方尊,造型厚重端庄,花纹繁缛富丽。四羊方尊上的羊头、羊角和三羊尊的羊头,都是先采用分铸法,然后再与全器混铸在一起。战国中山王墓出土的十五连盏灯,形如茂盛的大树,由长短不同的八节接插而成,结构严谨,稳重大方,反映了高超的制作技巧。灯枝上的猴、鸟像,惟妙惟肖。青铜器铸造的传统方法是陶范法,东周时代又发明了失蜡铸造法。河南淅川楚墓出土的蟠虺纹铜禁、湖北随县曾侯乙墓出土的铜尊盘、江苏盱眙出土的错金银网罩铜壶等几件铜器,器物的某些部分或部件都采用了蜡模法,因而使器物细腻精美,玲珑剔透。青铜兵器中,吴越武器可谓最闻名,《周礼·考工记》云:"吴越之金银,此材之美者也。"湖北江陵望山出土的越王勾践剑,至今光彩照人,世所罕见。据北京科技大学研究,剑身所呈黑色的菱形花纹,含有少量的硫。山西浑源出土的东周时代的嵌红铜狩猎纹豆,技术之精良,镶嵌狩猎纹之清晰,属上乘之作。湖北随县曾侯乙墓出土的总重量达 2500 公斤的全套编钟,更是集冶金、音乐等多方面科学技术之大成。经测音,表明我国在战国时已具备完整的

图五〇　1955年陕西郿县李村出土的西周中期盠驹尊铭文

十二乐音体系。由于利用了金汞剂的科技方法，青铜镏金工艺也非常发达，故宫博物院收藏的东汉建武二十六年（公元50年）乘舆斛、江苏徐州出土的东汉镏金卧兽铜盒砚等器物，均是同种工艺中的杰出作品。

按照国家颁布的文物定级标准，非"国宝"的青铜器一级品也属于有特别重要价值的代表性文物。从青铜器造型、装饰、铭文、铸造等方面看，或某几个方面均突出的，或有一、两项特别突出的，等等。下面从几个角度列举有代表性的青铜器一级品的特点与风格。

（1）从造型、花纹、铭文、铸造等方面综合考察

河南安阳后岗出土的戍嗣子鼎，器体浑厚凝重，铭文属商器中的长铭，记商王赐贝事。妇好鸟足鼎，系安阳殷墟五号墓出土，三只鸟足造型生动别致，较罕见，此鼎有很高的艺术价值。

故宫博物院收藏的西周追簋，形体较大，器身与座上的花纹以及双龙耳奇诡富丽。铭文书体整齐精到，内容对研究西周贵族祭祀和称谓都有着重要价值。洛阳出土的西周叔牝方彝，端庄富丽，是同类器中的精品，因铭中"王姒"的出现，该器可确定为西周初期青铜器断代的标准器。故宫博物院藏品伯盂，器体厚重，夔首鸟身纹独特典雅。该器也为西周中期青铜器断代提供了重要资料。春秋早期郑义伯醽，造型与花纹优美。醽在铜器中不多见，该醽是同类器中罕见的青铜名品。

洛阳北窑出土的西周太保铜戈，作较少见的短胡二穿式，又有"太保"铭，对研究北窑庞家沟墓地的性质有重要价值。湖北江陵出土的吴王夫差矛，制作技艺高超，形制精美，矛上有黑色纹饰。该器自名为"铘"，为铜矛的定名和古文字学研究增添了新资料。安徽省安庆市出土的越王丌北古剑，制作精美，鸟篆铭高雅富丽。铭文中的"丌北古"名的出现，对研究越国王世很有价值，并可与古籍互补。

故宫博物院收藏的其次句鑃，铜质精良，器素朴素。自名"句鑃"，与"姑冯句鑃"相同，有助于解决这种乐器的定名问题。

（2）造型凝重、优美、独特。

春秋莲瓣龙耳方座簠，造型雄奇伟丽，反映了齐国青铜簠的风格。商代兽面纹大瓿，浑厚凝重，形体高大，器表光润，是瓿中的上乘作品。湖南岳阳出土的商代牺首兽面纹铜尊，器体高大端庄，属大型盛酒器，装饰格调高雅。西周堇临簠形体匀称，花纹亦精，是簠中精品。故宫博物院藏兽面纹觥觥，质地精良，花纹精细，小巧玲珑。

陕西延安市文管会收藏的商代羊首匕，山西吕梁地区文物室收藏的铃首匕，表现了北方地区铜匕的风格特点，独特灵巧，具有浓郁的地方特色。

湖南省博物馆收藏的青铜象尊，形象栩栩如生，花纹优美。故宫博物院收藏的兽面纹大钺和青铜大刀，制作精良，是较少见的大型武器。

（3）装饰优美独特、精致细腻。

商代癸再簠，花纹细腻而丰满，层次分明，是少见的艺术珍品。西周水鼎，腹上所饰竖直线纹，韵致简洁，给人一种朴素淡雅的美感。湖北黄陂李家嘴出土的商代二里岗期的铜簠，二兽首耳，宽大精细，表明二里岗期的铜簠已开始有双耳了，对研究铜簠造型的发展极为重要。九象尊（友尊）九只象纹，逼真生动，有着高度的写实性。该尊的形制较为少见。

河南淅川出土的卷云纹铜鼎，器与盖上共饰七周卷云纹，典雅优美，这一装饰特点是少见的。西周鸟纹爵，器上饰有富丽生动的西周凤鸟纹，为研究西周早期铜爵的形制特点提供了材料。故宫博物院收藏的战国螭梁盉，铸造工艺高超，镂空螭梁不多见。人面、鸟嘴、有翼的怪兽作足，富有神话色彩，可与《山海经》中的有关记载相参照。

广西贵县罗泊湾出土的西汉漆绘铜盘，盘的内外绘黑漆彩画，这在铜器中是难得的，该盘又出土在边远地区，更显珍贵。

（4）铭文内容的重要价值。

商代毓祖丁卣，铭文内容是研究商代祭祀风俗和称谓制度难得的史料。西周的叔卣和免尊，前者对研究西周祭典名称和名物制度有重要意义，后者对策命制度等研究也很有价值。

许多铜器不但本身有着鲜明的特点，而且铭文内容常常反映了器物的国别，如康侯斧属西周卫国，楚王酓肯簠属楚国，鲁伯悆盨属鲁国。这些器物保存完好，对研究诸侯国史和铜器制造业水平等都有重要价值。

有些青铜器铭文对确定器物名称有着重要价值。如出土在陕西扶风的西周伯公父勺，铭有"伯公父作金爵"，这与古人通称饮酒器为爵，常称舀酒器勺为"行爵"有关。再如春秋时代的孟縢姬浴缶，铭文中有自名为"浴缶"，以别于盛酒的尊缶，这为我们分辨不同形制和不同功能的铜缶提供了重要依据。

青铜武器，如故宫博物院收藏的赵国十七年相邦平侯铍，秦始皇陵出土的秦国十七年铜铍，均制作精良，是研究铍这种兵器的形制特点以及使用国别的重要资料。

（5）高度的铸造技术与多种工艺方法。

太原晋国赵卿墓出土的套环四兽耳鉴，铸造精美，采用了分铸法、焊接和印模等多种工艺方法。高超的制作技术产生了卓越的艺术效果。四蛇饰方甒，四袋足上的平雕与高浮雕相结合创造出的四蛇装饰颇富情趣。本器系采用分铸法铸造，甒鬲分体，使用时再套合在一起，甒上的雷纹匀称规整，采用了春秋以来创造发明的印模拍印法。

青铜器的镶嵌、错金银、镏金等工艺从东周到秦汉时代相当发达。这些工艺技术的应用使青铜器更加绚丽多彩。同时，镏金还具有对铜器的保护作用。1923 年山西浑源李峪村出土的嵌红铜狩猎纹豆，以嵌红铜装饰的狩猎和动物纹色彩鲜明。山西长治出土的一件春秋铜盖豆，通体饰错金云纹，光彩熠熠，异常绚丽，有着独特的韵味。又如，故宫博物院收藏的一件战国错金银铜带钩，错金精美细腻，工艺高超。汉代的镏金器很发达，不但大器镏金，小件青铜制品也使用这一技术。如汉代镏金银鸟兽规矩纹铜镜，纹饰清晰，镜背镏金，为铜镜中所罕见，堪称铜镜珍品。

总之，在确定青铜器一级品时，除对器物进行多角度鉴定外，亦同时要注意器物的某些突出特点，依据标准来确定品级。

下面再谈几个与青铜器一级品定级相关的问题。

（1）在确定青铜器一级品时，首先要注重器物的真伪和时代，这是定级的重要基础。如果真伪与朝代都搞不清，就无法正确给青铜器定级。

（2）注意青铜器本身的器种名称，基本上要遵循"名从主人"的定名原则。通过近年对青铜器的发现和研究，不少器种都得到正名，恢复了器物的原称，如以往所称扁茎上有穿孔无格的"剑"可正名为"铍"，如此等等。

（3）除青铜器器物名称要准确外，还要注意在器名前冠以器物的主要特点，要科学化和规范化。起名时注意形制特点、纹饰种类、工艺特征和铭文内容等，如"四蛇饰方甗"、"兽面纹大甗"、"莲瓣方座簋"、"夔凤纹簋"、"错金银铜带钩"等。有铭文的主要依器物所有者定名称，如"戍嗣子鼎"、"追簋"。有的除有器物所有者外，还可加上器物某方面的特别突出点，如"妇好鸟足鼎"。

（4）确定青铜器一级品时，也要注意边疆地区和少数民族地区的一些特殊性，鉴定时在不降低定级标准的大原则下要灵活掌握。

2. 青铜器二级品鉴定

在《文物藏品定级标准》中规定，二级文物是"具有重要历史、艺术、科学价值的"，界于"特别重要的"一级文物与"比较重要的"三级文物之间。在鉴定过程中要对青铜器进行综合考察，考察其历史、艺术、科学等方面是否有重要的价值，或者在某一两个方面有重要的突出的价值。在确定级别时，还要考察铜器的保存状况的优劣、同种类器物的数量甚至色泽的优美程度等。

以下我们从几个角度列举二级品青铜器的一些实例。

（1）具有重要的历史、艺术、考古和科学价值。

1933 年安徽寿县朱家集楚墓出土的战国青铜器群，不少青铜器有着重要的价值。今收藏在安徽省博物馆的一件带盖鼎，造型均匀优美，三高直式蹄足，圆盖外沿有三牺纽，是战国典型的楚式鼎式样。重要的是，在双耳上还有刻铭，表明了此鼎所属器主和铸造机构。楚器铸客簠，直腹矩形足，腹饰绚丽的云菱纹，口沿铭有"铸客为王后"等字样，据学者考证"王后"为楚幽王之妻。此簠对研究战国楚国铜簠的形制、装饰以及历史等都很重要。河北保定发现的战国郾王喜矛，铸造精良，至今光亮如新，骸上有"郾王喜"铭，对研究燕国兵器铸造业水平和燕王世系等都是重要资料。1973 年河北定县八角廊中山怀王刘修墓出土一枚具铭连弧纹铜镜，外区铭文："洁清白而事君，志行之合明，作玄锡而流泽，恐远而日忘美，外承可说，永思而勿绝。"除镜的风格对研究西汉中晚期铜镜有意义外，镜铭中个别字句的新意也值得重视研究。此镜铭在一定意义上补充了这一时期镜铭内容上的空白。

（2）具有重要的艺术价值。

江西新干大洋洲出土的商代后期兽面纹贯耳壶，器身满饰花纹，繁缛细腻，器形具有商代铜壶的典型特征，不失为同类器中的一件重要作品。1979 年安徽青阳庙前村出土春秋时代的羊形尊，羊的颈部饰龙纹，风格清新，具有南方本地铸造的特点，惜失盖，否则可定为一级品。同出的龙耳尊，器形作侈口扁圆腹，全身饰瓦纹，以圆雕回首双龙为耳，整体装饰诡谲。

1989 年江西新干大洋洲出土一件商代青铜鱼纹匕，是古代挹取食物的勺。该匕在柄的两面饰龙纹，匕内底饰鱼纹，极富装饰情趣。此匕形体大，通长 34.5 厘米。圆腹扁足鼎多出在殷墟期，扁足多呈夔龙状，而新干大洋洲出土个别扁足鼎，足则呈鱼形，不落夔足的俗套，在共存铜器中还多用虎饰、燕尾纹等。河北省博物馆收藏的战国双鸟剑首和双马剑首短剑，以及河北省文物研究所收藏的人面剑首短剑，装饰别致，均属北方式青铜武器，其中剑首饰人面纹更稀见。1974 年河北卢龙东阚各庄出土的一件商代弓形器，器上饰有犀牛纹，弓形器虽然在殷墟等地曾多有发现，但犀牛纹罕见，这种纹饰在商器中的发现，为研究犀牛纹的渊源提供了新材料。早期铜质圆雕的飞天极少见。河北省文物研究所收藏的一件北魏时期的镏金青铜飞天，作飞舞状，双手前伸，双足举起，宝缯飘逸，洒脱自如，对研究早期佛教上的飞天风格也是重要的资料。

（3）具有重要的历史价值。

传世或出土的商代青铜爵、觚习见，近年河北满城要庄出土的子父乙爵、河北磁县下七垣出土的受觚都可谓是同类器中的精品，在錾内和圈足里分别铸铭，其族徽"子"、"受"为研究商代家族史增添了新资料。青铜生产工具的出现促进了古代社会生产力的发展，留存至今的这些"劳动资料的遗骸"，对研究古代的社会经济形态等方面极为重要。江西新干大洋洲出土的商代长柄圆体青铜手斧和兽面纹铜锛在这方面即具有重要价值。古文献上有关于兵器"铍"的记载，但对青铜铍实物的认识还是近年的学术成果。河北省文物研究所收藏的一件铍，铭文有"十五年守相杜波，邦左库工师……"等内容，这对研究战国时赵国铍的铭文格式、铸造机构、官制等都具有重要的历史价值。1969年河北张家口拣选的四灵十二生肖八卦二十八宿宋镜，图案和铭文内容丰富，并铸有"曹铺"名。这种商品广告对研究宋代商品经济有着重要的史料价值。

（4）具有重要的考古和科学价值。

1966年河北磁县下七垣商墓出土的夔蝉纹鼎，凝重古朴，蝉纹装饰富丽。此器和同出的一群铜器对探索殷墟附近方国青铜铸造业水平和及其与殷王室的关系都比较重要。1966年河北阳原九沟村出土的战国蟠螭纹腹耳盖鼎及共出的一批铜器反映了燕、晋和中山国的文化关系，对考古学文化研究无疑是重要的。1976年江苏丹阳司徒发现的西周青铜器窖藏出土的矮足鼎具有独特风格，对于从考古学上研究鼎的地方特点和从考古学类型学上研究鼎器的形制都是有价值的。

安徽寿县蔡侯墓出土的一些青铜器，在铸造工艺上都很考究精美，如嵌红铜长圆形铜敦，器上嵌错红铜的几何纹和兽纹的图案，优美绚丽，惜部分红铜饰已脱落，但从定级标准看，该件敦仍不失为金属细工的重要作品。1980年河北新乐中同村出土的夔龙纹嵌错红铜盖豆，在许多部位上镶嵌有精美的夔龙纹，点缀出装饰上的色彩异化，有很高的科技和鉴赏价值。

青铜器二级品的确定，要注意掌握它与一级品和三级品的差别，全方位地把握鉴定标准，才能达到准确无误。

3. 青铜器三级品鉴定

《文物藏品定级标准》对三级文物定级的标准是："具有比较重要历史、艺术、科学价值的为三级文物"。它与一级、二级文物一样，同属珍贵文物。青铜器三级品的定级自然也离不开这一基本原则的指导，在实践中要注意它与一、二级和一般文物在定级上的区别与联系。

有的青铜器具有几个方面的较为重要的价值，有的表现为一两个方面较为重要的价值，而不少青铜器常常突出了某一方面的比较重要的价值。

（1）具有比较重要的历史、艺术和科学价值。

1971年安徽肥西小八里出土的蟠螭纹平盖鼎，铸造精致，造型简朴优美，装饰细腻，整体风格具有地方特点，在考古学上的价值也是比较重要的。1983年河北元氏西张村出土的西周青铜盉，造型较独特，器身似青铜簋器，有盖有流和三足，呈盉状，与商周时期常见的壶形盉迥异。该器与著名的臣谏簋同出一墓，虽无铭文，但仍具有较高的历史价值。江西省博物馆收藏一件通高39.5厘米的虎纽錞于，铸造均匀标准，造型风格优美，虎的神态清新自然。辽金铜镜常常反映了时代与民族风格特点，如仙人鹤纹镜、童子玩莲镜、达摩渡海镜、仙人故事镜、许由巢父故事镜等，对研究辽金铜镜的铸造艺术、社会风格等方面都是较重要的。

（2）具有比较重要的艺术价值。

1966 年河北赤城出土的蛙形铜牌饰、1973 年河北丰宁出土的虎羊铜牌饰、1963 年河北清苑出土的三鹿铜牌饰，具有东周到汉代北方少数民族的文化特征，构思新颖、设计巧妙。这些镂空牌饰具有很高的艺术性，反映了当时北方民族的民俗和时尚。安徽省博物馆收藏的一件汉代雁足灯，灯柱下端作雁足状，为单调的灯柱增添了活力，加强了装饰性。1973 年安徽合肥出土的汉代铜博山炉，虽然制作比较粗糙，器型亦多见，但独特的是，在炉柄上铸有一层伸出的似莲瓣的四个柿蒂，新颖生动。

（3）具有比较重要的科技与考古价值。

青铜器镏金技术起源于战国中期，至两汉时代发展到高峰。河北定县三盘山汉墓出土的镏金铜当卢和镏金铜车害均具有较高的工艺科技价值。佛教造像也常有镏金。1964 年河北怀来北辛堡出土的战国带盖附耳铜鼎，其形制尤其是上端折曲式的附耳带有典型的燕国铜器特征。青铜武器中的铜矛，如1959 年安徽淮南蔡家岗出土的越式矛以及浙江义乌出土的矛，对研究吴越矛的形制都是较重要的考古资料，保存亦完好。

这里需要强调一下，青铜器三级品的确定，除依据国家所制定的基本标准外，实践中被定为三级品的铜器，常常是有的器物虽然重要，但在“精”的方面有欠缺，故不能定为二级品。也有许多青铜器三级品，保存现状虽然很好，但多属一般常见的器种。有些小件的青铜饰件、部件等，铸造虽较精，也有一定特色，但由于器物小，也常常定在三级品之中。情况很复杂，兹不赘述。

文物三级品是大量的，青铜器也不例外，因而要求鉴定者具有较丰富的实践经验，并善于总结，以期熟能生巧，努力达到准确无误。

（四）现代科技手段与青铜器研究

以往对青铜器的研究，主要靠传统的研究方法。随着考古学的发展，器物类型学和地层断代学等新的科学方法用在青铜器的研究中以后，增进了青铜器研究的广度和深度。由于青铜的特殊性，有些问题还得利用高科技的手段，才能予以解决或逐步解决。

近年来青铜器研究利用自然科学的方法和手段，已取得了一定的成果。

放射性碳十四测定年代，可以提供遗址或墓葬的年代数据。这一方法对青铜器断代虽然是一种间接方法，但一旦测定出遗址或墓葬的年代，同地层或墓葬中共存的铜器，就有了可靠的断代依据。例如近年为配合对夏文化的研究探索，有关方面利用放射性碳十四测年测定的年代结论是，河南偃师二里头遗址的年代数据是公元前1900～前1600年间，这一数值与夏代纪年最为接近[1]。这为二里头遗址或墓葬出土的青铜器提供了可靠的断代依据。

我国古代不同种类的青铜制品的合金比例配比情况，早在战国著作《周礼·考工记》内就有记载："六分其金而锡居一，

谓之钟鼎之齐（剂）。五分其金而锡居一，谓之斧斤之齐
（剂）。四分其金而锡居一，谓之戈戟之齐（剂）。三分其金而
锡居一，谓之大刃之齐（剂）。五分其金而锡居二，谓之削杀
矢之齐（剂）。金锡半，谓之鉴燧之齐（剂）。"

　　这份制作不同种类铜器的合金比例表，早就引起了人们的
注意和重视。合金比例表在世界冶金史上也占有重要地位。有
的学者运用现代科技手段，对一些传世或出土的商周青铜器进
行了化学定量分析。例如，早在 20 世纪 50 年代，杨根、丁家
盈就采用光谱定性分析和化学分析的沉淀法，对闻名于世的司
母戊大鼎进行了定量分析[2]。分析结果是，铜占 84.77%，锡
占 11.64%，铅占 2.79%。这一比例数基本符合《周礼·考工
记》所说的铸鼎"六分其金而锡居一"的合金比例。有关部门
又对 1974 年河南郑州杜岭出土的大方鼎进行化学成分分析，
结果是含铅 17%、含锡 3.5%的。这些实验数据与《周礼·考
工记》记载的合金比例数据也基本吻合。

　　江苏金坛鳖墩出土的 70 余公斤的西周中晚期的铜块，经
中国科学院上海硅酸盐研究所进行光谱分析测定[3]，铜占
50%以上，铅占 30%～50%，微量元素很多，有 Ni、Ag、
Sn、Bi、Sb、Ca、Cr、Al、Fe、Si、Mg、Ma、Co。这一结果
表明吴地青铜中含铅的比例相当大。运用科技考古方法测定铜
器成分，对了解先民铸造的青铜器的合金情况、研究矿藏的分
布、鉴定铜器的分区和国别也都有着一定意义。

　　1965 年湖北江陵望山一号楚墓出土的越王勾践剑以及近
年出土的越王州勾剑、吴王光剑、吴王夫差剑等，都是我们研
究古代卓越的铸剑工艺的重要资料。有关方面用加速器对勾践
剑进行无损检验，特别是对剑的成分和表面装饰进行了研究，

证明该剑主要由锡青铜铸成，含铅不多，但含有微量的镍。剑身所饰呈黑色的菱形花纹，大部分系原来表面着色层剥落后的残迹，还含有少量的硫。科学家们对勾践剑金属成分的鉴定，为我国文物和冶金史的研究提供了宝贵资料。

北京科技大学和内蒙古考古研究所对内蒙古朱开沟遗址出土的早商铜器进行选样，采用扫描电镜能谱仪分析铜器成分[4]，在选取的 20 件早期铜器中，有铜、锡、铅三元合金青铜 14 件，铜、锡二元合金青铜 5 件，铜、锡、砷三元合金青铜 1 件。早商铜制品中含砷的铜器较罕见，这为了解和研究古代用共生矿进行的冶炼提供了新资料。

用"X 荧光光谱分析"和"穆斯堡尔谱散射测量"等方法测定青铜器成分也可以得到很好的效果。

用铅同位素分析法可以确定青铜原料和产地。有学者指出："在矿石铅形成之后，它的铅同位素组成（即^{204}Pb、^{206}Pb、^{207}Pb 和^{208}Pb 的百分含量）就不再变化，而且在经过冶炼、铸造或锈蚀等物理和化学过程之后仍保持不变。但是不同矿区的矿石铅，由于具体成矿条件的差异，铅同位素组成往往各不相同。这就构成了用铅同位素比值法来追溯矿料来源的依据。"[5]研究者用电解沉积铅法对广西冷水冲型铜鼓的样品进行化学成分和铅同位素比值的测定，结果表明，所测的铜鼓的大部分，其铜与铅的矿料来自该型铜鼓的分布地域或附近，只有少部分矿料来自外地。铅同位素分析法对研究我国古代铜铅矿藏的分布乃至青铜器的分布都有重要价值。

1978 年湖北随县战国早期曾侯乙墓编钟的出土，曾引起世人的震惊。即使在东周时期，要铸造一件音律准确的钟也是相当困难的。《吕氏春秋·仲冬纪》记载："晋平公铸为大钟，使工听之，皆以为调矣。师旷曰：'不调，请更铸之。'"此例即是明证。为揭开曾侯乙编钟制作的奥秘，有关方面曾对编钟进行了复制研究[6]。多学科通力合作，首先研究了曾侯乙编钟的金属成分、铸造工艺与音响的关系，并在这一基础上用硅橡胶制作模具，复制工作取得了圆满成果。

中国科学技术大学等单位的一些学者，近年对绿漆古铜镜的成分和绿漆古成因机理等进行了探索[7]。他们利用原子吸收光谱、扫描电镜、X—光电子能谱、电子探针微量分析、微区 X—射线衍射及红外反射光谱等对样品进行分析，发现绿漆古铜镜的表面层富集 Sn 和 Si 元素，而表面层之下、镜基体之上又有锈蚀层，绿漆古的颜色即来自它下面的锈体。有关绿漆古成因的研究对保护青铜文物具有很重要的意义。中国科技大学还用高分辨电镜"观察到铜镜表面黑漆古层系纳米级氧化锡晶体组成"[8]。

青铜器辨伪是青铜器研究中的一项极重要的内容。目前的铜器辨伪工作，除继承传统的一些重要方法外，更借助于考古学的方法，使青铜器鉴定工作进一步加强了科学性和可信度。应当指出，由于自然科学在考古学中越来越广泛的运用，在铜器鉴定方面，尤其是真伪的鉴别上也开始利用自然科学方法，例如台北故宫博物院的张世贤利用 X 光透视技术进一步解决了曾有过争议的毛公鼎的真伪问题[9]。其方法是主要根据铜器内垫片和垫片的配置方式，证明今存台北故宫博物院的毛公鼎属西周时代。北京故宫博物院科技部曾利用紫外光透视法检验父丁盘的铭文真伪情况，结果发现铭文中有的字还刻在了垫片上。科学检验法使铭文暴露了破绽，该器铭文系伪铭。

青铜器因其成分特点，易生锈和腐蚀，因而对其进行科学保护就十分必要。旧时常将铜器去锈后再打蜡，使铜器表面与空气隔绝，以防生锈。今天已不再采取这一方法。温湿度对青铜器影响很大，空气的湿度越大，越会加速氧化锈蚀的过程。酸性气体如氯气和二氧化氮与空气中的水分起化合作用后，对青铜器有着较强的腐蚀作用。在保存铜器的过程中，要对收藏铜器的处所采用自然通风和空调通风措施。一些博物馆将存放铜器的库房的温度控制在14℃左右。特别值得重视的是，青铜器生成的锈有一种过去被古董商人称为"糟坑绿锈"，通称"粉状锈"，其成分是氯化亚铜，对铜器有着较强的腐蚀和破坏作用。对这种腐蚀锈的处理方法是先将粉状锈挖掉，再用酒精调制氧化银成糊状填充在已挖掉的腐蚀处。对氯化亚铜产生的粉状锈的处理，除封闭法外，也有采用倍碳酸钠浸泡法的[10]。有的文物工作者"在苯并三氮唑中加入十二磷钼酸钠，制成保护剂 XF，用来处理青铜器；又用有机硅树脂配制的表面封护剂 SB_2 进行表面封护"[11]。经实验表明，用 XF/SB_2 处置的青铜文物可以杜绝腐蚀气体的损害，保持原有色泽不变。

还应当指出一些学者对甲骨文、金文和历史文献中的有关青铜冶铸史料进行了汇辑和研究[12]，这无疑有助于今后科技冶金考古的发展。

总之，在我国的科技考古不断发展的形势下，利用自然科学方法研究和保护应用取得了一定的成果。越来越多的新科技的发明和应用，必将有助于对青铜器进行深层次的研究和探索。

注　释

[1] 周永珍《略论夏文化》，《历史教学》1984 年第 9 期。

[2] 杨根、丁家盈《司母戊大鼎的合金成分及其铸造技术的初步研究》,《文物》
1959 年第 12 期。

[3] 镇江市博物馆、金坛县文化馆《江苏金坛鳖墩西周墓》,《考古》1978 年第 3
期。

[4] 北京科技大学冶金与材料史研究所、内蒙古文物考古研究所《朱开沟遗址早
商铜器的成分及金相分析》,《文物》1996 年第 8 期。

[5] 鲁冀邕、鼓学城、万辅彬《广西冷水冲型铜鼓的铅同位素考证》,《文物》
1990 年第 1 期。

[6] 曾侯乙编钟复制研究组《曾侯乙编钟复制研究中的科学技术工作》,《文物》
1983 年第 8 期。

[7] 范崇正、铃木稔、井上嘉、安部忠广、吴佑实、韩自强《绿漆古铜镜的结构
成份分析》,《文物保护与考古科学》第 5 卷第 1 期,1993 年。

[8] 陈铁梅《我国科技考古发展的回顾》,《中国文物报》1999 年 11 月 17 日三
版。

[9] 张世贤《从毛公鼎的真伪鉴别展望中国古器物学的研究》(下),《文物保护
与考古科学》第 7 卷 1 期,1995 年。

[10] 肖进新、樊北平、张世文《青铜文物的综合保护方法》,《文物》1992 年第 7
期。

[11] 同 [10]。

[12] 燕耘《商代卜辞中的冶铸史料》,《考古》1973 年第 5 期;杜廼松《青铜器
铭文中的金属名称考释》,《科技考古论丛》第 2 辑,中国科学技术大学出版
社 2000 年版。

参 考 文 献

1. 马克思《摩尔根"古代社会"一书摘要》，人民出版社 1965 年版。

2. 恩格斯《家庭、私有制和国家的起源》，《马克思恩格斯选集》第 4 卷，人民出版社 1975 年版。

3.《十三经注疏》（附校勘记），中华书局 1983 年版。

4. 左丘明著、韦昭注《国语》，四部丛刊本。

5. 刘向编订、高诱注《战国策》，上海书店出版社 1987 年版。

6. 司马迁《史记》，平装标点本，中华书局 1959 年版。

7. 班固《汉书》，平装标点本，中华书局 1962 年版。

8. 范晔《后汉书》，平装标点本，中华书局 1965 年版。

9. 罗振玉编《三代吉金文存》（20 卷），1936 年上虞罗氏百爵斋本。

10. 王国维《观堂集林》，中华书局 1959 年版。

11. 容庚《商周彝器通考》，哈佛燕京学社 1941 年版。

12. 郭沫若《两周金文辞大系图录考释》，科学出版社 1957 年版。

13. 郭宝钧《中国青铜时代》，三联书店 1963 年版。

14. 唐兰《西周青铜器铭文分代史征》，中华书局 1986 年版。

15. 罗福颐、王人聪《印章概述》，三联书店 1963 年版。

16. 邹衡《夏商周考古学论文集》，文物出版社 1980 年版。

17. 文物编辑委员会编《文物考古工作三十年》，文物出版社 1990 年版。

18. 河南省文化局工作队《郑州二里岗》，科学出版社 1959 年版。

19. 北京钢铁学院、中国古代冶金编写组《中国古代冶金》，文物出版社 1978 年版。

20. 陕西省考古研究所等《陕西出土商周青铜器》(一)(二)(三)，文物出版社 1979 年、1980 年版。

21. 《河南出土商周青铜器》编辑组编《河南出土商周青铜器》(一)，文物出版社 1981 年版。

22. 中国青铜器全集编委会编《中国青铜器全集》(1—15 卷)，文物出版社 1993～1997 年版。

23. 容庚编著，张振林、马国权摹补《金文编》，中华书局 1985 年版。

24. 李济、万家保《殷墟出土伍拾叁件青铜器之研究》，台北中央研究院历史语言研究所 1972 年版。

25. 江西省文物考古研究所等《新干商代大墓》，文物出版社 1997 年版。

26. 中国科学院考古研究所《辉县发掘报告》，科学出版社 1956 年版。

27. 卢连城、胡智生《宝鸡强国墓地》(上、下)，文物出版社 1988 年版。

28. 中国社会科学院考古研究所《上村岭虢国墓地》，科学出版社 1959 年版。

29. 安徽省文物管理委员会、安徽省博物馆《寿县蔡侯墓出土遗物》，科学出版社 1956 年版。

30. 河南省文物研究所等《淅川下寺春秋楚墓》，文物出版社 1991 年版。

31. 山西省考古研究所《侯马铸铜遗址》，文物出版社 1993 年版。

32. 中国科学院考古研究所《洛阳中州路》，科学出版社 1959 年版。

33. 湖北省博物馆《曾侯乙墓》(上、下)，文物出版社 1989 年版。

34. 四川省博物馆《四川船棺墓葬发掘报告》，文物出版社 1960 年版。

35. 洛阳区考古发掘队《洛阳烧沟汉墓》(蒋若是执笔)，科学出版社 1959 年版。

36．广州市文物管理委员会等《西汉南越王墓》，文物出版社 1992 年版。

37．中国社会科学院考古研究所、河北省文物管理处《满城汉墓发掘报告》，文物出版社 1980 年版。

38．［日］林巳奈夫《殷周时代青铜器纹样的研究》，川文弘文馆 1986 年版。

39．杜廼松《中国青铜器发展史》，紫禁城出版社 1995 年版。

40．杜洁珣等《步入青铜艺术宫殿》，人民教育出版社 1989 年版。

41．陈梦家《西周铜器断代》，《考古学报》等九、第十册，1955 年、1956 年第 1～4 期。

42．唐兰《西周铜器断代中的康宫问题》，《考古学报》1962 年第 1 期。

43．李学勤《西周中期青铜器的重要标尺——周原庄白、强家两处青铜器窖藏的综合研究》，《中国历史博物馆馆刊》1979 年第 1 期。

44．俞伟超、高明《周代用鼎制度研究》（上），《北京大学学报》哲学社会科学版，1978 年第 1 期。

45．殷玮璋《东周矿冶遗址和铸铜工艺》，载《新中国的考古发现和研究》，文物出版社 1984 年版。

46．杜廼松《邙其三卣铭文考及相关问题的研究》，《故宫博物院院刊》1985 年第 4 期。

47．江苏省文管会《江苏丹徒县烟墩山出土古代青铜器》，《文物参考资料》1955 年第 5 期。

48．安徽省文化局文物队《安徽屯溪西周墓发掘报告》，《考古学报》1959 年第 4 期。

49．湖北省博物馆《盘龙城商代二里岗期的青铜器》，《文物》1976 年第 2 期。

50．北京市文管处《北京市平谷县发现商代墓葬》，《文物》1977 年第 11 期。

51. 河北省文物管理处《河北省平山县战国时期中山国墓葬发掘简报》,《文物》1979 年第 1 期。

52. 中国社会科学院考古研究所、北京市文物管理处、房山县文教局、琉璃河考古工作队《北京附近发现的西周奴隶殉葬墓》,《考古》1974 年第 5 期。

53. 喀左县文化馆、朝阳地区博物馆、辽宁省博物馆北洞文物发掘小组《辽宁喀左县北洞村出土的殷周青铜器》,《考古》1974 年第 6 期。

54. 中国社会科学院考古研究所二里头工作队《河南偃师二里头遗址三、八区发掘简报》,《考古》1975 年第 5 期。

55. 黄石市博物馆《湖北铜绿山春秋时期炼铜遗址发掘简报》,《文物》1981 年第 8 期。

56. 中国社会科学院考古研究所、北京市文物研究所琉璃河考古队《北京琉璃河 1193 号大墓发掘简报》,《考古》1990 年第 1 期。

57. 杜廼松《近年来青铜器发现和研究的主要收获》,《光明日报》1983 年 2 月 16 日。

后　　记

　　青铜器及其铭文自古就受到人们的重视，有关的发现、研究与收藏可谓史不绝书。20 世纪以来，伴随着考古学在中国的发展，青铜器及其铭文的发现与研究，取得的成果更为突出。从古墓葬、古窖藏、古遗址内不断出土的青铜器，其数量之多，是以往所不能比拟的，而其中许多都属青铜器之精华。

　　大量古代青铜器和铭文的发现，加深了我们对古代史的认识。如马家窑文化和马厂文化的青铜刀，表明我国在公元前3000 年～前 2300 年前已有了青铜制品。这表明古代中国与其他著名古国古巴比伦、古代印度和古代埃及等在青铜器的发明和使用时间上基本一致。偃师二里头夏代青铜器和郑州二里岗商前期青铜器的被发现和确认，解决了殷墟高度发达的青铜文化的来源问题。

　　许多铜器铭文印证和补充了历史文献的记载。利簋铭文所记武王伐商时间与《逸周书·世俘》和《尚书·牧誓》基本吻合。陕西岐山董家村出土的卫盉、五祀卫鼎、九年卫鼎，铭文所记西周中期以实物换取土地的史事，可以看出从奴隶社会土地国有制到封建社会土地私有制的历史性变革。

　　出土的大量青铜器及其铭文，也为青铜器分期断代提供了标准器群和标准器。1976 年安阳殷墟五号墓出土的 200 件青铜礼乐器，可作为商王武丁至祖庚、祖甲时期的标准器，并为殷墟青铜器分期序列提供了科学依据。何尊、史颂簋、史墙盘、永盂、默簋、多友鼎等，分别属于西周成王、康王、共王、厉王、宣王各王世。湖北随县曾侯乙墓青铜器群是战国早期的标准器。河北平山中山王墓青铜器群为战国中期提供了标准器。这些重要铜器对研究青铜器发展序列和断代分期极为重要。

青铜器的起源、发展和衰落过程：原始社会后期萌芽，夏代初步发展，商周鼎盛，春秋战国繁荣，秦汉变革中兴，两晋南北朝至隋唐走向衰落，宋元明清仿古和作伪。这个过程，反映了青铜文化在不同时代自身的特点。这些特点与时代发展同步，从一个侧面反映了中国文化的发展历程。

我国丰富的青铜文物，主要收藏在国家各级博物馆。1992年国家文物局组织了全国文物一级品鉴定确认专家组，其中包括青铜器鉴定组。青铜器组在鉴定中按照国家颁发的《文物藏品定级标准》，经过近八年的努力，已基本完成了任务。鉴定中剔除了一些伪作青铜器。对于鉴定出的一级品和暂定一级品的"国宝"铜器，进一步加强了保护和利用。

20世纪尤其是后半叶的青铜器发现和研究所取得的成绩是巨大的，发现的铜器不但数量多，而且许多发现都震惊国内外，不少铜器具有极高的历史、艺术、科学等方面价值。在青铜器研究上，利用自然科学解决相关问题，收获很大。总之，20世纪以来青铜器的发现和研究内容极其丰富，非本书篇幅所能容纳和涵盖。本书力争多角度、多侧面地将20世纪青铜器发现和研究的主要收获进行概括总结，不免有疏漏之处，恳请读者不吝批评指正。

　　本书写作过程中曾得到朱启新、周成、金兰诸先生的指导和帮助，冯式一、杨云先生绘制插图，在此一并表示衷心的感谢。

图书在版编目（CIP）数据

古代青铜器/杜廼松著. --北京：文物出版社，2005.6
（2022.5重印）
（20世纪中国文物考古发现与研究丛书）
ISBN 978-7-5010-1632-7

Ⅰ.古… Ⅱ.杜… Ⅲ.青铜器（考古）-研究-中国
Ⅳ.K876.414

中国版本图书馆CIP数据核字（2004）第060068号

20世纪中国文物考古发现与研究丛书

古代青铜器

著　　者　杜廼松

封面设计　张希广
责任印制　王　芳
责任编辑　窦旭耀
出版发行　文物出版社
社　　址　北京市东直门内北小街2号楼
网　　址　http://www.wenwu.com
邮　　箱　web@wenwu.com
印　　刷　文物出版社印刷厂有限公司
开　　本　850mm×1168mm　　1/32
印　　张　9.25
版　　次　2005年6月第1版
印　　次　2022年5月第3次印刷
书　　号　ISBN 978-7-5010-1632-7
定　　价　40.00元

本书版权独家所有，非经授权，不得复制翻印